Gerrit Helmers
Alfons Kenkmann

"Wenn die Messer blitzen
und die Nazis flitzen ..."

Der Widerstand von Arbeiterjugendcliquen
und -banden in der Weimarer Republik
und im 'Dritten Reich'

Die folgende Arbeit hätte es ohne Irmi, Jupp, Ulla, Lucie und Fritzi nicht gegeben. Ganz besonders bedanken wir uns aber bei Michael und Maria.

Vorwort

Die vorliegende Arbeit basiert auf den Ergebnissen einer Examensarbeit, die wir 1983 im Rahmen unseres Ersten Staatsexamens schrieben.

Das Widerstandspotential, das die autonomen und unorganisierten Arbeiterjugendlichen im faschistischen Staat bildeten, wurde uns in seinem ganzen Ausmaß und in seiner Bedeutung erst im Laufe unserer Untersuchungen bewußt. Der Widerstand der Jugendcliquen und -banden stellte für den faschistischen Staat ein Problem dar, das in seiner vollen Tragweite gar nicht überschätzt werden kann.

Der faschistischen Volksgemeinschaftsideologie stand eine Subkultur gegenüber, deren Kontinuität und Spontaneität die Jugendpolitik der Faschisten scheitern ließ: D i e gleichgeschaltete Jugend hat es im faschistischen Staat nie gegeben. Dessen Unterdrückungs- und Gleichschaltungsapparat hatte es hier nicht mit dem Widerstand Einzelner oder parteipolitisch organisierter Gruppen zu tun, sondern mit einer im proletarischen Alltag verwurzelten Subkultur, die in der Kontinuität der Selbstorganisationsprozesse proletarischer Jugendlicher in der Weimarer Republik stand. Diese Selbstorganisation ist Ausdruck des grundsätzlichen Versuchs von Arbeiterjugendlichen ihre Identität gegenüber jeglicher Fremdbestimmung zu verteidigen.

I N H A L T

Seite

1 Einleitung   2

2 Ursachen des deutschen Faschismus   8

  2.1 Kritik faschismustheoretischer Konzepte   8

  2.2 Begründung der Herrschaftsform   16

3 Proletarische Kindheit und Jugend in der Weimarer Republik   31

  3.1 Ernährung   32

  3.2 Wohnverhältnisse   35

  3.3 Krankheiten   39

  3.4 Kinderarbeit   41

  3.5 Sozialisationsfaktoren proletarischer Kinder und Jugendlicher   47

  3.6 Jugendarbeitslosigkeit in der Weimarer Republik   58

    3.6.1 Organisierung der Jugendarbeitslosigkeit   59

  3.7 Bewertung   72

4 Wilde Cliquen - Selbstorganisationsprozesse proletarischer Jugendlicher in der Weimarer Republik   78

  4.1 Zusammensetzung und Verbreitung   80

  4.2 Spezifische Ausdrucks- und Verhaltensformen   83

  4.3 Gruppeninterne und gruppenübergreifende Strukturen   87

  4.4 Wilde Cliquen contra bürgerlich-kapitalistische Gesellschaftsordnung   93

    4.4.1 Herkunft und Entstehung   94

    4.4.2 Stellung der Wilden Cliquen in den politischen und sozialen Auseinandersetzungen   99

Seite

4.5 Gesellschaftspolitische Bedeutung
der Wilden Cliquen 105

5 Veränderung der Lebensbedingungen
proletarischer Jugendlicher im
"Dritten Reich" 111

   5.1 Die soziale Lage der Arbeiterjugendlichen 111

   5.2 HJ und ihr Anspruch als totale
Erziehungsinstanz 123

6 Arbeiterjugendcliquen im "Dritten Reich" 129

   6.1 Das Ausmaß der Cliquenbewegung 134

      6.1.1 Zur Problematik der Diffe-
renzierung verschiedener
Strömungen innerhalb der
Arbeiter-Jugendcliquen 142

      6.1.2 Zur Problematik der Da-
tierung der Arbeiterju-
gendcliquen im "Dritten
Reich" 147

      6.1.3 Die soziale Basis der
Cliquen 153

         6.1.3.1. Der "Eintritt"
in die Clique 163

   6.2 Alltagskultur der Cliquen 167

      6.2.1 Kleidung 168
      6.2.2 Lieder 172
      6.2.3 Treffs und Fahrten 181
      6.2.4 Organisation 188

   6.3 Mädchen in den Cliquen 192

   6.4 Cliquenjugendliche im Produktionsprozeß 196

      6.4.1 Verhalten am Arbeitsplatz 202

         6.4.1.1 Sabotage am Arbeits-
platz 212

   6.5 Das Verhältnis Cliquen - HJ 215

      6.5.1 Cliquenmitglieder in der HJ 218
      6.5.2 Auseinandersetzungen mit der
HJ 221

		Seite
6.6	Cliquen und Widerstand gegen den Krieg	225
6.7	Solidarität mit Fremdarbeitern	229
6.8	Kontakte zum organisierten politischen Widerstand	231
6.9	Verfolgungsmethoden und Sanktionen gegen die Cliquenjugendlichen	235
	6.9.1 Reaktionen auf die Verfolgungsmaßnahmen in Arbeitervierteln	242
6.10	Zusammenfassung	246

7 Qualitäten von Arbeiterjugendcliquen in der Weimarer Republik und im Faschismus 249

8 Das 'Vermächtnis' der Arbeiterjugendcliquen 252

Literaturverzeichnis 256

"Die Opposition der Namenlosen in ihrer unterschiedlichen Intensität ist uns heute, 35 Jahre nach dem Ende des deutschen Faschismus, weitgehend unbekannt geblieben. Der 'kleine' Widerstand, der Widerstand der Kleinen, war nie ein Gegenstand, der sich auf den ersten Blick für die Wissenschaft und die Medien erschlossen hätte. Zu sehr blendete das für viele so erleichternde Datum '20. Juli 1944', /.../"

(Michael Schmid-Ospach, Anmerkung zu Faschismus und Medien)

1. Einleitung

Die aktuelle Auseinandersetzung mit der Geschichte des Faschismus in Deutschland, gerade 1983 zum 50. Jahrestag der Machtergreifung, beweist von Neuem, daß sich die gesellschaftliche Verdrängung des Faschismus auch in der Reduzierung bestimmter Einzelphänomene - Stichwort Hitler, Holocaust - äußern kann. Das "Stern" Magazin lieferte dazu mit der Veröffentlichung angeblich authentischer Tagebücher Hitlers das jüngste Beispiel. Nach der Lektüre verstiegen sich die betreffenden Redakteure zu der Feststellung, die Geschichte des "Dritten Reiches" müsse aufgrund der neuen Erkenntnisse umgeschrieben werden.[1]

Mit dieser Folgerung stehen die Redakteure des "Stern" in der Tradition eines faschismustheoretischen Erklärungskonzeptes, das den Faschismus in Deutschland als persönliches Werk Hitlers begreift. Dieses personifizierende Geschichtsverständnis verhindert die Aufarbeitung der Entstehungsbedingungen und Ursachen des Faschismus in Deutschland. Darüberhinaus ist diese Form der Vergangenheitsbewältigung keineswegs geeignet, heutigen Jugendlichen den Charakter faschistischer Herrschaftsform nahezubringen und nachvollziehbar zu machen. Dies ist aber umso dringender erforderlich, beachtet man den hohen Anteil von Jugendlichen, die sich heute wieder für neofaschistische Parolen

---

1) Vgl. Peter Koch, Der Fund, in: Stern-Magazin, 36. Jg., Heft 18, 1983, S. 4f.

anfällig erweisen. Um der neofaschistischen Tendenz entgegenzutreten, müssen insbesondere die Inhalte des historisch-politischen Unterrichts in der Schule neu überdacht und überarbeitet werden, denn der wachsende Zulauf der Jugendlichen zu neofaschistischen Organisationen liegt unseres Erachtens auch mitbegründet in der Art der Aufarbeitung des deutschen Faschismus in der Schule.

Neben der Ausrichtung auf historisches Faktenwissen und einem personifizierenden Geschichtsverständnis besteht ein weiterer entscheidender Fehler der Aufklärung über das "Dritte Reich" im Unterricht in der Nichtbehandlung bzw. einseitigen Darstellung des Widerstands im "Dritten Reich". Die Behandlung des Widerstands gegen den Faschismus wurde gerade, wenn überhaupt, an Gruppen oder Personen festgemacht, die den bürgerlichen Schichten bzw. den Oberschichten angehörten. Personen, an denen im Unterricht beispielhaft der Widerstand im "Dritten Reich" veranschaulicht wird, heißen dementsprechend 'von Stauffenberg', 'von Galen' oder 'Beck'. Finden Formen von Jugendwiderstand Berücksichtigung im Geschichtsunterricht, so konzentrieren sie sich um den Widerstandskreis der Weißen Rose.

"Als Beispiel für den Widerstand der Jugend
und Studenten wird der Weißen Rose eine Priorität zugemessen. Diese Ausführungen, die sich
nicht allein durch die historische Bedeutung
der Gruppe erklären lassen, stellen eine Beziehung zu der in etwa gleichaltrigen Zielgruppe her. Die Schüler haben somit eine Möglichkeit, sich mit dieser Aktion zu identifizieren."1)

Die Widerstandsgruppe der Geschwister Scholl
war aber keineswegs exemplarisch für den Widerstand von Jugendlichen im "Dritten Reich", da
sie zum einen dem bürgerlichen Widerstand gegen
den Faschismus angehörten, zum anderen ihr
Handeln selbst unter den Studenten eine Ausnahme
darstellte.

Identifizierungsmöglichkeiten gerade für Arbeiterjugendliche würde die Behandlung des
Widerstands von Arbeiterjugendlichen im "Dritten
Reich" bieten. Da der Widerstand von Arbeiterjugendlichen bisher aber überhaupt nicht im
Unterricht aufgenommen und dargestellt wurde,
verschließt man weiterhin den Jugendlichen die
Möglichkeit, sich mit den Erfahrungen zu identifizieren, die Gleichaltrige aus der gleichen
Schicht in der Auseinandersetzung mit dem
Faschismus machten. Die Auseinandersetzung
mit der Situation der Jugendlichen und deren
Aufbegehren gegen den Nationalsozialismus könnte
den Jugendlichen heute eine Hilfe bei der
Einschätzung neofaschistischer Organisationen sein.

---
1) Torsten Dietrich Schramm, Der deutsche Widerstand gegen den Nationalsozialismus. Seine
   Bedeutung für die Bundesrepublik Deutschland
   in der Wirkung auf Institutionen und Schulbücher, Berlin 1980, S. 137.

Hier liegt auch unser Interesse an der Auseinandersetzung mit den Protesten und dem Widerstand von Arbeiterjugendlichen im "Dritten Reich".

Die Eingrenzung der Jugendopposition in unserer Arbeit auf den Widerstand von Arbeiterjugendcliquen und -banden leitet sich dabei von der Prämisse ab, daß Jugendcliquen und Jugendbanden grundsätzlich Selbstorganisationsprozesse proletarischer Jugendlicher darstellen, mit denen sie ihre konkrete Lebenssituation zu bewältigen suchen. Dieser Kontinuität jugendlicher Selbstorganisation, die nachweisbar zumindest von der Zeit der Weltwirtschaftskrise in der Weimarer Republik bis zum Zusammenbruch des "Dritten Reichs" existierten, steht eine Kontinuität staatlicher Eingriffe und Sanktionierungsmaßnahmen gegenüber, mit denen die autonome Gestaltung jugendlichen Eigenlebens fortwährend verhindert werden sollte, sowohl zur Zeit der Demokratie Weimars als auch zur Zeit der faschistischen Machtausübung in Deutschland.

Die Existenz der Arbeiterjugendcliquen in der Weimarer Republik und im Faschismus verweist auf die Kontinuität der gesellschaftlichen Entstehungsbedingungen von Selbstorganisationsprozessen jugendlicher Arbeiter.

Aufgrund des Klassencharakters des faschistischen Staates wie der Weimarer Republik veränderte sich die sozioökonomische Situation der Jugendlichen in den verschiedenen Staatsformen bürgerlich-kapitalistischer Gesellschaftsordnung nicht. Dementsprechend blieben die Verarbeitungsmuster der Lebenssituation unter den Arbeiterjugendlichen des faschistischen Staates die gleichen. Veränderungen gab es nur hinsichtlich des staatlichen Repressionsapparates, da der Faschismus aufgrund seines totalitären Herrschaftsanspruchs jegliche Non-Konformität sanktionierte.

In der Arbeit sollen folglich nach der Ausgrenzung unzureichender faschismustheoretischer Konzepte und der Herausstellung der von uns als wichtig erachteten Entstehungsbedingungen und Ursachen des Faschismus die sozioökonomische Situation von Arbeiterjugendlichen und deren Bewältigung in den Cliquen für den Zeitraum der Weimarer Republik (Kap. 3 und 4) und des Faschismus (Kap. 5 und 6) gesondert dargestellt werden.

In Kapitel 7 folgt eine Bewertung des Cliquenwesens in Weimarer Republik und im "Dritten Reich".

An dieser Stelle sei angemerkt, daß, wenn der Begriff 'Widerstand' im Zusammenhang mit den Aktivitäten der Cliquen im "Dritten Reich" gebraucht wird, sich dieser nicht an dem konventionellen Widerstandsbegriff orientiert, der nur die Handlungen als Widerstand begreift, die bewußt auf die Beseitigung des faschistischen Systems hinzielen, sondern an einem Widerstandsbegriff, der bereits non-konforme Verhaltensweisen gegenüber den Normen des faschistischen Staates als Widerstandshandlungen erfaßt. Denn der Anspruch des Faschismus nach Durchdringung aller Lebensbereiche bedingte zwangsläufig die Politisierung des Alltags. Dementsprechend geriet bereits ein Großteil alltäglichen Konflikthandelns in den Bereich des Antinazismus und wurde mit rigiden Sanktionen versehen.

2. Ursachen des deutschen Faschismus

2.1. Kritik faschismustheoretischer Konzepte

Faschismustheorie

"Die Geschichte des Faschismus ist zugleich die Geschichte der Theorie über den Faschismus. Für kein neues gesellschaftliches Phänomen der modernen Zeit ist die Simultanität von Erscheinung und Versuch der Erkenntnis so frappant wie für den Faschismus."[1]

Bereits während der Emigration bzw. im Ausland entstand eine Anzahl von faschismustheoretischen Ansätzen, die die Ursachen und Entstehungsbedingungen des Faschismus bzw. Nationalsozialismus[2] zu erklären versuchten, wie z.B. die Ansätze von Bloch, Reich, Thalheimer, Dimitroff.[3]

---

1) Ernest Mandel, Trotzkis Faschismustheorie, Einleitung zu: Leo Trotzki, Schriften über Deutschland, Band 1, hrsg. von Helmut Dahmer, Frankfurt 1971, S. 9, zit. nach Eike Hennig, Bürgerliche Gesellschaft und Faschismus in Deutschland, ein Forschungsbericht, Frankfurt 1977, S. 21 (zit.: Hennig).

2) Wenn in den Ausführungen vorrangig der Begriff des Nationalsozialismus verwandt wird, so wird er als Terminus für die deutsche Version des Faschismus gebraucht. Der Begriff Nationalsozialismus schließt sowohl die spezifisch nationalsozialistischen Ausprägungen des Faschismus, wie z.B. die Rassenideologie ein, als auch die ökonomischen und gesellschaftlichen Implikationen, die der Begriff des Faschismus enthält.

3) Georgi Dimitroff, Arbeiterklasse gegen den Faschismus (1935), in: Texte zur Faschismusdiskussion 1, Positionen und Kontroversen, Reinbek ^{2}1979 (zit.: Dimitroff); Ernst Bloch, Erbschaft dieser Zeit (1935), Frankfurt 1979^{10+11}; Wilhelm Reich, Massenpsychologie des Faschismus (1933), Frankfurt ^{2}1977; August Thalheimer, Über den Faschismus (1930), in: Gruppe Arbeiterpolitik, Der Faschismus in Deutschland, Analysen der KPD-Opposition aus den Jahren 1928-1933, Frankfurt 1973.

Sie beeinflußten nach 1945 die weitere Auseinandersetzung mit dem Faschismus, bzw. ihre faschismustheoretischen Konzepte wurden weiterentwickelt oder modifiziert. So existiert heute neben den verschiedenen Ansätzen, den Faschismus in seiner Komplexität zu erfassen oder Faschismustheorien zu entwickeln, eine Fülle von Studien zu Einzelaspekten des Faschismus, wie z.B. zur historischen Genese des Faschismus, zur Massenbasis des Faschismus, zur innerparteilichen Struktur der NSDAP, zu Justiz, zur Reichswehr etc..[1]

Trotzdem kann bis heute nicht von der wissenschaftlich fundierten Analyse der ökonomischen, gesellschaftlichen und historischen Ursachen und Funktionen des Faschismus gesprochen werden.

Vielmehr weisen die vielen verschiedenen Konzepte daraufhin,

"/.../ daß Interessen bei menschlicher Bewußtseinstätigkeit und also auch bei wissenschaftlichen Theorien immer eine wichtige Rolle spielen, eine Antriebsfunktion haben, daß damit aber noch nichts über den Wahrheitsgehalt aber noch nichts ausgesagt ist. Es hängt vom Charakter dieser Interessen ab, ob sie erkenntnisfördernd oder erkenntnishemmend, ob sie als produktiver Impuls oder als Hindernis für wissenschaftliche Erkenntnis wirken"[2].

Als Beispiele für Theorieansätze, die die wissenschaftliche Erkenntnis über die Ursachen und die Charakteristika des deutschen Faschismus erschweren bzw. verhindern, sind die Totalitarismustheorien und die Theorie vom Nationalsozialismus als Hitlerismus zu nennen. Die totalitarismustheoretischen Konzepte - entstanden in den 50er Jahren,

---

1) Auf Grund der Fülle von Veröffentlichungen verweisen wir auf die Literaturangaben bei Hennig, S. 421-425.
2) Faschismustheorien. Texte zur Faschismusdiskussion 2, hrsg. von Reinhard Kühnl, Reinbek 1979, S. 38 (zit.: Kühnl, Faschismusdiskussion 2).

d.h., in der Ära des Kalten Krieges - offenbaren grundsätzliche methodische Mängel, indem sich diese Konzepte bei der Analyse des Nationalsozialismus auf Form und Methode der Herrschaft beschränken, ohne die historische und soziale Funktion faschistischer Machtausübung zu untersuchen und zu erklären.

Totalitarismustheorien verhindern die Aufarbeitung der gesellschaftlichen und sozioökonomischen Voraussetzungen des Faschismus und verhindern dadurch nicht zuletzt eine systematische Aufarbeitung in Deutschland. Ein "wertungsfrei" angewandter Totalitarismusbegriff

/.../betont am Nationalsozialismus dessen diktatorische Negation liberal-demokratischer Verfassungsprinzipien sowie den Verzicht auf Minderheitenschutz, die systematische Verletzung von Menschen- und Bürgerrechten bis hin zum Terror, die Aufhebung der Gewaltenteilung, /.../die Zerstörung der Mehr-Parteienkonkurrenz /... und .../ seine Tendenz zu Mediatisierung und zur allumfassenden gleichschaltenden Massenmobilisierung"[1]).

Fakt ist aber, daß der Begriff des Totalitarismus nicht aufzeigt, welche spezifischen Beiträge die einzelnen Klassen und Schichten zum Aufstieg des Nationalsozialismus leisteten. Insbesondere läßt er die Interessen der Kapitalfraktionen außer Acht. Ebenso läßt er die antidemokratischen Traditionen, auf die der Nationalsozialismus zurückgreifen konnte, und den Kontinuitätsaspekt außer Acht.

Neben diesen inhaltlichen Schwächen des totalitarismustheoretischen Erklärungskonzepts wirkte sich ein solcher Ansatz aber vor allem auch erkennt-

---

1) Jürgen Kocka, Ursachen des Nationalsozialismus, in: Aus Politik und Zeitgeschichte, Beilage zur Wochenzeitung Das Parlament Nr. 25 1980, S. 3-15, hier S. 14 (zit.: Kocka).

nishemmend auf den Fortgang der Faschismusdiskussion dadurch aus, daß sie als politische Kampfbegriffe fungierten und heute noch fungieren. Indem sie nicht nach der historischen Genese des Faschismus in Deutschland fragen, sondern lediglich die Struktur und Technik der nationalsozialistischen Herrschaft zu bestimmen versuchen, legen sie einen Vergleich von ähnlich strukturierten Staatsformen, sei es von links oder rechts, nahe.

Die Gefahr bei dieser Vorgehensweise liegt darin,

"/...7daß er Systeme zusammenrückt, die sich nach sozialökonomischen Entstehungsbedingungen, Klassenbasis und sozialen Folgen scharf unterscheiden, ohne diese Unterschiede genügend thematisieren zu können"1).

So läßt der Faschismus die kapitalistische Wirtschaftsordnung im wesentlichen unangetastet, der Kommunismus verändert sie grundlegend; der Weg des Faschismus zur Macht führt unter anderem über ein Bündnis mit den traditionell privilegierten Schichten der Gesellschaft, der Weg des Kommunismus über eine Entprivilegierung und Entmachtung derselbigen.2)

Trotz dieser Unterschiede gelten in großen Teilen der bürgerlichen Wissenschaften Faschismus und Kommunismus als wesensverwandt, wird weiterhin die stalinistische Herrschaftsform als Herrschaftsform jedes sozialistischen Systems erklärt. Ein derart politisch gebrauchter Totalitarismusbegriff führt zur Diskreditierung der sozialistischen Staaten und

---

1) Kocka, S. 15.
2) Vgl. Ossip K. Flechtheim, Totalitarismus = Faschismus + Kommunismus?, Haben Hitler-Deutschland und Stalinrußland ideologisch etwas miteinander zu tun?, in: Hitlerwelle und historische Fakten, hrsg. von Anneliese Mannzmann, Königstein 1979. Historie heute; Band 1,

"/.../vor allem (zur) Denunzierung derjenigen, die
die bürgerliche Gesellschaft als historisch über-
holte Klassengesellschaft begreifen und ihre Überwindung fordern"1),

- nicht aber zur theoretischen Aufarbeitung der
Ursachen und Entstehungsbedingungen des Faschismus.

Dasselbe gilt für das Theoriekonstrukt, das den
Faschismus als Produkt des Führers begreift.
Der Hitlerismus ist eine der Tradition des
Historimus verpflichtete Interpretationsmethode,
die bei ihrer wissenschaftlichen Analyse des
Nationalsozialismus sämtliche

"/.../Forschung auf den faschistischen Führer
konzentriert: auf seinen Lebensweg und seinen
Charakter, seine Weltanschauung und seine
Handlungen"2).

Dieser Ansatz unterschlägt den klassenspezifischen gesellschaftlichen Ursprung des Nationalsozialismus, seine ihn tragenden gesellschaftlichen Gruppierungen.

Indem der Nationalsozialismus als "das Persönliche Werk Adolf Hitlers"3) gesehen wird, bleibt
dieser "Führertheorie" immanent, daß der Faschismus mit dem Tod des Führers ebenfalls beendet
ist. Zusätzlich bedingt die Reduzierung des
Nationalsozialismus auf Hitler die politische
und moralische Entlastung der gesellschaftlichen
Gruppen, die den Faschismus unterstützt und
getragen haben.4) Das Hitlerismuskonzept dient

---

1) Geschichte und Ideologie. Kritische Analyse
   bundesdeutscher Geschichtsbücher, hrsg. von
   Reinhard Kühnl, Reinbek 31978, S. 208.
2) Kühnl, Faschismusdiskussion 2, S. 48.
3) Friederich Glum, hier zitiert nach Hennig, S. 65.
4) Vgl. Hennig, S. 64ff. und Kühnl, Faschismusdiskussion 2, S. 64-68.

geradezu zur Verschleierung der Unterstützung des Nationalsozialismus durch die 'Eliten' aus Industrie, Wehrmacht, Großgrundbesitz, Bürokratie etc.

Neben den oben angeführten untauglichen Interpretationskonzepten des Totalitarismus und des Hitlerismus von Seiten der bürgerlichen Wissenschaft offenbart auch die sowjetmarxistische Faschismustheorie Schwächen. Weitgehend wird auch heute noch auf der Faschismusdefinition des Exekutivkomitees der Komintern (EKKI) 1933 beharrt, in der der Faschismus an der Macht verstanden wird

"/.../ als die offene terroristische Diktatur der reaktionärsten, am meisten chauvinistischen, am meisten imperialistischen Elemente des Finanzkapitals"1).

Analog zu der Definition wird die Theorie der strukturellen Identität vom Monopolkapital und Faschismus entwickelt, die die historische Genese des Faschismus zum

"/.../ Produkt reaktionärer Gruppen innerhalb des Großkapitals"2)

reduziert und Faschismus an der Macht als Realisator monopolkapitalistischer Interessen ausweist. Ein derartiges Konzept zur Erklärung des Faschismus ufert denn auch schnell dahin aus, den 'Aufstieg' des Nationalsozialismus

---
1) Georgi Dimitroff, S. 58.
2) Richard Saage, Faschismustheorien, Eine Einführung, zweite durchges. Aufl. München 1977, S. 28 (zit.: Saage). Als Beispiel für diesen theoretischen Ansatz siehe Eberhard Czichon, Wer verhalf Hitler zur Macht?, Zum Anteil der deutschen Industrie an der Zerstörung der Weimarer Republik, Köln 1967 (zit.: Czichon).

auf die finanzielle, politische und organisatorische Unterstützung einiger Vertreter des Monopolkapitals zurückzuführen. Sie

"/.../ machten Hitler vom unbedeutenden Führer, politischen Abenteurer zu ihrem repräsentativen Exponenten"1),

finanzierten die Propaganda der Nationalsozialisten und manipulierten deren wachsenden öffentlichen Einfluß,

"/.../ weil ihre eigenen ökonomischen und politischen Interessen mit der programmatischen Konzeption der Nazi-Clique identisch waren"2).

Unter Verzicht auf die sozialpsychologische Erklärung der faschistischen Massenbasis und auf die Herausstellung der wirtschaftlichen und politischen Konkurrenz innerhalb der großindustriellen Gruppen selbst - es gab nicht das Monopolkapital - charakterisiert sich Faschismus hier

"/.../ als ein ganz und gar monokausaler Kaufakt: faschistische Bankiers und Industrielle haben die 'Public Relations' der 'Nazi-Clique' finanziert und danach deren wachsenden öffentlichen Einfluß manipuliert"3).

---

1) Czichon, S. 16.
2) Ebd., S. 23.
3) Eike Hennig, Industrie und Faschismus. Anmerkungen zur sowjetmarxistischen Interpretation, in: Neue Politische Literatur XV (1970), S. 432-449, hier S. 438, zit. nach Saage, S. 29.

Faschismus scheint nach Czichon eine rein
innerkapitalistische Angelegenheit zu sein;
wie das Handeln der einzelnen Subjekte durch
den Faschismus beeinflußt und verändert wurde,
wird von ihm gänzlich außer Acht gelassen.

Die kurze Skizzierung der oben angeführten
faschismustheoretischen Ansätze soll daraufhin
weisen, wie unerläßlich es ist, die einzelnen
Ansätze nach ihrer Brauchbarkeit hinsichtlich
der Analyse von Entstehungsbedingungen und
Ursachen des Faschismus zu befragen.

2.2. Begründung der Herrschaftsform

"Der Klasseninhalt der Nazis
ist nicht schön genug, um ihn
zu sagen: Schutz des Kapitals,
Vorbereitung des Zweiten Weltkriegs. So griff die Bourgeoisie
- nach gründlicher Vorbereitung -
zur schwarzen Magie, zum Einsatz
falscher irrationaler Elemente,
zum Mißbrauch der echten. Der
Nazi nahm ja nicht nur die
schlicht-ökonomische Verzweiflung
seiner Bauern und Kleinbürger auf.
Das dritte Reich versprach ihnen
auch, was sie als Entmenschte,
Entseelte, Mechanisierte, als die
Entäußerten des Marxschen Sinns
entbehrten; das Niflheim der Ver-
sprechungen gab für alles Platz.
Faschistische Propaganda hat derart die gesamte menschliche Ver-
missung zum Faktor seiner Ver-
führungslüge gemacht: hier vor
allem machte der Nazi Eindruck,
hier gab er sich als Retter und
einzig wahren Jakob aus."1)

---
1) Ernst Bloch, Zur Methodenlehre der Nazis,
   November 1936, abgedr. in ders., Vom Hasard
   zur Katastrophe, Frankfurt 1972, S. 101.

Die Weltwirtschaftskrise ab 1929/30, Folge innerkapitalistischer Entwicklungsgesetze, führte in den damaligen kapitalistischen Ländern unterschiedlicher Herrschaftssysteme zu unterschiedlichen Krisenlösungsansätzen im Sinne der jeweiligen nationalen Kapitalinteressen und deren jeweiliger nationaler Geschichte. Bediente sich der Kapitalismus in den USA, Großbritannien und Frankreich im weitesten Sinne parlamentarisch-demokratischer Formen, in Japan monarchistisch-autoritärer, so in Deutschland des Faschismus.

Der deutsche Faschismus kann nicht als alleiniges Resultat monopolkapitalistischer Krisenbewältigung gedeutet und erklärt werden. Theoretisch hätte das Kapital sich auch in Deutschland einer weitgehendst parlamentarischen Lösung bedienen können. Nur gab es im damaligen Deutschland mit seiner monarchistisch-autoritären Vergangenheit, nur notdürftig von Weimar verdeckt, dafür keine Grundlage.

Die Weimarer Republik, bereits als Mißgeburt durch eine Niederlage des deutschnationalen Kapitals und seiner Monarchie zur Welt gekommen, wurde nie von den maßgebenden ökonomisch-militärischen Gruppen, etwa des Industrie-Kapitals, der quasi feudalen preußischen Agrarier oder der Militärkaste getragen, sondern von Anfang an in unterschiedlichem Maße bis zu ihrem Ende immer massiver werdend von diesen Gruppen für die Errichtung eines antidemokratischen Systems bekämpft. In Deutschland waren eben

breite antidemokratische Strömungen zum
einen feudaler Art (etwa das preußische
Junkertum), zum zweiten monarchistischer
Gesinnung (etwa die Beamten), zum dritten
militaristisch-autoritären Denkens (das
monarchistische Offizierskorps) und zum
vierten supranational auf Profit orientierter Kapitalgruppen, die die deutsche
Politik im Kaiserreich genauso wie während
der Weimarer Republik beherrschten und sich
die Republik höchstens im taktischen Sinne,
für einen sehr begrenzten Zeitraum für ihre
Ziele zunutze machten (etwa das Militär
und das Industriekapital), um sie bei der
erstbesten Gelegenheit durch ein für sie
konfliktärmeres und rationelleres System
zu ersetzen zu suchen (etwa Kapp-Putsch,
Weltwirtschaftskrise und Faschismus).

"Die Macht ergreifen konnte jene /gemeint
ist die faschistische/ Bewegung nur dort,
wo die Trägerschichten des Ancien regime
einen guten Teil ihrer Machtpositionen über
die Industrielle Revolution hinweggerettet
und sich als politische Partner konservativer
Industriegruppen etabliert hatten."1)

Auch Kocka sieht in der Unterstützung kontinuierlich herrschender Gruppen für Hitler
eine Hauptursache des deutschen Faschismus:

---

1) Heinrich August Winkler, Einleitende
Bemerkungen zu Hilferdings Theorie des
Organisierten Kapitalismus, in: hrsg.
von derselbe, Organisierter Kapitalismus,
Göttingen 1974, hier S. 15f., zit. nach
Hennig, S. 300.

"Die große Macht der Junker im industriellen Deutschland, die Feudalisierungstendenzen im Großbürgertum; die außerordentliche Macht von Bürokratie und Militär in einem Staat, /.../ der von oben geeinigt worden war; die soziale und politische Allianz von aufsteigendem Bürgertum und sich immer noch haltenden Agraradel gegen ein dadurch scharf ausgegrenztes Proletariat; die dadurch bedingte antiparlamentarische, antidemokratische und antiliberale Ausrichtung großer Teile der deutschen Führungsschichten - all das fiel in der Wirtschafts- und Sozialkrise um 1930 verhängnisvoll ins Gewicht."1)

"Die Krise des privatwirtschaftlichen Wirtschafts- und bürgerlichen Gesellschaftssystems endete in Deutschland deshalb in der Katastrophe, weil sich aufgrund eines spezifischen Weges der deutschen Modernisierung mehr als in den anderen westlichen Ländern vorkapitalistische und vorbürgerliche, obrigkeitsstaatliche, feudale und ständische Überbleibsel erhalten hatten."2)

Die Kontinuität solcher antidemokratischer Gruppen hatte ihren Ausdruck in der Kontinuität antidemokratischer und autoritärer Ideologien. Bereits im Kaiserreich wurde völkischer Nationalismus zur Propagierung eines harmonischen Gesellschaftsmodells, Antisemitismus zur Kanalisierung der Unzufriedenheit über die wirtschaftliche Lage, Rassismus als Expansion des Deutschtums in alle Welt als Ersatz für die schlechte soziale und wirtschaftliche Situation des Einzelnen und Antisozialismus und Demokratiefeindlichkeit zur Verdeckung kapitalistischen Mißmanagements, angeblich durch die Streiks der Arbeiter und später die parlamentarische Demokratie verursacht, angeboten.

---

1) Kocka, S. 12.
2) Ebd., S. 11.

Diese Ideologien konnten insbesondere unter den Massen von Angestellten Fuß fassen, die erst während der zweiten, intensiven Phase der Industriellen Revolution nach 1900 einen zunehmend größeren Anteil der abhängig Beschäftigten stellten, bzw. ab 1923, der Zeit der Hochinflation und eben in der Weltwirtschaftskrise breite Kreise der durch die Krisen in besonderem Maße ökonomisch und sozial deklassierten Mittelschichten erfassen.[1]

So ist die Massenbasis der deutschen Faschisten bzw. ihrer Partei, der NSDAP überwiegend bürgerlich, wenn sie auch im Vergleich zu den bürgerlichen Parteien einen relativ hohen Arbeiteranteil hatte. Nach einer parteiinternen Statistik, die natürlich den Arbeiteranteil eher zu hoch zählte, waren etwa 30 % der NSDAP-Mitglieder Arbeiter und etwa 61 % Angestellte, Selbständige, Beamte und Bauern.[2] Nach derselben Statistik stellten die Arbeiter nur 23 % aller politischen Leiter der Partei, während etwa 74 % aus den oben genannten Kategorien stammten.[3]

"Der Altersaufbau erklärt wohl zu einem Großteil den Arbeiteranteil der NSDAP; denn junge Arbeitslose machten neben gewerkschaftlich nicht organisierten Arbeitern das Hauptkontingent des nationalsozialistischen Arbeiteranteils aus (und waren die hauptsächliche Rekrutierungsquelle der SA, in der Arbeitslose Wohnung, Nahrung und Kleidung erhielten und so ihre physische Existenz reproduzieren konnten)."[4]

---

1) Vgl. Kühnl, Faschismusdiskussion 2, S. 90ff.; Kocka, S. 9ff.; Charles Bettelheim, Die deutsche Wirtschaft unter dem Nationalsozialismus, München 1974, S. 39.
2) Vgl. Hennig, S. 165.
3) Vgl. ebd., S. 174.
4) Ebd., S. 169.

Die wenigen genaueren Untersuchungen der
Wählerstruktur bestätigen das:[1)]

Tabelle 1

"Aufgliederung der Stimmen von NSDAP, SPD und KPD
in den Berliner Verwaltungsbezirken
(Reichstagswahl: 14. September 1930)
Verwaltungsbezirke mit stärkstem NSDAP-Anteil:

	Von 100 Stimmen entfallen auf		Von 100 Berufstätigen entfallen auf:	
	NSDAP	KPD + SPD	Angestellte u. Beamte	Arbeiter
Steglitz	23,9	30,6	38,9	23,3
Schöneberg	19,9	38,6	35,6	23,5
Wilmersdorf	18,8	31,4	32,9	16,0
Charlottenburg	18,5	42,6	31,7	29,3
Verwaltungsbezirke mit schwächstem NSDAP-Anteil:				
Wedding	8,9	71,0	20,6	57,0
Neukölln	11,0	67,5	25,6	51,4
Friedrichshain	11,6	66,7	21,7	52,1
Prenzlauer Berg	11,9	63,6	27,1	45,2

"

Ein anderes Beispiel führt Peukert an. Im gesamten
Ruhrgebiet blieb die Anzahl der Wählerstimmen für
die NSDAP bei den Reichstagswahlen am 6. November
1932 weit unter dem Reichsdurchschnitt.

Gegenüber dem Reichsergebnis von 33,1 % erhielt
die NSDAP in Dortmund nur 17,7 %. Noch deutlicher
wird dies bei der Aufteilung in einzelne Wahlbezirke. In Dortmund-Gartenstedt (einem bürgerlichen Wohnviertel) erhielt die NSDAP 29,6 %,
während sie am Borsigplatz (einem traditionellen
Arbeiterviertel) nur 12,8 % erhielt.[2)]

----
1) Hennig, S. 212.
2) Vgl. Detlev Peukert, Ruhrarbeiter gegen den Faschismus, Dokumentation über den Widerstand im Ruhrgebiet 1933-1945, Frankfurt 1976, S. 13 (zit.: Peukert, Ruhrarbeiter).

Diese Tendenz, sich auf die bürgerlichen Schichten in der Hauptsache zu stützen, wird auch an den Reichstagswahlergebnissen deutlich:[1]

Tabelle 2

"Die Entwicklung parteipolitischer Blöcke, 1928-1933 (Angaben in Prozent der abgegebenen gültigen Stimmen)

RT-Wahlen	soz.Parteien (SPD, KPD)	NSDAP	Zentrum (+ BVP)	andere bürger- liche Parteien
20. 5.1928	40,5 %	2,6 %	15,1 %	41,8 %
14. 9.1930	37,6	18,3	14,8	29,3
31. 7.1932	36,2	37,4	15,7	10,7
6.11.1932	37,3	33,1	15,0	(11,2)
5. 3.1933	30,6	43,9	13,9	10,0"

Der Stimmengewinn der Nationalsozialisten setzte sich also etwa zu drei Vierteln aus den Stimmen für die bürgerlichen Parteien (ausgenommen das Zentrum/BVP) und nur zu einem Viertel aus den Stimmen für die traditionellen Arbeiterparteien SPD und KPD zusammen.

---

1) Hennig, S. 190.

Diese beiden Beispiele aus Berlin und Dortmund lassen sich wohl auch auf die Industriegroßstädte mit ihren Schwerpunkten der Arbeiterbewegung ausweiten, denn

"Die NSDAP kam vor allem in ländlichen protestantischen Gebieten (besonders in Schleswig-Holstein, Pommern und Osthannover) zu Erfolgen; in nichtkatholischen Klein- und Mittelstädten schloß sich ihr vorwiegend der gewerbliche Mittelstand an. In den Industriegebieten /.../ 'eroberte' sie außer den Angestellten einen Großteil der Jungwähler."1)

"Zusammenfassend ist die Übereinstimmung der Wähler und der Mitglieder der NSDAP hervorzuheben, wobei allerdings Bauern stärker dazu neigten, die NSDAP zu wählen als ihr beizutreten. Übereinstimmung im Grundsatz besteht bei den zeitgenössischen Analysen darüber, daß Angehörige der Mittelschichten, des 'alten' und des 'neuen' Mittelstandes, Bauern, Jugendliche - auch aus der Arbeiterschaft - und bisherige Nichtwähler das hauptsächliche Wählerreservoir der NSDAP waren."2)

Der Arbeiteranteil der NSDAP-Wähler stammte überwiegend von nichtorganisierten Arbeitern bzw. Arbeitslosen und hier in der Hauptsache von noch nicht organisierten Jungarbeitern, die

"/.../ als am wenigsten immun gegenüber der nationalsozialistischen Propaganda beschrieben werden."3)

Daß sich die NSDAP nie auf den Großteil der organisierten Arbeiterschaft stützen konnte, zeigt auch die Reichstagswahl am 5. März 1933,
----
1) Peukert, Ruhrarbeiter, S. 214.
2) Ebd., S. 212.
3) Ebd., S. 219; Vgl. auch ebd., S. 201ff.

eine Woche nach dem Reichtagsbrand und dem damit beginnenden brutalen Terror gegenüber der Arbeiterbewegung. Von 16 Millionen Arbeitern wählten 12 Millionen SPD und KPD und nur etwa 1,5 Millionen die NSDAP.[1]

Insgesamt ist also festzustellen, daß die NSDAP in den traditionellen Arbeiterbezirken nur geringfügig Fuß fassen konnte und sich in der Hauptsache auf die bürgerlichen Schichten (ausgenommen die streng katholischen Zentrumswähler) stützte.

Entsprechend dem eingangs erwähnten Zweck des deutschen Faschismus, eine Krisenbewältigung im Sinne des Kapitals zu leisten, richtete sich der Terror in der Hauptsache gegen die organisierte Arbeiterbewegung in den Gewerkschaften und Parteien. Direkt nach der Machtübernahme 1933 wurden die ersten KPD- und Gewerkschaftsfunktionäre, aber auch mißliebige linke Intellektuelle verhaftet und in erste, noch provisorische KZs gesteckt. Innerhalb der nächsten Jahre richtete sich der Nazi-Terror in der Hauptsache gegen Funktionäre und Mitglieder von KPD, SPD und Gewerkschaften, deren Organisationen total zerschlagen wurden. So ist auch von diesem Gesichtspunkt aus der Nationalsozialismus als eine unter anderen Herrschaftsformen des Kapitals erkennbar, die sich strikt gegen die Arbeiterschaft, ihre Interessensorganisationen und ihre Sozialkultur richtete.

---
1) Peukert, Ruhrarbeiter, S. 216f.

Wenn auch bisher vom deutschen Faschismus als
Interessensvertretung des Kapitals die Rede
war, so darf das nicht dazu führen, stringente
Befehlsstrukturen oder Herrschaftsanleitungen
vom Kapital zur NS-Führung als politisches
Ausführungsorgan zu verallgemeinern. Das Abrücken von solch stringenten Strukturen darf
aber auch nicht zu einem umgekehrten Schluß
führen. Gemeint ist die anhaltende Auseinandersetzung um den "Primat der Politik" oder den
"Primat der Industrie", die im folgenden kurz
geschildert werden soll.

Tim Masons Hauptthese lautet:

"/.../ es ist offensichtlich so gewesen, daß
die Innen- und Außenpolitik der nationalsozialistischen Staatsführung ab 1936 in zunehmendem
Maße von der Bestimmung durch die ökonomisch
herrschenden Klassen unabhängig wurde, ihren
Interessen sogar in wesentlichen Punkten zuwiderlief."1)

Für ihn kam der Bruch mit dem Primat der Industrie, das er zunächst auch gelten läßt,
1936, mit der letztendlichen Entscheidung
Hitlers zwischen den divergierenden Interessen
der beiden herrschenden Kapitalgruppen Schwerindustrie einerseits und Chemie- und Elektrokonzerne andererseits, um den günstigsten Weg
zum Krieg. Nach dieser Entscheidung verfolgten
die einzelnen Konzerne und Wirtschaftszweige
nur noch Sonderinteressen bei dem Kampf um
Rüstungsaufträge und Produktivkräfte. So
wurde die öffentliche Hand

----

1) Tim Mason, Der Primat der Politik - Politik
und Wirtschaft im Nationalsozialismus, in:
Das Argument, Nr. 41 (Nov. 1970), S. 473-494,
hier S. 474 (zit.: Mason, Primat der Politik).

"/.../ zum Interpreten der Interessen
der Wirtschaft."1)

Schließlich ist der Krieg von der Industrie
nicht direkt angestrebt worden, sondern beruht
auf einer politischen Entscheidung Hitlers und
der Faschisten, der sich die deutsche Industrie
nur intensiv plündernd anschloß.2)

Mason wirft bisher durch die marxistischen
Erklärungsansätze nicht befriedigend beant-
wortete Fragen erneut auf:

die Judenvernichtung war ökonomisch völlig sinn-
los: notwenige Arbeitskräfte wurden ermordet;
knappe Rohstoffe für KZs verschwendet; die
Versorgung durch Judentransporte behindert.
Ebenso problematisiert er die anfängliche Ablehnung der Zwangsverpflichtung von Frauen durch
Hitler.3)

Eberhard Czichons Hauptthese in seiner Erwide-
rung zu Mason lautet:

"War es vor 1933 die montane Schwerindustrie gewesen, die am entschiedensten die faschistische
Diktatur und über sie die militante Aggression
anstrebte, übernahm diese Funktion nunmehr die
Gruppierung der Chemie- und Elektroindustrie,
während die montane Schwerindustrie in eine
Partnerposition gedrängt wurde. /.../ Was sich
in jenem Jahr abspielte, war kein Strukturwandel,
sondern eine eindeutige Machtverschiebung im
Oligopol /.../."4)
----
1) Mason, Primat der Politik, S. 484. Vgl. auch
   ebd., S. 482ff.
2) Vgl. ebd., S. 480ff.
3) Vgl. ebd., S. 491ff.
4) Eberhard Czichon, Der Primat der Industrie im
   Kartell der nationalsozialistischen Macht, in:
   Das Argument , Nr. 47 (April 1971), S. 169-192,
   hier S. 185 (zit.: Czichon, Der Primat der
   Industrie).

Die bisherige Führungsgruppe im deutschen
Oligopol, die Schwerindustrie, wurde im Gefolge
der **Außenwirtschafts-** und Devisenkrise 1936
aufgrund der Schacht'schen Wirtschaftskonzeption
nach und nach aus der führenden Rolle verdrängt.
In der Führungskrise des kapitalistischen Machtkartells gelang es der NSDAP-Führung vorübergehend, die Politik selbständig zu bestimmen.

Innerhalb eines Jahres aber etablierte sich die
Chemie- Elektro- Gruppe als neue Führungsmacht
des Kartells in den meisten Stellen des nunmehr
wichtigen Amtes für Roh- und Werkstoffe unter
der Leitung Görings. Damit war die Führungskrise innerhalb des Machtkartells der deutschen
Industrie beendet, und es bestimmte wieder die
Politik unter der Führung der Chemie-Elektro-
Gruppe.[1]

Auch im Krieg bestimmte das Industrie-Oligopol
weiterhin die grobe Zielrichtung des Krieges
und erarbeitete detaillierte Vorstellungen
über einen Wirtschaftskrieg.[2]

Solche Widersprüche, wie sie Mason aufgeworfen
hat, versucht Czichon dadurch zu erklären, daß
er sie zum Auffangen des zunehmenden Widerspruchs
zwischen Kapital und Arbeit nützlich erklärt,
als Ablenkung von den eigentlichen Ursachen
für Krieg und Unterdrückung. Daß sie dabei
irrational auch gegen einzelne Gruppeninteressen
verstoßen habe, gehöre eben zu den Eigenheiten
des Monopolkapitalismus.[3]

---

1) Vgl. Czichon, Der Primat der Industrie, S. 177ff.
2) Vgl. ebd., S. 186ff.
3) Vgl. ebd., S. 190f.

Wie bereits oben aufgezeigt, zeigt die ausführliche Darstellung dieser beiden Ansätze zur Erklärung des Charakters des Nationalsozialismus ab 1936, daß es bis jetzt keine stringente, einheitlich die vielen Phänomene des Nationalsozialismus erfassende Theorie gibt. Aus beiden Theorien aber sind sinnvolle Anstöße zu entnehmen.

Zunächst wird deutlich, daß der deutsche Faschismus kein ungebrochenes Ergebnis monopolkapitalistischer Interessen war. Zumindest eine Zeitlang gelang es der Politik, sich aus der strikten Bestimmung durch die Wirtschaft zu lösen. Dennoch - und auch das ist klar - konnte sie sich nur in einem gemeinsam akzeptierten Rahmen wirtschaftlichen Profit- und Ausbeutungsdenkens bewegen. Innerhalb dieses Rahmens, der erst recht auf Grund neuerer Untersuchungen als erwiesen gelten kann[1], bildete sich ein Herrschaftsgebilde heraus, das polykratische Züge trug.

Hennig etwa spricht von einer

"/.../ arbeitsteiligen Kooperation /.../ der NS-Oligarchie /.../ mit großer Industrie, Wehrmacht und Verwaltung /.../"[2),

in der der NSDAP und ihrer Terrororgane SA und SS die

"/.../ Aufgabe der Unterdrückung der Arbeiterbewegung /.../"[3)

zukomme. Aber auch innerhalb der Partei kam
----
1) Vgl. Hennig ; derselbe, Thesen zur deutschen Sozial- und Wirtschaftsgeschichte 1933 bis 1938, Frankfurt 1973.
2) Hennig, S. 288.
3) Ebd., S. 289.

es zu tiefgreifenden Auseinandersetzungen, die
schließlich in die Ermordung der SA-Führung
unter Röhm 1934 mündeten, gedeutet als Zeichen
der gewürdigten Stärke der Wehrmacht und des
gestoppten Aufbaus einer nationalsozialistischen
Armee in der SA und damit der Anerkennung der
Arbeitsteilung zwischen den verschiedenen
Gruppen.[1]

So standen sich in den Jahren der faschistischen
Herrschaft eine Vielzahl von Organisationen in
vielen Konflikten gegenüber, jeweils mit den
eigenen, organisationsbezogenen Interessen.
Da waren die Interessen der Unternehmer an genügend Arbeitskräften, denen die Interessen
der NS-Strafverfolgungsbehörden gegenüber
standen; insbesondere sich zuspitzend während
des Krieges und des damit verbundenen Arbeitskräftemangels. Oder etwa Kompetenzstreitigkeiten zwischen der Wehrmacht und der mittlerweile zum Staat im Staat gewordenen SS im Krieg.
Unaufgehobene Differenzen bestanden selbst bei
den Strafverfolgungsbehörden zwischen der
Gestapo und der herkömmlichen Polizei und
Justizapparats. So konnte in vielen Fällen
unterschiedlich entschieden werden, erklärbar
aus der jeweiligen Machtkonstellation einzelner
am Konflikt beteiligter Gruppen.

---

1) Vgl. Hennig, S. 293f. und S. 104ff.

Zusammenfassend stand der deutsche Faschismus also in der Kontinuität antidemokratischer Bewegungen seit dem Kaiserreich, entstanden im Rahmen kapitalistischer Profitinteressen. Seine Basis fand er in der Mittelschicht, dem Klein- und sogar Großbürgertum, nicht jedoch in der traditionellen, klassenbewußt organisierten Arbeiterbewegung, zu deren Niederschlagung er angetreten war. Dennoch war er kein stringent durchorganisiertes Gebilde, sondern eine eher polykratisch organisierte Herrschaft, in der von allen an der Macht beteiligten Gruppen das Ziel eines profitablen, konfliktfreien Kapitalismus akzeptiert war, die aber dennoch macht-, prestige- oder profitegoistische Interessen in Konflikt miteinander brachten oder/und zu oftmals sich widersprechenden Entscheidungen führten.

3. Proletarische Kindheit und Jugend in der Weimarer Republik

Das Leben der Arbeiterkinder wurde in der Weimarer Republik weitgehend bestimmt durch drei Faktoren, die sämtlich aus der schlechten wirtschaftlichen Lage der Arbeiterfamilien herrühren, denn der Proletarier erhält immer nur so viel an Lohn

"/.../ als erforderlich ist, um seine elementarsten Lebensbedürfnisse zu befriedigen. Oft genug steht der Lohn sogar mehr oder weniger tief unter dem Existenzniveau"[1].

Am elementarsten zeigt sich dieses in der mangelhaften Ernährung, in den schlechten Wohnverhältnissen und in der Tatsache, daß Kinder vielfach zur Unterstützung der Eltern mitarbeiten müssen. Aus dieser schlechten Lebensqualität der Eltern wie der Kinder resultieren wiederum Krankheiten, hohe Säuglingssterblichkeit und andere Mißstände.

Eine im Jahre 1913 durchgeführte Untersuchung ergab, daß 81 Prozent der Familien mit ihrem jährlichen Einkommen unter dem Existenzminimum blieben, das mit 1500 Mark Jahreseinkommen festgelegt war. 54 Prozent der Bevölkerung hatte pro Jahr weniger als 900 Mark zur Verfügung und lag damit noch unter dem zu versteuernden Mindesteinkommen.[2]

---

[1] Otto Rühle, Illustrierte Kultur- und Sittengeschichte des Proletariats, Berlin 1930 (Autorisierter Neudruck Genf 1970, S. 299; vgl. ebd., S. 303-350 (zit.: Rühle).
[2] Vgl. ebd., S. 345/46.

"Seit 1913 /bis 1930/ haben sich die Verhältnisse nicht gebessert, sondern verschlechtert. Die Kosten der Lebenshaltung haben sich verteuert, die Kaufkraft der Löhne und Gehälter aber ist gesunken. Das Mißverhältnis zu Lasten der Minderbemittelten und Armen ist also stärker, fühlbarer in die Erscheinung getreten. Das heißt: der Tisch ist für die Massen noch dürftiger als vor dem Kriege gedeckt."[1]

3.1. Ernährung

Zahlreiche Umfragen und Erhebungen, die in der Zeit der Weimarer Republik an verschiedenen Schulen in ganz Deutschland, also auf dem Lande wie in den Großstädten, durchgeführt wurden, lassen erkennen, wie schlecht es um die Ernährung der Arbeiterfamilien bestellt war.

"Seine /des Proletariats/ schlechte materielle Versorgung tritt meist erst grell und unverhüllt zu Tage in dem Hungerelend der Kinder. Denn in der Regel leiden die Eltern lieber selber in der Stille Hunger und Not, bevor sie die Kinder darben und hungern lassen. Wo deshalb die Nachprüfung der proletarischen Verhältnisse auf schlecht genährte hungrige Kinder stößt, darf auf schlimmste Notlage in der elterlichen Wirtschaft oder auf allgemeinen Elendszustand der Arbeiterklasse geschlossen werden."[2]

Besonders in den Jahren der wirtschaftlichen Krise von 1929 bis 1931, aber auch in den Nachkriegsjahren zeigte sich eine große Verelendung der Arbeiterklasse sowie eine Proletarisierung auch der Mittelschichten, vor allem des Kleinbürgertums, das den sozialen Abstieg ins sogenannte "Stehkragenproletariat"[3] erleben mußte.

---

1) Rühle, S. 346.
2) Ebd., S. 349.
3) Vgl. etwa Bernd Engelmann, Einig gegen Recht und Freiheit, Deutsches Anti-Geschichtsbuch, 2. Teil, Frankfurt a.M. 1977, S. 81.

Inflation, Massenarbeitslosigkeit und Kurzarbeit verschlechterten die Lebensbedingungen derjenigen, die sowieso bereits am Rande des Existenzminimums lebten, rapide: nicht zuletzt die Kinder bekamen Hunger und Not zu spüren. Zahlreiche Berichte dokumentieren die mangelhafte Ernährung der Schüler, die vielfach ohne Frühstück, teilweise auch ohne Mittagsmahlzeit waren. Amtliche Berichte halten fest, daß zwischen 15 und 65 Prozent der Kinder Untergewicht hatten. In einer Studie des Berliner Oberbürgermeisters Röß heißt es:

"Erschütternde Berichte des Jugendamtes und der Hauptfürsorgestelle für Kriegsbeschädigte und -hinterbliebene beleuchten das herrschende Elend der Kinder - zahlreiche Kinder, auch im zartesten Alter, nie einen Tropfen Milch - ohne warmes Frühstück zur Schule - als Schulfrühstück gequetschte Kartoffeln - schwere Psychosen der Mutter infolge der Entbehrungen - kein Fleisch und kein Fett"[1]

- in München gaben Kinder als Hauptbestandteil ihrer Nahrung an:

"Wassersuppe, Kartoffeln, Tee ohne Milch, Grieß in Wasser gekocht"[2].

Ähnlich beschreibt auch Otto Rühle die Situation der Proletarierkinder:

"Der Proletarier hungert bereits im Mutterleib. Ist er geboren, so erhält er statt der nahrhaften Muttermilch ein schäbiges Surrogat. An magerem Brei und Kartoffeln, Kartoffeln und Hering, Kartoffeln und Leinöl, Kartoffeln und Salz, ißt er sich groß. Für das ganze Leben der meisten gilt der alte Vers: 'Kartoffeln in der Früh, Kartoffeln in der Brüh, Kartoffeln in ihrem Kleid, Kartoffeln in Ewigkeit.' Oft muß er noch dankbar sein, wenn es zu Kartoffeln oder trockenem Brot überhaupt reicht."[3]

---
1) Zit. nach Jürgen Kuczynski, Studien zur Geschichte der Lage des arbeitenden Kindes in Deutschland von 1700 bis zur Gegenwart, Berlin 1968 (Die Geschichte der Lage der Arbeiter unter dem Kapitalismus, Bd. 19 und Bd. 20), hier Bd. 19, S. 243 (zit.: Kuczynski).
2) Zit. nach ebd., S. 241.
3) Rühle, S. 302.

Auch Berliner Berufsschüler und -schülerinnen berichten über die Ernährung ihrer Familie:

"Mein Vater und Mutter sind arbeitslos, Vater kriegt Arbeitslosenunterstützung 15 Mk. die Woche. Von mein Trinkgeld muß ich mich kleiden, meine Berufswäsche muß ich allein waschen lassen. Frühstück und Kaffee muß ich auch bezahlen. Mein Vater und meine Mutter schimpfen, wenn ich ein paar Stullen mehr esse. /.../ Anstellen nach Kohlen, Brot, das war meine Aufgabe. Trocken Brot und schwarzer Kaffee, das waren unsere Haupternährungsstoffe! /.../ Wir stehen uns wirtschaftlich sehr schlecht, trotzdem meine Mutter eine Aufwartestelle hat. Es kommt oft vor, daß wir zu Hause kein Mittagsbrot haben. /.../ Zu Hause hört man nichts weiter als Klagen und Stöhnen und Sorgen um das tägliche Brot."1)

Die ständigen Sorgen, die, für die Eltern zunächst bewußter als für die Jugendlichen, kaum noch andere Gedanken zulassen, ergreifen bald auch von den Kindern Besitz:

"Als ich, mehrere Jahre später, /.../ über den Menschen und sein Verhältnis zur Umwelt nachzudenken begann, erkannte ich tief erschüttert, um was ich und hunderttausend junge Proletarier in meiner Kindheit und Jugend betrogen war. Unser Lohn war jämmerlich gering. Wir verdienten wöchentlich 4,20 Mark. Für die Schlafstelle mußten 2 Mark bezahlt werden, so blieben für Essen, Kleidung und 'Vergnügen' noch 2,20 Mark in der Woche. Wenn wir auch nicht hungerten, so war doch keiner recht satt, meist waren wir müde und abgespannt. /.../ Wir sahen nicht die Schönheiten der Natur und der Landschaft, die andere, sozial bessergestellte Jugendliche im Alter in Liedern und Gedichten besangen. Immer dachten wir ans Essen. Wir hatten eine Gruppe von vier Jugendlichen gebildet, die jeden Sonntag in einer verräucherten Kneipe Karten spielten. Der Erlös wanderte in eine gemeinschaftliche Kasse, damit wurde in gewissen Zeitabständen ein großes Wurstessen veranstaltet."2)

---
1) Zit. nach Günter Krolzig, Der Jugendliche in der Großstadtfamilie, Auf Grund von Niederschriften Berliner Berufsschüler und -schülerinnen, Berlin 1930 (Deutsche Akademie für soziale und pädagogische Frauenarbeit, Forschungen über "Bestand und Erschütterung der Familie in der Gegenwart", Bd. 4), S. 41-43 (zit.: Krolzig).

2) Willi Münzenberg, Die dritte Front. Aufzeichnungen aus 15 Jahren proletarischer Jugendbewegung, Berlin 1930, S. 17/18.

3.2. Wohnverhältnisse

Ebenso schlecht wie die Ernährung der Arbeiterfamilie sahen auch die Wohnverhältnisse aus, in denen Arbeiterkinder aufwuchsen. Viele Arbeiterfamilien konnten sich keine besseren Wohnungen leisten, da sie die finanziellen Mittel nicht aufbringen konnten; darüberhinaus herrschte vor allen Dingen in den Großstädten ein ungeheurer Wohnungsmangel. Eine Wohnungszählung für das gesamte Reichsgebiet kam im Mai 1927 zu dem Ergebnis, daß "drei Millionen /Wohnungen/ neu zu bauen" seien, da

"/.../ der fünfte Teil der deutschen Familien in Wohnungen haust, die die Brutstätte von Schwindsucht und Seuchen, von Lastern und Blutschande sind"[1].

Schlechte, verwohnte Räume, die seit Jahren immer mehr verfielen, ohne genügend Luft und Licht – so sah die typische Wohnung einer Arbeiterfamilie aus, in der sich eine vielköpfige Familie drängte. Allein in Berlin lebten (nach einer Zählung vor 1914) mehr als 600.000 Menschen in Wohnungen, in denen auf jedes Zimmer mehr als fünf Personen kamen.[2] Im Vergleich zu anderen europäischen Großstädten schneidet gerade Berlin in einer Erhebung von 1926 besonders schlecht ab: während in Den Haag 6, in London 8 und in Wien 50 Menschen in einem Haus lebten, drängten sich in Berlin durchschnittlich 76 Personen in jedem Haus [3], wobei noch berücksichtigt werden muß, daß in den besseren Wohngegenden, wo die "Herrschaftswohnungen und Wohnpaläste"[4] standen, die Personenzahl weit geringer war, und die Menschen in den Arbeitervierteln um so enger zusammenleben mußten.

---
1) Zit. nach Rühle, S. 388.
2) Vgl. Rühle, S. 384.
3) Vgl.: Die gesellschaftliche Wirklichkeit des Kindes in der bildenden Kunst, Berlin 1980, S. 160.
4) Rühle, S. 384.

Als typische Wohnstätte des Proletariats entstand, parallel mit dem Anwachsen der Industrie und dem dadurch verursachten Zuzug der Massen in die Städte, die Mietskaserne.

"In dem Worte Kaserne liegt alles: grau, kahl, unwirtlich, schmutzig, viele Stockwerke hoch, roher Backsteinbau mit trostlosen Fensterfronten, hart an der Straße in eintöniger Reihe, mit engen, schematischen Räumen, alles primitiv, kulturlos, voll betonter Verachtung des Behaglichen und Heimischen, Wand an Wand mit vielen fremden Menschen."1)

Trotzdem galt es um 1930 noch als Glücksfall, in einer solchen Mietskaserne eine Wohnung zu haben, im Vergleich zu den Hunderttausenden von Arbeiterfamilien, die in Kellern, Baracken, Obdachlosenasylen und ähnlichen Notbehelfen hausten.

Zur Wohnungsnot in seiner Stadt vermerkte der Berliner Oberbürgermeister 1922:

"Die an sich schon unhygienischen Wohnungsverhältnisse Berlins werden durch den herrschenden Wohnungsmangel und den Verfall der Häuser verschlimmert - 70 Prozent der Wohnungen, in einzelnen Bezirken über 80 Prozent nur 2 Wohnräume /.../ - zahlreiche Familien wohnen notdürftig in Baracken und Lauben /.../ - Familiengründung und Familienentfaltung durch Wohnungsmangel verhindert - zunehmende Verwahrlosung der Häuser und Wohnungen, weil weder Hausbesitzer noch Stadtverwaltung über erforderliche Mittel für notwendige Unterhaltungsmaßnahmen verfügen."2)

Zahlreich waren die sogenannten 'Schlafburschen' und '-mädchen', die nicht das Geld für eine eigene Unterkunft hatten, sondern sich nur ein gemietetes Bett in einer Familie leisten konnten. Auch auf

---

1) Rühle, S. 377.
2) Zit. nach Kuczynski, Bd. 19, S. 239/40.

diese Weise vergrößerte sich die Enge und Gedrängtheit in den kleinen Arbeiterwohnungen, denn viele Familien vermieteten noch eine Schlafgelegenheit, häufig tagsüber ein Bett, das nachts von der Familie selber benutzt wurde. In München nahmen 1907 fast 30.000 Familien Schlafgänger auf, obwohl bei einem Drittel der Wohnungen Bettenknappheit herrschte. Ein eigenes Bett blieb für viele Kinder ein Wunschtraum; wenn sie nicht mit mehreren Geschwistern zusammenschliefen, so übernachteten sie im günstigsten Falle auf Feldbetten oder dem Sofa in der Küche. Welche Belastung derartige Wohnverhältnisse für die ganze Familie darstellen, wie aber auch gerade die Kinder und Jugendlichen darunter leiden, geht aus den Schilderungen Berliner Schüler hervor:

"Unsere Wohnung liegt in einer Fabrikstraße, im Hinterhaus vier Treppen hoch, und umfaßt eine Küche und eine Stube, sowie ein Klosett. Aus Platzmangel können wir nur zwei Betten aufstellen, müssen also dauernd zusammen schlafen, was immer unerträglicher wird. Man kann sich, wenn man den ganzen Tag gearbeitet hat, nicht einmal richtig ausschlafen. Eine andere Wohnung bekommen wir nicht, eine Neubauwohnung können wir nicht bezahlen, so werden wir in diesen Verhältnissen wohl noch lange bleiben müssen, bis wir Geld verdienen, wenn wir dann nicht arbeitslos sind."[1]

Bei der herrschenden wirtschaftlichen Lage erwies sich diese von tiefem Pessimismus geprägte Beurteilung der Situation wohl allzu häufig als realistisch. Ein anderer Schüler lebt mit seinen Eltern und drei Geschwistern zusammen:

----
1) Zit. nach Krolzig, S. 50-54.

"Wir haben Stube und Küche und so eng, daß wir
uns kaum bewegen können. Die Nacht ist das
schlimmste. Wir 6 Personen schlafen in der
kleinen Stube, die stockig und mufig ist.
Wir suchen schon seit 3 Jahren nach einer
Wohnung, leider ist nicht zu krigen. Der Staad
hat kein Geld um Wohnungen zu bauen. /.../ Wir
sind 4 Personen. Haben 2 Zimmer. Mein Bruder
und ich schlafen in einem Bett. Ebenso Vater
und Mutter. Alle zusammen in einem kleinen
Raum. Ich glaube über Gesundheit und Hygiene
brauch ich nicht zu sprechen. Zu einem Paar
anständigen Betten hat es nich nie hingereicht.
Die ganze Nacht kein ruhiges schlafen. Am morgen
aufgewacht bin ich manchesmal froh wenigstens
ein bißchen frische Luft zu schnappen."1)

Mußten sich die Kinder des nachts mit ihren
Geschwistern ein Bett teilen, so gestattete
die Enge und die große Personenzahl auch tagsüber innerhalb der Wohnung keinerlei Freiraum,
in den sich der einzelne hätte zurückziehen
können. Derartige Wohnverhältnisse ließen die
Wohnung nicht als einen Ort, geeignet zum
Leben, erscheinen, sondern als Essens- und
Schlafstätte. Auch diese Erfahrung machten
die Kinder schon früh:

"Da nun nicht genügend Platz in der Wohnung
ist, streiten wir uns um den Tisch der eine
will mehr Platz wie der andere. Dann geht der
Krach los. Jetzt packe ich meine Sachen ein
und gehe zum Jugendheim bei meinen Sozialen
Genossen. Ich würde gerne eine Sprache lernen,
aber es geht nicht wegen die Streitigkeiten.
So ist man auf die Straße oder sonstige Sachen
angewiesen. /.../ Mein Vater ist Gastwiert. Wir
haben ein gutgehendes Geschäft, zu diesem gehört
eine Wohnung die aus 1 Zimmer besteht. Wir müssen
uns also den ganzen Tag im Lokal aufhalten.
Komme ich abends aus dem Geschäft, so hole ich
mir mein Abendbrot und muß allein in der Küche
essen, wenn es geht möglichst schnell damit ich
nicht im Wege bin. /.../ Ich gehe also fast
jeden Abend aus. Entweder in meinen Verein oder
zu meinen Freunden. Meistens gehen wir spazieren
----
1) Zit. nach Krolzig, S. 50-54.

oder wir gehen ins Kino. /...kleinere Kinder7 müssen sich tagsüber immer mit dem Staube des Straßenpflasters genügen, da ihnen der Hof verboten ist. Eine Krankheit ist dadurch keine Seltenheit."1)

3.3. Krankheiten

Krankheiten waren im proletarischen Milieu weitverbreitet: schlechte Wohnverhältnisse, mangelnde Ernährung, kräftezehrende Arbeit und dazu die ständige Sorge um die weitere Zukunft bildeten einen idealen Nährboden für Krankheiten fast aller Art.

"Armut und Krankheit sind Geschwister. Der im Mutterleib schon mangelhaft ernährte, vielleicht durch mütterliche Erwerbsarbeit verbildete und verkrüppelte, später unzureichend versorgte und gepflegte Körper des proletarischen Kindes ist anfälliger für Krankheiten, widerstandsunfähiger gegenüber Ansteckungen und Gefahren, schwächer gegenüber den Lebensaufgaben als der kräftige und gesunde Körper eines sozial bessergestellten Kindes. Kommt zu dem geringen Fonds an Vitalität in jungen Jahren große Krankheitshäufigkeit, ungesunder Wohnaufenthalt, anstrengende Erwerbsarbeit, Mangel an Nahrung, Pflege und Schlaf, so beginnt der heranwachsende Proletarier auf der Laufbahn seines Lebens mit einem schlechten Start. Er bleibt bald zurück, verliert die Chancen, kommt ins Hintertreffen."2)

Neben den Berufskrankheiten, die den Arbeiter infolge seiner Tätigkeit befallen, galt die Tuberkulose als "Proletarierkrankheit par excellence", als "Hunger- oder Wohnungskrankheit"3). Häufig ebenfalls ausgelöst durch Arbeitsbedingungen, die ein ständiges Einatmen von Staub unumgänglich machten, verschlechterten die sozialen Lebensbedingungen die Krankheit erheblich oder bildeten mit eine der Krankheitsursachen.

----
1) Zit. nach Krolzig, S. 54/55, S. 79.
2) Rühle, S. 490/91.
3) Ebd., S. 496 u. 498.

Statistiken legen dar, wie eng das Auftreten
der Tuberkulose mit den sozialen und wirtschaftlichen Verhältnissen der Menschen verbunden
ist. Alle diese Berichte zeigen, daß Tuberkulose
immer da in Erscheinung tritt, wo soziale Benachteiligungen bestehen; zu dieser auffälligen
Disposition hinzu kommt noch die Tatsache, daß
Arbeiterfamilien kaum das Geld für teure Ärzte
und Aufenthalte in Sanatorien hatten. Ganz
im Gegenteil belegen Berichte, daß manche der
an Tuberkulose Erkrankten aufgrund der engen
Räumlichkeiten auch weiterhin mit anderen Personen zusammen in einem Zimmer, eventuell sogar
in einem Bett schlafen mußten.

Untersuchungen an Dortmunder Klein- und Schulkindern 1926, die die Einwirkungen der Wirtschaftskrise auf den Gesundheitszustand der
Kinder nachprüfen, sprechen von 35 Prozent der
Kleinkinder, die bereits an Tuberkulose erkrankt
waren, und von 60 Prozent erkrankten Schulkindern.
Auffallend daneben waren Blässe, Blutarmut und
Abmagerung, vor allen Dingen in den Stadtteilen
mit großer Arbeitslosigkeit.[1] Diese Wechsel-
wirkung zwischen dem Verlust der Arbeit durch
Krankheit und dem Entstehen der Krankheit durch
die Arbeitsbedingungen und die übrigen Lebensbedingungen wird auch von den Berliner Schülern
beschrieben, die die Auswirkungen der Erkrankung
eines Familienmitgliedes auf die ganze Familie
zeigen:

"Ich habe meine Mutter gern, aber da mein Vater
im Krieg gefallen, meine Mutter die Entbehrungen
im Kriege und in der Inflation mit mir nicht
standhielt, so erkrankte sie schwer und hat bis

---
1) Vgl.: Zur Pädagogik und Schulpolitik der KPD
   in der Weimarer Republik, Eine Auswahl aus der
   Zeitung "Der Klassenkampf", Berlin 1961 (Erziehung und Gesellschaft. Materialien zur Geschichte der Erziehung), S. 110-112.

heute ein nervöses Leiden was mir zuzeiten
die Hölle auf Erden bereitet./.../ Meine Arbeit
ist mir eine Zerstreuung. Wenn ich nach Hause
komme dann mache ich Essen meine Mutter ist
unheilbar krank und liegt schon 1/2 Jahr fest
zu Bett, mein Vater ist Arbeitslos. Der jüngste
Bruder ist auch arbeitslos /.../ Meine Eltern
sind sehr nervös und jeder läßt seine Laune
an mir aus trotzdem ich arbeiten gehe und außerdem die Wirtschaft mache."1)

Eine Arbeiterin erzählt:

"Ich werde jetzt 15 Jahre und gehe auch schon
arbeiten. Meine Arbeit ist in einer Apotheke.
Da mein Vater schon 5 Jahre arbeitsunfähig ist,
war ich gezwungen, arbeiten zu gehen. Es ist ja
nicht viel aber etwas. Auch habe ich noch einen
17jährigen Bruder, der auch sehr lange Zeit
von einem Krankenhaus ins andre gekommen ist,
da er von Astma befallen ist, und auch kein
Geld verdienen konnte. Meine Mutter kann auch
nicht aus dem Hause gehen, da sie jederzeit bei
meinem kranken Vater sein muß."2)

3.4. Kinderarbeit

Krankheit und Arbeitslosigkeit des Vaters zwangen
viele Jugendliche dazu, frühzeitig in die Fabrik
zu gehen und so der Familie zumindest teilweise
den Ernährer zu ersetzen. Reichte das Geld, das
Vater und Mutter durch Fabrikarbeit oder auch
in Heimarbeit, auf Putzstellen und ähnlichem
verdienten, nicht aus, das Überleben der Familie
zu sichern, so wurden schon die Schulkinder zum
Arbeiten herangezogen. Im Vergleich mit dem
18. und 19. Jahrhundert war zu Beginn des 20. Jahrhunderts die Kinderarbeit in den Fabriken stark
zurückgegangen, zum großen Teil dadurch, weil

----
1) Zit. nach Krolzig, S. 67/68.
2) Ebd.

die Arbeit an den Maschinen für Kinder nicht mehr zu bewältigen war. Das 'Gesetz betreffend Kinderarbeit in den Betrieben' aus dem Jahre 1903, das 1938 in Kraft blieb, regelte - ganz abgesehen von seiner Einhaltung - nicht die Arbeit von Kindern in der Heimindustrie, innerhalb eines Familienbetriebes und in der Landwirtschaft. Heimarbeit, Landwirtschaft und Haushalt waren dann auch in der Weimarer Republik die Bereiche, in denen viele Kinder gezwungen waren zu arbeiten. Daneben gingen sie zur Schule, wo sie jedoch wegen Überanstrengung und Ermüdung oft dem Unterricht nicht folgen konnten und einschliefen, wie ein Lehrer aus Ostpreußen feststellte:

"'Die Kinder bringen einen gesunden Schlaf mit in die Schule' - da sie schon lange vor der Schule und am Tag vorher bis spät abends arbeiten müssen."[1]

Die "dreifache Arbeitsleistung"[2] der Kinder im schulischen, häuslichen und gewerblichen Bereich ließ diesen kaum Zeit zu irgendwelchen Spielen oder Vergnügungen; häufig mußten die Kinder auch den Schulbesuch, der ihnen als Zeit zum Ausruhen diente, versäumen, weil Arbeit erledigt werden mußte. Besonders in der Landwirtschaft waren Arbeitszeiten, sei es Mithilfe beim eigenen Vater oder minimal entlohnte Arbeit auf einem größeren Hof, von zehn oder zwölf Stunden keine Seltenheit. Lehrer berichten über ihre Schüler:

---

1) Zit. nach Kuczynski, Bd. 19, S. 248.
2) Felix Otto Kanitz, Kämpfer der Zukunft. Für eine sozialistische Erziehung, hrsg. von Lutz v. Werder, Frankfurt a.M. 1970, S. 47.

"Die Kinder müssen mit ihren Angehörigen im Sommer 15 Stunden arbeiten. - Die Kinder arbeiten zu allen Tageszeiten bis zum Abend. - Die Kinder, die 11 Stunden arbeiten, machen sich beim Lehrer frei. - Die fremden Kinder stehen mit den Dienstherren auf und gehen mit ihnen zu Bett. Unterricht im Sommer 3 Stunden, 7 - 10 Uhr, es verbleibt also mindestens eine Arbeitszeit von täglich 12 Stunden. Sie werden schon vor dem Unterricht herangezogen."[1]

Anders, aber nicht weniger anstrengend und zeitintensiv, gestaltete sich die Arbeit der Kinder in den größeren Städten. Waren sie nicht in einer Fabrik oder mit einer Heimarbeit beschäftigt, so verdienten die meisten einige Groschen bei Gelegenheitsarbeiten.

"Die wichtigsten Arten der Kinderarbeit in Deutschland sind: Botengänge, Zeitungsaustragen, Heimarbeit und Gelegenheitsarbeiten verschiedenster Art; Tennisbälle aufklauben, Kegel aufsetzen usw."[2]

Wie wenig Geld Kinder selbst für schwere Arbeit erhielten, zeigt ein Beispiel:

"In einem Hinterhofe eines Nürnberger Proletenviertels sieht man 5 Kinder damit beschäftigt, das ganz festgefrorene Eis aufzuhacken. Mancher Arbeiter geht vorbei, ohne das weiter zu beachten. Bei Befragen der Kinder stellt sich heraus, daß sie von der Hausbesitzerin den Auftrag erhielten, das Eis wegzuschaffen. Über einen Tag schuften die Kinder, hacken auf und fahren das Eis zu einem eine halbe Stunde entfernten Müllabladeplatz. Am Schluß erhielten sie alle 5 zusammen 1.50 Mark. Einem Erwerbslosen hätte die Hausbesitzerin für die gleiche Arbeit selbst bei ganz schlechter Bezahlung 8 bis 10 Mark geben müssen, ohne das Abfahren des Eises. Solche Fälle kann man öfters beobachten."[3]

---
1) Zit. nach Kuczynski, Bd. 19, S. 246.
2) Ebd., Bd. 20, S. 274.
3) Ebd., Bd. 20, S. 273/74.

Nach einer Studie des Gewerbeaufsichtsamtes
waren fast 20 Prozent der Schulkinder des
Freistaates Sachsen im Jahre 1926 erwerbstätig[1], wobei diejenigen Kinder nicht berücksichtigt wurden, die im Haushalt oder bei
wechselnd anfallenden Gelegenheiten arbeiteten.
Je geringer die Löhne der Erwachsenen, je unsicherer die wirtschaftliche Situation, desto
größer wird die Zahl der arbeitenden Kinder.
Die Not der Eltern zwingt sie dazu, ihre Kinder
mitverdienen zu lassen, und seien es nur Hungerlöhne. Nur dann kann die Familie sich einigermaßen durchschlagen. 'Richtige Arbeit', das
heißt vor allen Dingen eine Lehrstelle, war
für die aus der Schule entlassenen Jugendlichen
infolge der Massenarbeitslosigkeit jedoch
immer schwerer zu bekommen.

Ein Gespräch unter Jugendlichen, geführt
auf dem 'Nachweis für ungelernte Arbeiter
des Bezirks Kreuzberg', das Walter Schönstedt
in seinem Jugendbuch "Kämpfende Jugend" (1932)
schildert, illustriert die Sehnsüchte der
Jugendlichen und die Konfrontation mit der
Wirklichkeit, in der sie leben:

"'Sag mal, Gustav, hast Du schon mal gearbeitet?'
'Ick? Solange wie ick aus der Schule raus bin
noch nich. Als Schulrabe ja. Ick wer wohl ooch
keene mehr kriejen', sagte er ruhig. Und halb
lachend, halb bedauernd fuhr er fort: 'Als ich
zehn Jahre alt war, hat der Alte jesagt:
'Gustav, Du wirst mal Rechtsanwalt.' Heute bin
ick zu Hause bloß noch det 'Sticke Mist'. Kater
kaute an einem Streichholz. 'Det han wir ja
alle', sagte er so ganz nebenbei. 'Aber laß man.
Wern wir eben Verbrecher. Eenen andern Beruf
jibs ja für uns nich mehr. Schade, daß Du nich
Rechtsanwalt bist, da hätt ick een billigen Verteidiger ...'".[2]

---
1) Vgl. Kuczynski, Bd. 20, S. 252/53.
2) Schönstedt, S. 22.

Die Zahl der Arbeitslosen und Kurzarbeiter stieg während der Jahre der Weimarer Republik laufend an; nach einer Periode der relativen Stabilität stieg als Folge der Weltwirtschaftskrise 1919 die Arbeitslosigkeit von 1,35 Millionen 1928 auf über 3 Millionen 1930, 4,5 Millionen 1931 und schließlich 6,13 Millionen im Februar 1932. Dazu kamen noch die nicht mehr bei den Arbeitsämtern gemeldeten Arbeitslosen sowie etwa 4 Millionen Kurzarbeiter. Im Jahre 1932 war nur noch ein Drittel der Arbeiter und Angestellten voll beschäftigt, fast 23 Prozent arbeiteten kurz und mehr als 44 Prozent waren arbeitslos. Die Arbeitsleistung pro Stunde und Arbeiter stieg im Vergleich zum Vorkriegsjahr 1913/14 stetig bis um 34 Prozent im Jahre 1932, während der Reallohn in dieser Zeit um ein gutes Drittel gesunken war.[1]

Die Folgen der Arbeitslosigkeit des Vaters für die Familie dokumentieren die Äußerungen Berliner Schüler:

"Mein Vater hat seine Arbeit verloren. Seitdem ist er ganz ungemütlich geworden, er bekommt kein Stempelgeld, auch keine Unterstützung. Ich bin Lehrling verdiene 4 M. die Woch und meine Schwester arbeitet in eine Fabrik bekommt 23 M. /.../ Ich komme 8 Uhr müde nach Hause dann höre ich weiter nichts wie Stehnen und klagen. /.../ Vater wurde im August 1927 arbeitslos. Ich war in der Lehre und   Personen zu Haus. /.../ Es war eine schwere Zeit, aber wir haben sie überstanden. Aber wie? Im April 1928 bekam Vater wieder Arbeit. Es dauerte 1 1/2 Jahre. Vor 2 Monaten bekam er wieder die Papiere. Wieder beginnt der Kampf. Vater arbeitslos. Die Unterstützung reicht für Miete und Lebensmittel. Es soll aber noch gespart werden, denn der Winter naht und Kleidung wird
----
1) Vgl. Wolfram Fischer, Deutsche Wirtschaftspolitik von 1918 bis 1945, Köln/Opladen 1968.

gebraucht. /.../ Mein Vater ist Buchhalter. Meine Mutter und Schwester nähen Bettwäsche. Bei uns ist augenblicklich eine bedrückte Stimmung, da mein Vater gekündigt wurde. Er war von 24 bis 27 Stellungslos dann hat er 1 Jahr gearbeitet und wurde wieder gekündigt; er ging 4 Monate stempeln und arbeitete 7 Monate bis jetzt wo er wieder Stellenlos ist. Was nun werden soll wissen wir nicht."1)

---
1) Zit. nach Krolzig, S. 40/41 und S. 58/59.

3.5. Sozialisationsfaktoren proletarischer Kinder und Jugendlicher

Die dargestellte Situation der proletarischen Kinder weist auf den ständigen ökonomischen, physischen und psychischen Druck hin, unter dem die Kinder litten, und der auch nicht in der proletarischen Familie aufgehoben werden konnte, sondern von ihr noch verstärkt wurde:

"Schon ihre ökonomische Lage machte sie zu einer bösen Karrikatur auf die bürgerliche Familien-Ideologie. Enge, häufig Hunger, Sorgen, Existenznot, Ungewißheit, ob der 'Ernährer' morgen noch ernähren kann, bilden die Grundstimmung in der Arbeiterfamilie."[1]

Bedingt durch die kapitalistische Produktionsweise wandelte sich die Familie bei fortschreitendem Verlust ihrer traditionellen Erziehungs- und Bildungsfunktion, ihrer Produktions- und Kulturaufgaben von der wirklichen "Arbeits- und Lebensgemeinschaft" zu einer "Schlaf- und Eßgemeinschaft"[2], in der die zwischenmenschlichen Beziehungen mehr und mehr vom Tauschprinzip bestimmt wurden.[3]

Diesen äußeren Verfall der Familie überdauerten jedoch - teilweise bis heute - deren immanente Herrschaftsstrukturen, die weiterhin dem Vater die Gewalt über seine Familie, den Eltern das

---

1) Ferdinand Brandecker, Notizen zur Sozialisation des Arbeiterkindes in der Weimarer Republik, in: Manfred Heinemann (Hrsg.), Sozialisation und Bildungswesen in der Weimarer Republik, Stuttgart 1976, S. 39-56, hier S. 47 (zit.: Brandecker).
2) Vgl. Kanitz, S. 57.
3) Vgl. Brandecker, S. 47.

Erziehungsrecht über die Kinder zusprachen. Die proletarische Familie bestimmte das Verhalten ihrer Mitglieder durch die strikte und rigide Rollenzuweisung, die an der Autorität des Mannes ausgerichtet war, die er allerdings auf Grund seiner ökonomischen Lage nicht immer aus seiner Rolle als "Ernährer" ableiten konnte.

In ihrem Erziehungsverhalten gegenüber ihren Kindern gaben die Eltern notwendigerweise ihre eigenen Werte und Perspektiven weiter, die durch ihre gesellschaftliche Position bestimmt waren. Auf diese Weise setzte sich die Perspektivlosigkeit der Eltern in einer autoritären Erziehung mit Schläge, strikten Verboten und Tabus fort; wenn die Eltern

"/.../ den ganzen Tag den Unterdrückungszwängen am Arbeitsplatz ausgesetzt sind, haben /sie/ gar keine erlebte Alternative, aus der heraus sie eine andere Erziehungshaltung gegenüber ihren Kindern einnehmen könnten."1)

In der Art und Weise ihrer Erziehung gaben die Eltern damit gerade die bürgerlichen Moral- und Wertvorstellungen an ihre Kinder weiter, denen sie selbst durch ihre eigene Erziehung und ihre Situation im Produktionsprozeß ausgesetzt waren.

Die Erziehung zur Einhaltung äußerer Verhaltensregeln bildete so die Grundintention elterlicher Erziehung in den Arbeiterfamilien, da diese Verhaltensregeln von den Eltern als einzige Möglichkeit zum Überleben in einer Gesellschaft

---
1) Winfried Gottschalch, Marina Neumann-Schönwetter und Gunther Soukup, Sozialisationsforschung. Materialien, Probleme, Kritik, Frankfurt/M. 1971 (Texte zur politischen Theorie und Praxis), S. 85f.

erfahren worden waren, die die Einhaltung dieser Normen durch ökonomischen und sozialen Druck erzwingen konnte. Zusätzlich erlaubten die Lebensumstände keine Reflexion über diese Normen:

"Wer Schaden anrichtete wurde bestraft; das Motiv spielte keine Rolle. Forderungen der Eltern wurden je kaum begründet. Drohungen, Strafen, Spott und Demütigung sollten die Konformität sichern."1)

Die ständige Betonung von Fleiß, Pünktlichkeit, Gehorsam, Sauberkeit, Ehrlichkeit und "guten" Manieren, das Einhalten also der herrschenden Normen und Regeln förderten die Anpassung des Kindes an seine gesellschaftliche Umwelt und ermöglichten später seine komplikationslose Eingliederung in den Arbeitsprozeß. Bereits innerhalb der Familie erlernte das Kind die später von ihm verlangten Verhaltensregeln und -dispositionen; die proletarische Familie mit ihrer streng hierarchischen Struktur und ihren Rollenerwartungen stellte so einen entscheidenden Faktor zur Aufrechterhaltung der bürgerlichen Herrschaft dar.

Das proletarische Kind erfuhr, daß sich die Macht des Vaters aus seiner potentiellen Rolle als "Ernährer" ableitete. Die Bedeutung, die der Gelderwerb hatte, lernte das Kind aber auch kennen, wenn sich die ökonomische Lage der Familie verbesserte. Verfügte der Vater durch eine halbwegs gut bezahlte Stellung über Geld, war es möglich, den tristen Alltag der Familie aufzuhellen: kleinere Einkäufe mit der ganzen

---
1) Brandecker, S. 49.

Familie waren möglich, und am Sonntag konnte
die Familie Ausflüge machen.

Brandecker faßt die Lage der proletarischen
Kinder im folgenden zusammen:

"/.../ die Arbeiterfamilie /war/ aufs Ganze
gesehen eine zwar deformierende aber gerade darum
sehr wirksame kapitalistische Sozialisations-
agentur. Unter dem ökonomischen und psychischen
und physischen Druck seiner Situation konnte
das Arbeiterkind sich und seine Klasse nur als
minderwertig erleben. Alles das, was es selbst
und seine Eltern entbehrten war da; es gab
Leute, die es sich leisten konnten. Befriedigung,
Ansehen, Wert konnten, wie seine Lage ihm deutlich zeigte, nur mit Geld erkauft werden. Geld
haben hieß jemand sein. Man selbst hatte nichts,
war also auch nichts. Selbst die wenigen Gelegenheiten, bei denen Arbeitereltern ihrer
Liebe, Zuneigung und Fürsorge unbelastet Ausdruck geben konnten, waren meist mit Geld
verbunden und schienen diese Auffassung zu
bestätigen."1)

Die Kinder konnten sich zwar des Schutzes gegen
obrigkeitliche Instanzen wie Fürsorge und Polizei durch ihre Eltern sicher sein, aber sie
konnten innerhalb der Familienstrukturen kein
Selbstwertbewußtsein entwickeln:

"All das, was dem erwachsenen Arbeiter kollek-
tives Wert- und Kraftbewußtsein vermitteln konnte,
seine Erfahrungen in den ökonomischen und politischen Klassenkämpfen und in dem Erlebnis
der Solidarität fand ja außerhalb des Hauses
statt und wirkte nur sehr begrenzt in die
Familie hinein."2)

----
1) Brandecker, S. 50.
2) Ebd.

Das Gefühl der eigenen Wert- und Bedeutungslosigkeit im Arbeiterkind wurde durch die Schule der Weimarer Republik weiter verstärkt.[1]

Sieht man einmal von den wenigen Versuchs- und Antragsschulen und dem Engagement einzelner fortschrittlicher Lehrer ab, so blieb die Schule der Weimarer Republik sowohl formal als auch inhaltlich in ihrer die bürgerlich-kapitalistischen Herrschaftsstrukturen reproduzierenden Funktion bestehen. Bis auf wenige Freistellen[2] an weiterführenden Schulen für sogenannte "besonders Begabte" gab es für die meisten Arbeiterkinder auf Grund ihrer ökonomischen Lage nur die Möglichkeit der Volksschulausbildung oder des Besuchs der "Hilfsschule".

In der Volksschule wurden die Schüler durch Zwang und Drill auf die Rolle als Lohnarbeiter und Unterdrückte vorbereitet, die sie später einnehmen sollten. Autoritäre Lehrer, die in ihrer sozialen und ökonomischen Lage selbst verunsichert waren, praktizierten in übergroßen Klassen eine "Pädagogik", die auf Prügel, Verspotten und Diffamierung der Schüler beruhte.[3]

Die Inhalte des Unterrichts waren durch Lehrpläne und Lehr- und Lernmittel auf die Erziehung der proletarischen Kinder

"/.../ zum Respekt vor der herrschenden Klasse, ihrer Wirtschafts- und Staatsordnung /.../"[4]

ausgerichtet.

---

1) Brandecker, S. 52.
2) Georg Glaser, Schluckebier, hrsg. von Walter Fähnders und Helga Karrenbrock, Berlin 1979, S. 15 (zit.: Glaser).
3) Vgl. Brandecker, S. 52.
4) Otto Rühle, Die Seele des proletarischen Kindes, Dresden 1925, S. 71 (zit.: Rühle, 1925).

Die Rolle der Arbeiter in der gesellschaftlichen Entwicklung blieb unberücksichtigt, da Geschichte im Sinne der bürgerlichen Geschichtsschreibung als eine Geschichte der "großen Männer" vermittelt wurde. Der Religionsunterricht sollte zusätzlich dafür sorgen, daß die Kinder ihre "minderwertige" Rolle in einer sozialen Ordnung des "Oben" und "Unten" als gottgewollt begriffen und akzeptierten.[1)]

Aber nicht nur die an den bürgerlichen Herrschaftsinteressen orientierten Inhalte verhinderten eine Reflexion der Arbeiterkinder über ihre alltäglichen, durch ihre ökonomische Situation geprägten Erfahrungen, sondern auch der Zwang, sich in der bürgerlichen Sprech- und Schreibweise, der "Hochsprache" zu artikulieren, nahm den Kindern die Möglichkeit, ihre klassenspezifischen Bedürfnisse, Interessen und Erfahrungen adäquat zu artikulieren.[2)]

Wie sehr die Schule der Weimarer Republik im Widerspruch zum Alltag der proletarischen Kinder stand, kommt in dem sich durch hohe Authentizität auszeichnenden Roman "Schluckebier" von Georg Glaser zum Ausdruck:

"Sie waren schon früh zur Arbeit gelaufen, hatten Zeitungen getragen, Gänge besorgt, gefahren, geschleppt. So billig. Und hatten in Staatsbürgerkunde Note 5 bekommen, weil sie nie Zeit gehabt hatten, sich die Verfassung einzuprägen, die Kinderarbeit unter Strafe stellt. Denn sie hatten sich die Hefte, in

---

1) Vgl. Brandecker, S. 53.
2) Vgl. ebd.

die sie dann die Strafarbeit eintragen mußten,
erst verdienen müssen: 'Hundertmal, ich darf
nicht faul sein'."1)

Auf den Widerspruch zwischen der in der Schule
vermittelten bürgerlichen Moral einerseits
und dem von den Arbeiterkindern erlebten Alltag
andererseits eingehend, schreibt Glaser:

"Es /die Erzieher und Lehrer/ waren erwachsene
Menschen mit Talaren, Frauen, Brillen und Ge-
hältern. /.../ In den Kindern war immer ein
ewiges Warum, das jahrelang von der Überlegenheit dieser Erklärer in Schach gehalten wurde.
Was die Dirnen tun mußten, um zu Geld zu kommen,
sahen die meisten Mitglieder der Meute /der die
Hauptfigur des Romans angehört/ durch alle möglichen Löcher ihrer Behausungen, ehe sie das
große ABC lernten. Sie kannten die Kehrseite
des Lebens schon, ehe die Lehrer ihnen die
Vorderseite zeigen wollten, die sich als von
schnurrbärtigen Männern mit weißen Westen be-
herrscht zeigen wollte."2)

Daß der Offensichtlichkeit dieser Widersprüche
aber gleichzeitig die potentielle Chance zur
Entlarvung der Verlogenheit der vermittelten
Moral immanent war, wird im weiteren Text
Glasers deutlich:

"Die Meute mußte daran denken, wie ähnlich sich
die Gesichter der nächtlichen Dirnenbesucher
und der täglichen Prediger waren. Über ihre
wunderlichen Redensarten mußten sie lachen,
und die Herren wollten ernst genommen sein."3)

Brandecker faßt die Funktion der Volksschule
in der Weimarer Republik wie folgt zusammen:

---

1) Glaser, S. 47.
2) Ebd., S. 48f.
3) Ebd., S. 49.

"Alles, was das Arbeiterkind in der Schule
lernte, hatte mit seinem wirklichen Leben
nichts oder fast nichts zu tun. Abgeschnitten
von der Erfahrung seiner Klasse, seiner
'Muttersprache' beraubt, eingeschnürt in das
Zwangskorsett fremdbestimmter Lernprozesse,
wurde es durch die Schule für die Rolle prä-
pariert, die die bürgerlich-kapitalistische
Ordnung ihm zugewiesen hatte."1)

Obwohl die Eindrücke, die das proletarische
Kind in der eigenen Familie gesammelt hatte,
in seinem sozialen Umfeld, dem Massenelend
in den Mietskasernen der Arbeiterviertel,
noch verstärkt wurde, bildete das proletarische Milieu aber zugleich auch ein
Korrektiv für die Erfahrungen der Arbeiter-
kinder.2) Auf der Straße sammelte das proletarische Kind die Erfahrung, daß die Realisierung eigener Bedürfnisse insoweit möglich
war, wie es sich der Kontrolle von Eltern
und Schule entzog. Von gleicher Bedeutung
war die Erfahrung, daß die eigene Situation
keinen Einzelfall darstellte, sondern die
anderen Kinder in ähnlichen Lebenszusammenhängen lebten. Die Kinder schlossen sich zu
Gruppen zusammen, um die Befriedigung von Bedürfnissen zu organisieren, die aus ihrem
materiellen Elend entsprangen. Die Hierarchie
dieser Straßenbanden spiegelte aber nicht die
Ordnung innerhalb der Familie wieder, sondern
findet ihre Grundlage in den kindlichen Fähigkeiten und Fakten: Körperkraft, Geschicklich-
keit, Kenntnis der Umwelt, Phantasie, Fähigkeit
zur Kooperation.3)

----
1) Brandecker, S. 53.
2) Vgl. Brandecker, S. 50.
3) Vgl. Raspe, Jan, Zur Sozialisation proletarischer Kinder, Frankfurt/M. 1972, S. 23
   (zit.: Raspe).

Der Erfolg der Aktivitäten der Kinderbande, das heißt, die Befriedigung ihrer Bedürfnisse, hing weitgehend vom kollektiven Charakter ihrer Durchführung ab. Raspe schreibt dazu etwas emphatisch, aber im Kern treffend:

"Im Kinderkollektiv sammelt das proletarische Kind zum erstenmal die generell für seine Klasse geltende Erfahrung, daß der erfolgreiche Kampf für die Realisierung von Bedürfnissen nur in organisierter, kollektiver Weise möglich ist."1)

Die Erfahrung der Kinder, daß die Realisierung von Bedürfnisbefriedigungen auf der Grundlage anderer Regeln als der in Familie und Schule geforderten, ansatzweise möglich war, hatte nicht nur eine kompensatorische Bedeutung für die Psyche des Kindes, sondern relativierte deren gesamtes Normen- und Wertsystem, wodurch Ansatzpunkte für eine emanzipatorisch wirkende politische Sozialisation geschaffen wurden.2)

Der ökonomische, psychische und physische Druck auf die proletarischen Kinder konnte durch die "Freiräume der Straße" allerdings nicht aufgehoben werden.

"Sollte es unter diesem schweren Druck nicht zusammenbrechen, so blieb als psychische Abwehrreaktion nur die Projektion seiner Hoffnungen und Wünsche in Phantasien von Macht und Reichtum."3)

Diese Wunschprojektion wird von Kanitz als "kapitalistischer Lebensplan" bezeichnet:

----

1) Raspe, S. 23.
2) Vgl. Brandecker, S. 51.
3) Brandecker, S. 51.

"Dieser kapitalistische Lebensplan /.../ heißt
dann: 'Ich will herrschen, will möglichst wenig
arbeiten, möglichst viel Geld verdienen, will
die anderen so behandeln, wie ich behandelt
wurde."1)

Auch die Schulentlassung und der Eintritt ins
offizielle Erwerbsleben brachte für die meisten
Jugendlichen keine Verbesserung ihrer Situation.

Als Lehrlinge oder Hilfsarbeiter[2] waren sie
weitgehend der Willkür ihrer Vorgesetzten ausgeliefert. Arbeitshetze, Betriebsunfälle und
Mißhandlungen von Lehrlingen standen auf der
Tagesordnung.[3]

Die Freizeit der Jugendlichen reduzierte sich
bei einer täglichen Arbeitszeit von mehr als
10 Stunden auf ein Minimum[4], dazu mußten
regelmäßig Nacht- und Sonntagsschichten geleistet
werden. Sofern die Jugendlichen überhaupt Urlaubsansprüche durchsetzen konnten, betrug er
selten mehr als eine Woche.[5]

---

1) Kanitz, S. 52.

2) Der größte Teil aller schulentlassenen Jugendlichen absolvierte eine Lehre (ca. 80 %)
und bildete so ein Potential billiger Arbeitskräfte, von dessen Existenz viele mittelständischen Betriebe und Kleinbetriebe abhängig waren.

3) Vgl. Jürgen Kuczynski,
Geschichte des Alltags des deutschen Volkes,
Studien 5, 1918-1945, Köln 1982, S. 152-196
(zit.: Kuczynski, Alltagsgeschichte).

4) B. Mewes, Die erwerbstätige Jugend. Eine statistische Untersuchung. Schriften zur Jugendbande
(Reichsausschuß der deutschen Jugendverbände),
Berlin und Leipzig 1929, S. 54 (zit.: Mewes).
In dieser durchschnittlichen Angabe sind nicht die
Zeiten für Aufräumarbeiten und auch nicht die bei
Lehrlingen obligatorischen, weil billigen, Überstunden enthalten. Arbeitswegezeit und Berufsschulzeit fehlen ebenfalls.

5) Vgl. ebd., S. 82.

Die Entlohnung der Jugendlichen ermöglichte ihnen keine Loslösung aus dem Elternhaus, da sie weit unter dem Existenzminimum lag und die meisten Jugendlichen mit ihrem Lohn zum Unterhalt ihrer Familien beitragen mußten.[1]

Konnte die Ausbildungszeit schon keine Verbesserung der Lebensumstände der Jugendlichen bewirken, so wurde den meisten von ihnen mit der einsetzenden Wirtschaftskrise gegen Ende der Weimarer Republik nicht nur jede Perspektive auf eine individuelle Realisierung ihres "Lebensplans" genommen, sondern durch das extreme Ansteigen der Arbeitslosigkeit wurden sie in ihrer materiellen Existenz ernsthaft bedroht.

---

1) Vgl. Mewes, S. 80f. Durch diesen materiellen Beitrag verbesserte sich aber wenigstens der Stellenwert des Jugendlichen innerhalb der Familie, was allerdings auf Kosten seiner jüngeren Geschwister ging, die nun die Pflichten des Älteren übernehmen mußten.

3.6. Jugendarbeitslosigkeit in der Weimarer Republik

Auch wenn für die Zeit von 1924 bis 1928 eine Phase des "relativen Aufschwungs" zu verzeichnen war, darf nicht übersehen werden, daß selbst 1927, dem Jahr mit der höchsten Beschäftigungsrate, nur 88 % aller Arbeiter voll arbeiteten und immerhin 8,8 % arbeitslos waren. 1932 sank die Zahl der Vollarbeiter auf 33 % und die Arbeitslosenrate erreichte 44,4 %.[1]

"/.../ bereits in der Krise 1923 sowie in der Folgezeit wurde immer deutlicher, daß die jugendlichen Lohnabhängigen besonders stark von den Auswirkungen wirtschaftlicher Krisen erfaßt wurden - sie waren als erste von Entlassungen und Einstellungsstops betroffen."[2]

Über das konkrete Ausmaß der Jugendarbeitslosigkeit lassen sich nur ungenaue Angaben machen, da in den offiziellen Statistiken die ausgesteuerten Unterstützungsempfänger ebenso fehlen, wie die Jugendlichen, die sich nach ihrer Schulentlassung den aussichtslosen Weg zum Arbeitsnachweis sparten. Insgesamt ist davon auszugehen, daß um 1932 ein Viertel aller registrierten Erwerbslosen im Alter von 14 bis 25 Jahren war, daß also über 1,5

---

1) Vgl. Jürgen Kuczynski, Darstellung der Lage der Arbeiter in Deutschland von 1917/18 bis 1932/33, Berlin 1966 (Die Geschichte der Lage der Arbeiter unter dem Kapitalismus, Band 5), S. 196-202 (zit.: Kuczynski/5).

2) Joachim Bartz und Dagmar Mor, Der Weg in die Jugendzwangsarbeit, Maßnahmen gegen Jugendarbeitslosigkeit zwischen 1925 und 1935, in: Gero Lenhardt (Hrsg.), Der hilflose Sozialstaat. Jugendarbeitslosigkeit und Politik, Frankfurt/M. 1979, S. 28-94, hier S. 28 (zit.: Bartz/Mor).

Millionen Jugendliche arbeitslos waren.[1]

Selbst die für die Betriebe so lukrative Ausbildung der Lehrlinge ging drastisch zurück.

"Der Anteil der Jugendlichen an der Gesamtarbeitslosigkeit wuchs ständig. Die Mehrzahl der Schulentlassenen fand keine Arbeit und lernte nur den Gang zur Stempelstelle kennen. 1930 standen 793000 Volksschulabgängern nur 290000 offene Lehrstellen gegenüber; 1931 gab es für 717000 Volksschulabgänger nur noch 160000 offene Lehrstellen. Die schlimmsten Ausmaße nahm die Erwerbslosigkeit der Jugendlichen in den Großstädten an. In Berlin waren 1933 63 % der männlichen Jugendlichen von 14 bis 25 Jahren erwerbslos /.../."[2)

3.6.1. Organisierung der Jugendarbeitslosigkeit

Die politische Sprengkraft, die sich aus einer lang andauernden und massenhaften Arbeitslosigkeit gerade bei Jugendlichen bilden kann, wurde von den Regierungen der Weimarer Republik erkannt. Der Widerspruch zwischen den "normativen Orientierungen" und den realen "Handlungs-

---

1) Vgl. Hertha Siemering, Deutschlands Jugend in Bevölkerung und Wirtschaft. Eine statistische Untersuchung, Berlin 1937, S. 125 (zit.: Siemering).

2) Kommentar in der Neuausgabe von Schonstedt, Berlin 1971. Zit. nach: Hellmut Lessing und Manfred Liebel, Jungen vor dem Faschismus, Proletarische Jugendcliquen und Arbeitsdienst am Ende der Weimarer Republik, in: Johannes Beck u.a. (Hrsg.), Terror und Hoffnung in Deutschland, Leben im Faschismus, Reinbek 1980, S. 391-420, hier S. 392 (zit.: Liebel/Lessing 1980).

chancen"[1] konnte dazu führen, daß die Jugendlichen die Wert- und Verhaltensmuster ihrer bisherigen Sozialisation, wie Fleiß, Ordnung, Pünktlichkeit, Anpassungsfähigkeit und Unterordnung in Frage stellten und aufgaben, da diese sich für die Realisierung ihrer Lebensperspektiven als untauglich erwiesen. Eine reibungslose Integration der Jugendlichen – nach der Überwindung der Krise – in den Produktionsprozeß und in das bürgerliche Herrschaftssystem wäre damit gefährdet gewesen.

"Organisierung der beschäftigungslosen Jugendlichen in sogenannten Bildungsveranstaltungen, Arbeitsbeschaffungs- und Notstandsprogrammen bis hin zum Arbeitsdienst waren die Mittel, mit denen der Staat die erheblichen Probleme länger anhaltender Massenarbeitslosigkeit abzuwenden suchte."[2]

Die Organisierung der Jugendarbeitslosigkeit wurde nicht mit staatlichem Zwang, sondern mit ökonomischen Zwangsmitteln durchgesetzt. Mit den laufend verschärften Verordnungen über die Erwerbslosen- und Arbeitslosenversicherung wurde gerade den Jugendlichen jede legale materielle Basis entzogen.

---

1) Ali Wacker, Arbeitslosigkeit als Sozialisationserfahrung, in: T. Leithäuser und W.R. Heinz (Hrsg.), Produktion, Arbeit, Sozialisation, Frankfurt/M. 1976, S. hier S. 178 (zit.: Wacker).
2) Bartz/Mor, S. 28.

Bereits die Verordnung über die Erwerbslosenhilfe vom November 1918 benachteiligte die Jugendlichen: zwar hatten alle Arbeitslosen Anspruch auf eine Unterstützung, die Jugendlichen aber erhielten weniger Unterstützungsleistung als die Frauen und diese wiederum weniger als die Männer.

Schon mit den neuen Verordnungen Ende 1923 und Anfang 1923 wurden alle erwerbslosen Schulentlassenen ausgesteuert, da nur noch Arbeitslose unterstützt wurden, die vor Beginn ihrer Arbeitslosigkeit eine krankenversicherungspflichtige Tätigkeit ausgeübt hatten.

Die gleichzeitig eingeführte Pflichtarbeit[1] betraf ebenfalls die Jugendlichen unter 21 Jahre besonders hart: sie unterlagen dieser Arbeitspflicht sofort nach Beginn der Arbeitslosigkeit, während die Älteren erst mit Beginn der Krisenunterstützung von ihr bedroht waren.[2]

Mit der Durchführung der während der Wirtschaftskrise ab 1929 erlassenen Verordnungen wurden die Jugendlichen endgültig von jeder öffentlichen Unterstützung ausgeschlossen:

---

1) Als Gegenleistung für die an ihn gezahlte Unterstützung konnte jeder Arbeitslose zur Verrichtung unbezahlter "gemeinnütziger Arbeiten" verpflichtet werden.
2) Vgl. Bartz/Mor, S. 29f.

"- Mit der Novelle zum AVAVG[1] vom 12. Oktober 1929 wurde die Anwartschaft auf Arbeitslosenunterstützung von 26 Wochen auf 52 Wochen erhöht und die Wartezeit für Arbeitslose unter 21 Jahren von 7 Tagen auf 14 Tage heraufgesetzt.

- Mit der Notverordnung vom 26. Juli 1930 wurden Arbeitslose unter 17 Jahren von der Arbeitslosenunterstützung ausgenommen, wenn sie unterhaltspflichtige Familienangehörige besaßen.

- Durch die Notverordnung vom 5. Juni 1931 schließlich wurden alle Arbeitslosen unter 21 Jahren von der Unterstützung ausgeschlossen, die einen Unterhaltsanspruch gegenüber Familienangehörigen hatten."[2]

Die Reproduktionsbedingungen der Jugendlichen und ihrer Angehörigen verschlechterte sich durch diese Maßnahmen drastisch. Da die Jugendlichen auf jede noch so unterbezahlte Arbeit angewiesen waren, drückten sie auf das gesamte Lohnniveau, wodurch sich der Verdienst ihrer noch lohnabhängig beschäftigten Familienangehörigen, von deren Unterstützung sie zugleich abhängig waren, noch weiter verringerte.

Diese Maßnahme ermöglichten es dem Staat, die verschiedenen Formen der Organisierung der Jugendarbeitslosigkeit durchzusetzen.[3]

Eine differenzierte Darstellung der staatlichen Maßnahmen zur Organisierung der Jugend-
----
1) Gesetz über Arbeitsvermittlung und Arbeitslosenversicherung vom 16. Juli 1927,(zit. nach: Bartz/Mor, S. 30.)
2) Bartz/Mor, S. 30.
3) Vgl. ebd., S. 31.

arbeitslosigkeit[1] in der Weimarer Republik
kann im Rahmen dieser Arbeit nicht erfolgen,
sie beschränkt sich daher auf die politische
Funktion der umfassendsten Organisierungsform,
den "freiwilligen" Arbeitsdienst (FAD).

Die Einführung des FAD erfolgte im Rahmen der
Notverordnungspolitik der Regierungen Brüning
und Papen, um der durch die Massenarbeitslosigkeit entstandenen politischen Radikalisierung
der Jugendlichen entgegenzuwirken.

Die vom faschistischen und rechtskonservativen
Kräften geforderte Arbeitsdienstpflicht konnte
zwar nicht durchgesetzt werden, die Diskussion
um ihre Einführung bildete aber die Grundlage
für die Durchsetzung des freiwilligen Arbeitsdienstes.[2]

---

1) Dazu zählen: Arbeitspflicht und Notstandsarbeiten; vgl. Bartz/Mor, S. 32-38; verlängerte Schul- und Berufsschulpflicht; vgl. Bartz/Mor, S. 38-44 ; Teilnahmepflicht an außerschulischen Fortbildungsmaßnahmen; vgl. Bartz/Mor, S. 44-53.

"Die Programme, denen die arbeitslosen Jugendlichen zwischen 1925 und 1931 unterworfen wurden, unterschieden sich zwar vom späteren Arbeitsdienst; sie enthielten jedoch bereits ein Instrumentarium, das es ermöglichte,

- die Arbeitsfähigkeit der Jugendlichen, das heißt den Gebrauchswert der jugendlichen Arbeitskraft zu erhalten,
- Jugendliche außerhalb der im Tarif- und Arbeitsrecht festgelegten Schutzbestimmungen (Streikrecht, tarifliche Entlohnung, freie Arbeitsplatzwahl) auszubeuten,
- die Jugendlichen durch eine staatlich organisierte politische 'Betreuung' dem Bereich ihrer politischen und gewerkschaftlichen Interessenvertretung zu entziehen sowie
- ihre Versorgung zunehmend ihren Familien aufzubürden." Bartz/Mor, S. 53.

2) Vgl. Bartz/Mor, S. 54-56.

Die rechtliche Grundlage für den FAD wurde im Juni 1931 mit der Notverordnung "zur Sicherung von Wirtschaft und Finanzen" geschaffen. Die darin noch enthaltenen Einschränkungen wurden durch eine von der Regierung Papen erlassenen Neuregelung über den FAD aufgehoben.[1]

"Aufgrund der neuen Bestimmungen konnte nun jeder Deutsche im Alter von 18 bis 25 Jahren in den FAD aufgenommen, die Dauer der Teilnahme bei 'volkswirtschaftlich wertvollen' Arbeiten auf 40 Wochen ausgedehnt und privatwirtschaftliche Unternehmer als Projektträger zugelassen werden, soweit die Arbeitsergebnisse 'ausschließlich oder überwiegend der Allgemeinheit unmittelbar zugute kommen'. Mit diesen Neuregelungen waren die Voraussetzungen für einen sprunghaften Ausbau des FAD im Verlauf des Jahres 1932 geschaffen."[2]

Daß angesichts der materiellen Situation der meisten Arbeiterjugendlichen das "Freiwilligkeitsprinzip" in der Realität kaum eine Rolle spielte, wird aus einer zeitgenössischen Untersuchung deutlich, die zu dem Ergebnis kommt,

"/.../ daß die schwierige wirtschaftliche Situation der Arbeitslosen ein entscheidendes Moment für die Bereitwilligkeit zur Meldung zum FAD darstellt."[3]

Nach derselben Untersuchung stellten die Arbeiterjugendlichen 80 % aller FAD-Teilnehmer[4], deren Anzahl allein in dem Zeitraum vom Februar 1932 bis zum November 1932 von 18821 auf

---

1) Vgl. Bartz/Mor, S. 56f.
2) Bartz/Mor, S. 58.
3) Aus einer empirischen Untersuchung des Kommunalwirtschaftlichen Instituts Berlin. Zit. nach: Bartz/Mor, S. 61.
4) Vgl. Bartz/Mor, S. 61.

285000 anstieg.[1]

"Die in den Arbeitsdienst eintretenden Jugendlichen standen <u>außerhalb</u> des Arbeits- und Tarifrechts und waren <u>damit</u> vollständig der Disziplingewalt der Träger des Arbeitsdienstes unterworfen. Obwohl sie produktive Arbeit leisten mußten, galten sie als 'Förderungsempfänger' und erwarben sich keinerlei Anrecht auf Arbeitslosenunterstützung. Ebenso wie der Anspruch auf Lohn waren im FAD die Koalitionsfreiheit und die aus dem Betriebsverfassungsgesetz resultierenden Vertretungsrechte und Schutzbestimmungen außer Kraft Gesetzt. Die Wende zur Jugendzwangsarbeit war damit vorgezeichnet."[2]

Das Ausmaß des FAD gewann in zweifacher Hinsicht an politischer Bedeutung.

Zum einen war es den reaktionären Kräften mit der Organisierung eines beachtlichen Teils der arbeitslosen Jugendlichen im FAD gelungen, die ökonomischen und politischen Grundrechte der Arbeiterklasse in einem beträchtlichen Maße weiter einzuschränken. Gleichzeitig wurden die Jugendlichen - bedingt durch die geschlossenen Lager - von den politischen und sozialen Kämpfen der organisierten Arbeiterklasse isoliert und ihrem Einfluß entzogen.

Zum anderen versuchten die Träger der FAD-Lager, die Jugendlichen durch den militaristischen Drill und durch eine reaktionär-faschistische Indoktrination in ihrem Sinne zu beeinflussen.[3]

---
1) Vgl. Liebel/Lessing 1980, S. 416.
2) Ebd., S. 404.
3) Vgl. Bartz/Mor, S. 63-66.

Drei Faktoren begünstigten diesen Versuch:

- Die Trägerschaft der FAD-Maßnahmen durfte nicht von öffentlichen Institutionen übernommen werden, sondern nur von Verbänden und Vereinigungen nichtstaatlichen Charakters. Da sich aber gerade christlich-konservative, rechtsorientierte und faschistische Organisationen im Ausbau des FAD engagierten, war ihr Einfluß entsprechend groß.

"Für diese Organisationen war die antidemokratische und antikommunistische Beeinflussung der Jugendlichen ein Hauptzweck ihrer Tätigkeit im FAD."[1]

- Die Notverordnung vom Juni 1931 schrieb für den FAD neben der körperlichen Arbeit auch begleitende Bildungsmaßnahmen und die "geistige Schulung" der Jugendlichen vor und legalisierte somit die politische Beeinflussung der Jugendlichen durch die jeweiligen Träger der FAD-Maßnahme.[2]

- Das "Freiwilligkeitsprinzip" des FAD ermöglichte es den Trägern, sich die Jugendlichen auszuwählen, die den FAD-Maßnahmen am wenigsten Widerstand entgegensetzten.[3]

---

1) Bartz/Mor, S. 64.
2) Vgl. ebd.
3) Vgl. ebd., S. 61.

Die Durchsetzung des FAD durch die reaktionären
Kräfte wurde sowohl durch die positive Einstellung der bürgerlichen Jugendbewegung zum
Arbeitsdienst[1], als auch durch die unentschlossene Haltung der Sozialdemokraten und
der Gewerkschaften begünstigt.

Die bündische Jugend hoffte, daß es durch
den FAD zu einer umfassenden Erneuerung der
Lebensformen kommen würde, indem der Jugend
durch körperliche Arbeit ein neuer Lebenssinn vermittelt werden würde. Teile der bündischen Jugend führten daher schon seit 1925
mehrwöchige Arbeitslager durch, um in den
"Genuß" der "gesunden und ausgleichenden Wirkung" von körperlicher Arbeit zu gelangen.[2]

"Nicht das Ausmaß, in dem der freiwillige
Arbeitsdienst zur Beseitigung der Arbeitslosigkeit beiträgt, nicht die geschaffenen wirtschaftlichen Werte sind das Entscheidende,
sondern der moralische Halt, den die Teilnehmer
am Dienste wiederfinden, der erneute Glaube
an einen tieferen Sinn und Zweck der Arbeit
des Lebens. Sauerteig für die Daheimgebliebenen, indem sie ihnen von ihrem neuen Lebenswillen mitteilt."[3]

Solche Stellungnahmen mußten den vom Arbeitsdienst betroffenen erwerbslosen Arbeiterjugendlichen wie Hohn erscheinen. Seit ihrer Kindheit

----
1) Zum Verhältnis bünd. Jugend - FAD vgl.
   Liebel/Lessing 1980, S. 405-416.
2) Vgl. Liebel/Lessing 1980, S. 405.
3) Ernst Schellenberg, Der freiwillige Arbeitsdienst auf Grund der bisherigen Erfahrungen
   (Sonderschriften des Kommunalwissenschaftlichen Instituts an der Universität Berlin,
   Heft 2), Berlin 1932, zit. nach Liebel/Lessing
   1980, S. 407.

waren sie mit körperlicher Arbeit konfrontiert, ohne etwas von ihrer "gesunden und ausgleichenden Wirkung" zu spüren. Der einzige Grund, warum sie sich der Lagerexistenz im FAD aussetzten, war ihre materielle Not und nicht der Wunsch, "einen tieferen Sinn und Zweck der Arbeit" kennenzulernen.

Georg Glaser verdeutlicht im "Schluckebier" die Haltung, die proletarische Jugendliche gegenüber den Intentionen bürgerlicher Erzieher einnahmen:

"Sie /Schluckebiers 'Meute'/ lasen die Meinung der großen Häuptlinge unter den Erziehern: 'Die Jugend muß wieder glauben lernen. Der Glaube wird sie aufrecht erhalten.' Sie bekamen eine Wut auf diese Quaßler und hätten sie sich für ihr Leben gern einmal vorgeknöpft."[1]

Die Bedeutung, die dem FAD für den wachsenden Einfluß und den Machtzuwachs der faschistischen und militaristischen Kräfte in Deutschland zukam, wurde von der SPD und den freien Gewerkschaften weitgehend unterschätzt.[2] Die SPD und der ADGB sprachen sich zwar deutlich gegen die Einführung der Arbeitsdienstpflicht aus; sie konnten sich aber zu keiner ablehnenden Stellungnahme entschließen, als das Kabinett Brüning den Aufbau des FAD in Angriff nahm.

Da sich bereits einige sozialdemokratisch-gewerkschaftlich orientierte Organisationen

---
1) Glaser, S. 50.
2) Vgl. Liebel/Lessing 1980, S. 405.

an FAD-Projekten beteiligten, blieb der SPD- und ADGB-Führung, als sie im Mai 1932 endlich ihre grundsätzliche Stellung zum FAD diskutierte, nur noch die Möglichkeit, den Versuch zu unternehmen, auf die bereits geschaffenen Tatsachen Einfluß zu gewinnen.

Auf der Konferenz wurde festgestellt,

"/.../ daß ein zurückschrauben der /FAD/ Bewegung nicht mehr möglich sei. Gewerkschaften und Partei müßten dementsprechend die alsbaldige Einschaltung anstreben und sich darüber hinaus an die Spitze der Bewegung stellen, um sie in ihrem Sinne zu beeinflussen."[1]

Damit wurde unter anderem einem Beschluß der Sozialistischen Arbeiterjugend (SAJ) entsprochen, der schon im März 1932 eine positive Stellungnahme der SPD zum FAD gefordert hatte.[2]

Konsequenterweise kam es 1932 zur Gründung einer "Reichsarbeitsgemeinschaft sozialer Dienst", in der die Arbeit aller am FAD beteiligten sozialdemokratischen und gewerkschaftlichen Gruppierungen koordiniert wurde.

Trotz des nun beginnenden erheblichen Engagements der SPD und des ADGB im FAD gelang es ihnen nicht, die postulierte Vormachtstellung zu erringen.[3]

---

1) Zit. nach Bartz/Mor, S. 67.
2) Vgl. Ebd.
3) "Ende 1932 betrug die Zahl der von Maßnahmen des 'Sozialen Dienstes' erfaßten Jugendlichen ca. 30 000." (Bartz/Mor, S. 68). Die Gesamtzahl aller im FAD erfaßten Jugendlichen lag zu diesem Zeitpunkt bereits bei 285 000. (Vgl. ebd., S. 71).

Die verhängnisvollen Folgen der unentschlossenen Haltung der SPD und des ADGB gegenüber dem FAD werden von Bartz und Mor wie folgt zusammengefaßt:

"Während sich der FAD in den Jahren 1931 bis 1933 immer mehr zu einem Element der Politik der Faschisierung unter den Kabinetten Brüning, Papen und Schleicher entwickelte, hielten SPD- und ADGB-Führung an ihrer Politik der Tolerierung und Mitwirkung fest. Die Strategie der Krisenbewältigung, die unter dem Druck der Unternehmen von den Regierungen verfolgt wurde, zielte längst nicht mehr auf bloßen Lohnabbau und soziale Demontage, sondern auf eine grundlegende Veränderung der Verhältnisse auf dem Arbeitsmarkt zu Ungunsten der Lohnabhängigen. Zu dieser Strategie gehörte neben der Einschränkung gewerkschaftlicher Rechte, z.B. des Streikrechts und der Tarifhoheit, und der Domestizierung der politischen Organisationen der Arbeiterklasse auch die Einführung der Zwangsarbeit für breite Schichten der Arbeiterjugend. Auf diese nicht mehr nur ökonomischen, sondern vor allem politischen Angriffe fanden SPD- und ADGB-Führung keine Antwort. Zugleich trug die Mitwirkung von ADGB und SPD beim Ausbau des FAD dazu bei, den Widerstand der Arbeiterjugend gegen den Arbeitsdienst zu schwächen. So wurde die Durchsetzung des Arbeitsdienstes politisch erleichtert, der /.../ Widerstand gegen die Zwangsarbeit erschwert."[1]

Dieser Widerstand ging meistens von den in den FAD-Maßnahmen erfaßten Jugendlichen selbst aus. Kollektive Arbeitsniederlegungen, "Aufwiegelei", Verstöße gegen die Disziplinarordnung und mangelnde Bereitschaft, sich unterzuordnen, führten häufig zur vorzeitigen Entlassung von FAD-Teilnehmern.[2]

---
1) Bartz/Mor, S. 71.
2) Vgl. Liebel/Lessing 1980, S. 417.

"Obwohl sich der Widerstand spontan zunächst nur gegen die schlechten Entlohnungs- und Arbeitsbedingungen richtete, hatte er im strukturellen Rahmen des Arbeitsdienstes /.../ eine politische Bedeutung: In Frage gestellt wurde die Zwangsarbeit selbst, für die die Aufhebung des Rechts auf Entlohnung und des Rechts auf freie politische und gewerkschaftliche Betätigung konstitutiv sind."[1]

Die KPD und vor allem ihr Jugendverband, die KJVD, unterstützten diesen Widerstand und versuchten, ihn zu organisieren. Indem es gelang, die Rolle des FAD als Vorstufe der von den Faschisten geforderten Arbeitsdienstpflicht den Jugendlichen bewußt zu machen, bekam der Widerstand gegen den FAD eine antifaschistische Orientierung.[2]

---

1) Liebel/Lessing 1980, S. 418.
2) Vgl. Bartz/Mor, S. 70.

3.7. Bewertung

Die Kindheit der proletarischen Jugendlichen wurde in der Weimarer Republik wesentlich durch die Faktoren Familie, Straße/Viertel und Schule geprägt.

Die sich in der elterlichen Erziehung reproduzierenden gesellschaftlichen Repressionen schufen ein autoritäres Klima, in dem bürgerliche Normen und Verhaltensmuster als einzige Strategien vermittelt wurden, um in einer bürgerlich-kapitalistischen Gesellschaftsordnung überleben zu können. Die Straße und das ganze Arbeiterviertel eröffnete dem Kind erste Freiräume, in denen es in einem kollektiven Lernprozeß zusammen mit anderen Arbeiterkindern die Werte und Normen des Elternhauses relativieren konnte. Dieser Lernprozeß bot Ansatzpunkte für eine Politisierung durch die Kinder- und Jugendorganisationen der Arbeiterparteien. Der schulischen Sozialisation kam zwar u.a. die Aufgabe zu, die in der Familie vermittelten Normen zu vertiefen und somit die Integration der Jugendlichen in das ökonomische und politische System zu gewährleisten, jedoch war es den Kindern aufgrund ihrer Alltagserfahrungen ansatzweise möglich, die Widersprüchlichkeit der bürgerlichen Moral zu erkennen.

Diese Widersprüchlichkeit und die kollektiven Lernprozesse in der Kindergruppe der Straße führten jedoch nicht zu einer grundsätzlichen Revidierung der bis dahin vermittelten Verhaltensmuster, sondern die Kinder schufen sich einen irrealen Lebensplan, der die Realisierung ihrer

Bedürfnisbefriedigung auf einen späteren
Zeitpunkt verschob. Die entscheidende Voraussetzung der Verwirklichung dieses Lebensplans
war der Gelderwerb.

Nur auf diesem Hintergrund kann die ganze
Bedeutung des "Schocks"[1] begriffen werden,
den die Arbeitslosigkeit für die jugendlichen
Arbeiter bedeutete.

Das Ausmaß der Jugendarbeitslosigkeit in der
Endphase der Weimarer Republik eröffnete eine
Möglichkeit der kollektiven Verarbeitung individueller Erfahrungen:

"Erst indem individuelle Lernerfahrungen vor
dem Hintergrund eines kollektiven Schicksals
sich bilden, besteht die Chance der Transformation in Formen kollektiver Organisation und
Gegenwehr."[2]

Der verstärkten Radikalisierung der Jugendlichen
begegnete der Staat mit Maßnahmen zur Organisierung der Arbeitslosigkeit; eine hervorragende Stellung kam dabei dem FAD zu. Diese
Maßnahmen wurden von den Arbeiterjugendlichen
als Bedrohung bzw. als Zerstörung ihrer Lebenszusammenhänge und -interessen verstanden. Nur
ökonomische Zwangsmaßnahmen konnten ihre Beteiligung an den Maßnahmen bewirken.

Die Funktion staatlicher Organisierung jugendlicher Massenarbeitslosigkeit sind in folgenden
Punkten zu sehen:[3]

---
1) Vgl. Kuczynski, Alltagsgeschichte, S. 102-107.
2) Wacker, S. 182.
3) Vgl. Bartz/Mor, S. 86.

- Billige Verwertung jugendlicher Arbeitskraft. Zusammen mit der - zum Teil durch sie bewirkten - allgemeinen Lohnsenkung erleichtert sie eine schnelle Krisenüberwindung.

- Einschränkung der politischen und gewerkschaftlichen Grundrechte, bei gleichzeitiger Isolierung der Jugendlichen aus der Arbeiterbewegung.

- Militarisierung und Faschisierung in den FAD-Lagern.

- Erhaltung der Arbeitsfähigkeit und Arbeitswilligkeit der Jugendlichen. Sie ist notwendig für eine reibungslose Integration der Jugendlichen in den Produktionsprozeß nach der Überwindung der Krise.

Die Auswirkungen der Lebenssituation der Arbeiterjugendlichen auf ihre politischen Verhaltensformen sind sehr komplexer Natur und können hier nur soweit thematisiert werden, wie sie sich auf das oppositionelle Verhalten der Arbeiterjugendlichen beziehen.

- Die im Elternhaus und in der Schule vermittelten Normen und Verhaltensmuster erwiesen sich für die meisten Arbeiterjugendlichen angesichts der Arbeitslosigkeit zur Verwirklichung ihres Lebensplanes als untauglich.

- Die existentielle Bedrohung der Jugendlichen durch das politische und ökonomische System der Weimarer Republik führt zu dessen Ablehnung und bewirkt eine politische Radikalisierung der proletarischen Jugendlichen.

- Diese Radikalisierung weist zugleich eine antifaschistische Stoßrichtung auf. Die antifaschistische Grundhaltung beruht zum einen auf den Erfahrungen des Jugendlichen im proletarischen Milieu (der starke Einfluß der Arbeiterorganisationen, Überfälle faschistischer Schlägertrupps auf proletarische Wohnviertel). Zum anderen wurde der FAD von den Jugendlichen als eine Vorstufe der von den Faschisten geforderten Arbeitsdienstpflicht erkannt und bekämpft.

- Sozialdemokratische und gewerkschaftliche Organisationen verloren an Einfluß auf die proletarischen Jugendlichen. Die teilweise bedingungslose Loyalität der SPD und des ADGB gegenüber der Weimarer Republik konnte von den Jugendlichen - wie oben dargestellt - nicht mehr nachvollzogen werden.

  Vor allem aber die Beteiligung der SPD und des ADGB an der Durchsetzung der Maßnahmen zur Organisierung der Jugendarbeitslosigkeit wurde von den Jugendlichen verurteilt. In diesem Zusammenhang sei nochmals auf die Befürwortung des FAD durch die SAJ hingewiesen.

- Aus den vorangegangenen Punkten ergibt es sich, daß die kommunistischen Jugendverbände ihren Einfluß auf die Arbeiterjugendlichen weiter ausbauen konnten, da sie zu den wenigen linken Organisationen zählten, die eine Überwindung des politischen Systems der Weimarer Republik anstrebten. Insbesondere war es aber

auch der KJVD, der die Jugendlichen in ihrem
Widerstand gegen die Maßnahmen zur Organisierung der Jugendarbeitslosigkeit unter-
stützte.

Auf die Chance, die sich der KPD aus dieser
Situation ergab, wurde von ihr aber nicht ange-
messen reagiert.

"Trotz mancher gegenteiliger Bemühungen blieb
die Erwerbslosenpolitik im wesentlichen Auf-
klärungstaktik; das agitatorisch-propagandisti-
sche Moment überwog. Stete Aufrufe zu Streiks,
zu Umzügen und Kundgebungen 'unter Proklamation
nur langfristig zu erreichender Ziele, die keine
unmittelbaren Resultate nach sich zogen, erzeugten,
anstatt zu politisieren, eher die Gefahr der
Demobilisierung, da Teilnahme und Aktivität zunehmend sinnloser erschienen. Dies war insbesondere für arbeitslose Menschen demoralisierend,
deren lebensgeschichtlicher Horizont eine ein-
schneidende Verengung erfahren hatte und die
zudem unter der Sinnentleerung ihres Daseins
litten. Auf ideelle Motivation (die meist mit
der Erwartung von Opfern verbunden war, d.Verf.)
konnte angesichts des unermeßlichen Elends immer
weniger gerechnet werden.'"1)

Zusätzlich schreckte die starre und autoritäre
Verbandshierarchie des KJVD und seine strikte
Orientierung an der KPD mit dem dadurch bedingten Einfluß erwachsener Funktionäre auf
die Arbeitsformen des KJVD viele Jugendliche

---

1) Liebel/Lessing 1980, S. 418. Das enthal-
tene Zitat wird dort wie folgt nachgewiesen:
Rose-Marie Huber-Koller, Die kommunistische
Erwerbslosenbewegung in der Endphase der
Weimarer Republik, in: Gesellschaft. Beiträge
zur Marxschen Theorie 10, Frankfurt/M. 1977,
S. 89-140, S. 109.

von einer längerfristigen Mitgliedschaft ab.[1)]

Aus diesen Umständen resulierte der Versuch vieler proletarischer Jugendlicher einer

"/.../ Selbstverwirklichung jenseits vorgegebener gesellschaftlicher Normen, gesellschaftlicher Moralkodices, aber auch jenseits eingeschliffener politischer Verhaltensweisen."[2)]

Als Resultat des kollektiven Versuchs einer solchen Selbstverwirklichung sind die "Wilden Cliquen" zu betrachten, die in der Endphase der Weimarer Republik immer mehr Aufsehen erregten.

---

1) Vgl. Irmtraud Götz von Olenhusen, Die Krise der Jungen Generation und der Aufstieg des Nationalsozialismus, in: Jahrbuch des Archivs der deutschen Jugendbewegung 12, 1980, S. 53-82, S. 74-78.
2) Walter Fähnders und Helga Karrenbrock, Zweierlei Denken, Nachwort in: Glaser, ohne Seitenzählung.

4. Wilde Cliquen - Selbstorganisationsprozesse
   proletarischer Jugendlicher in der Weimarer
   Republik

"Sie grüßten sich 'Wild frei', nannten sich
eine 'Freie Zunft' - die sogenannten Wilden
Cliquen, die in der Zeit der Wirtschaftskrise
Ende der zwanziger Jahre bis zum Machtantritt
der Nazis in Großstädten und industriellen
Ballungsgebieten Deutschlands viel von sich
reden machten.
Allein in Berlin hat es in dieser Zeit ca. 600
Cliquen gegeben, in denen sich einige tausend
Jugendliche zusammenfanden."[1]

Wenn im Rahmen dieser Arbeit auf das Auftreten
der Wilden Cliquen ausführlich eingegangen
wird, so kann es nicht darum gehen, sie mit
den Cliquen im "Dritten Reich" gleichzusetzen
oder sie zu ihren unmittelbaren Vorläufern
zu erklären.

Dennoch gibt es Parallelen zwischen diesen
Gruppen, deren Berücksichtigung einen wesentlichen Beitrag zum Gegenstand dieser Arbeit
liefert:

- Beide Gruppenerscheinungen, sowohl die
  Wilden Cliquen, als auch die Cliquen zur
  Zeit der nationalsozialistischen Herrschaft
  waren praktizierte Selbstorganisationsprozesse von Arbeiterjugendlichen, die der
  konkreten Lebensbewältigung dienten.[2]

----
1) Hellmut Lessing und Manfred Liebel, Wilde
   Cliquen, Szenen einer anderen Arbeiterjugendbewegung, Bensheim 1981, S. 7 (zit.: Wilde
   Cliquen).
2) Vgl. Liebel/Lessing 1980, S. 392.

- Beiden gemeinsam ist, daß sie jeweils ihre größte Bedeutung in Krisen bürgerlich-kapitalistischer Gesellschaft erlangten.
  - Die Wilden Cliquen während der Endphase der Weimarer Repbulik; die Cliquen der Edelweißpiraten, Navajos etc. unter den Kriegsbedingungen der nationalsozialistischen Herrschaft.

- Beide standen

  "/.../ auf Kriegsfuß mit den offiziellen Institutionen der Gesellschaft /.../"1).

- Sie hatten beide kein programmatisches oder doktrinäres politisches Selbstverständnis, zeichneten sich aber durch ihre antifaschistische Lebenspraxis aus[2] und galten der HJ als Hauptgegner.

- Beiden gemeinsam waren bestimmte äußere Erscheinungsformen (z.B. Edelweiß als Erkennungszeichen) und bewußt auffallende Kleidung.

- Für beide gilt, daß sie einer extremen Diffamierung und Kriminalisierung ausgesetzt waren.

- "Die Geschichte der Arbeiterjugendbewegung ist an ihnen vorbeigeschrieben worden. Sie paßten nicht in das Bild einer disziplinierten, aufopferungsvollen Arbeiterjugend, die sich vorbehaltlos den Postulaten und Richtlinien der Arbeiterjugendorganisationen und Parteien unterwarf."[3]

  Ebenso wie die Wilden Cliquen keinen Platz in der Geschichte der Arbeiterjugendbewegung finden, blieb auch den proletarischen Jugendcliquen im Dritten Reich die Anerkennung als

---

1) Wilde Cliquen, S. 7.
2) Bei den Cliquen gelten hier Ausnahmen: ca. 5 % der Cliquen sollen nationalsozialistisch eingestellt gewesen sein. Diese Angabe wird weiter unten problematisiert.
3) Wilde Cliquen, S. 7.

relevanter Teil der Arbeiterjugendbewegung sowohl von der bürgerlichen als auch von der marxistischen Geschichtsschreibung verwehrt.[1]

4.1. Zusammensetzung und Verbreitung

Die hier versuchte Darstellung der Wilden Cliquen bezieht sich ausschließlich auf die Berliner Gruppen, da sich die vorhandenen Untersuchungen auf die Berliner Situation beschränken, obwohl sie betonen, daß diese Cliquen, zum Teil unter anderen Bezeichnungen, in allen industriellen Ballungsgebieten existent waren.

Um 1930 soll es in Berlin ca. 600 Cliquen mit mehreren Tausend Mitgliedern gegeben haben.[2]

---

1) Es ist der Verdienst von Lessing und Liebel, die Existenz der Wilden Cliquen überhaupt ins Bewußtsein eines Teils der Öffentlichkeit gerückt zu haben. Dabei gelangten sie aber über eine Zusammenfassung von Erlebnisberichten und zeitgenössischen Aufsätzen nicht hinaus.

Die wissenschaftliche Auseinandersetzung mit der Geschichte proletarischer Jugendcliquen im "Dritten Reich" setzt in der BRD erst ein mit einer Veröffentlichung von Peukert über die Edelweißpiraten; Detlev Peukert, Die Edelweißpiraten, Protestbewegung jugendlicher Arbeiter im Dritten Reich, Eine Dokumentation, Köln 1980 (zit.: Peukert, Edelweißpiraten).

2) Gertrud Staewen-Ordemann, Menschen der Unordnung, Die proletarische Wirklichkeit im Arbeitsschicksal der ungelernten Großstadtjugend, Berlin 1933, S. 125
(zit.: Staewen-Ordemann).

Schätzungsweise bestanden ein Drittel von
ihnen aus Vierzehn- bis Sechzehnjährigen
und zwei Drittel aus sechszehn- bis achtzehnjährigen Jugendlichen.[1] Von den zeitgenössischen Sozialpädagogen wurden die Cliquen in
kriminelle Cliquen, in Grenzcliquen und in
Wandercliquen eingeteilt:

"Schätzungsweise gibt es in Berlin an 600
Cliquen, von denen vielleicht 10 % kriminelle
Cliquen sind, während 20 % Grenzcliquen zwischen
kriminellen und Wandercliquen sind. Die übrigen
70 % sind Wandercliquen."[2]

Diese Zahlen stammen von Schön und Voß, die sie
ausdrücklich als ungenau bezeichnen, da ein

"/.../ genaues Bild über die Cliquen genauso
wenig zu haben sein wird, wie über Unterweltvereine und Geheimverbände irgendwelcher Tendenz"[3].

Andere Quellen, Interviews mit ehemaligen
Cliquenmitgliedern, nennen andere Zahlen[4], da
sie den Begriff "Wilde Cliquen" nur auf Wandercliquen beziehen und sich in ihrem Selbstverständnis von sogenannten "kriminellen" Gruppen
abgrenzen.[5]

---

1) Christine Fournier, Ringvereine der Jugend,
   in: Die Weltbühne, 27. Jg., 1. Halbjahr 1931,
   H. 3, S. 89-95 (Vollständiger Nachdruck der
   Jahrgänge 1918-1933, Königstein/Ts. 1978),
   S. 91 (zit.: Fournier).

2) Helmut Schön und Otto Voß. Die Cliquen jugendlicher Verwahrloster als sozialpädagogisches Problem, in: Erfahrungen der Jungen,
   mit einer Einleitung von Carl Mennicke, Bd. I,
   Beiträge zur sozialen Frontarbeit, hrsg. von
   Carl Mennicke), S. 69-89, S. 85 (zit.: Schön/
   Voß).

3) Ebd., S. 85.

4) Vgl. Wilde Cliquen, S. 40, S. 41 und S. 42.

5) Vgl. ebd., S. 38 und S. 39. Auf das Problem
   der Ausgrenzung und Kriminalisierung von
   Wilden Cliquen werden wir weiter unten genauer
   eingehen.

Die Größe der einzelnen Cliquen lag zwischen sechs bis über zwanzig Mitgliedern, wobei die großen Cliquen mit über fünfundzwanzig Mitgliedern sehr selten waren.[1]

Die Cliquen setzten sich im wesentlichen aus ungelernten jugendlichen Arbeitern zusammen, die, entsprechend der wirtschaftlichen Situation der damaligen Zeit zum größten Teil arbeitslos waren. Diejenigen, die - zumindest zeitweise - Arbeit hatten, waren als Laufburschen und -mädels, als Kino- oder Liftboys tätig, oder verdienten als Gelegenheitsarbeiter im Tiefbau, auf Gemüsemärkten, als Träger etc. etwas Geld. Die Jugendlichen in den Wandercliquen waren in der Regel in "ihrem" Viertel oder "ihrer" Straße verankert. Sie lebten zum größten Teil noch Zuhause, zumindest in den Wintermonaten, wenn sie nicht auf Fahrt waren.

Zu diesen Jugendlichen kamen noch solche hinzu, die auf Grund der Wohnverhältnisse ihrer Familien obdachlos waren, z.B. weil ihre Schlafstelle vermietet wurde, oder weil sie die familiäre Situation Zuhause nicht mehr ertragen konnten. Andere Jugendliche waren aus Fürsorgeanstalten ausgerückt und mußten sich dem Zugriff der Behörden entziehen - nach heutigem Sprachgebrauch würden sie als "Trebegänger" bezeichnet werden. Cliquen, die sich hauptsächlich aus den zuletzt genannten Jugendlichen zusammensetzten, waren mehr oder weniger von jeglicher legalen Absicherung ihrer materiellen Bedürfnisse ausgegrenzt.

---
1) Wilde Cliquen, S. 40. Diese Angaben aus dem Bericht eines Cliquenbeobachters stimmen mit den anderen Quellen weitgehend überein.

Dadurch wurden sie leicht in die Kriminalität abgedrängt, zumal sie zum großen Teil ihre Stammplätze und Stammlokale in der Nähe der Vergnügungs- und Bahnhofsviertel der Großstädte hatten, wo sie dem Einfluß rein krimineller Gruppen, der sogenannten "Unterweltvereine" ausgesetzt waren.

4.2. Spezifische Ausdrucks- und Verhaltensformen

Rein äußerlich waren die Wilden Cliquen

"/.../ an ihrer gemeinsamen 'Kluft' und ihren sichtbar zur Schau getragenen Symbolen leicht zu erkennen /.../"1),

wenn sie am Wochenende auf Fahrt gingen. Staewen-Ordemann schreibt dazu:

"In proletarischen Vororten sieht man sie /die Cliquen/ häufig Sonnabend nachmittag abziehen zum Bahnhof, unverkennbar in ihrer Tracht: 'Seppelhosen (Kniehosen), Wadler (Wadenstrümpfe), Ochsengespann (Hosenträger, resp. Gürtel), Schwarte', wie sie selbst ihre Tracht nennen, weißes Hemd mit grünen Aufschlägen oder Kulиblusen, um die Schirmmütze das übliche grün-weiße Band geschlungen mit dem Edelweiß-Abzeichen."2)

Ergänzt wurde die "Kluft" durch individuelle Verzierungen:

"Auf ihren Fahrten trugen sie oft phantastische Käppis mit langen Hahnenfedern oder runde Hutköpfe ohne Rand, durch die bunte Bänder gezogen waren. Auffallende Ohrringe und Tätowierungen ergänzten die phantasievolle Kostümierung."3)

---
1) Wilde Cliquen, S. 20.
2) Staewen-Ordemann, S. 125f.
3) Wilde Cliquen, S. 20. Vgl. auch Walter Schönstedt, Kämpfe der Jugend, Roman der arbeitenden Jugend, Berlin 1932, S. 83 (zit.: Schönstedt).

Die "Wandercliquen", von ihrem Selbstverständnis
her die "eigentlichen" Wilden Cliquen, trafen sich
freitags in ihrer "Vereinskneipe" und planten die
Fahrten, die sie am Wochenende unternahmen. Die
Fahrten veranstalteten sie in den Monaten März
bis November und campierten dabei in der Regel
an den in der Nähe Berlins gelegenen Seen[1], da
weitere Fahrten finanziell über ihre Möglichkeiten
hinausgingen:

"/.../ die sind ja nur gefahren bis Oranienburg,
bis nach Bernau, bis nach Königswusterhausen,
für 35 Pfg., die haben sich's nicht erlauben
können, nach Eberswalde zu fahren, wo es 90 Pfg.
Fahrt kostete, so daß sie mußten bis Oranienburg
fahren und 30 km hin und 30 km zurücklaufen.
/.../ 35 Pfg. oder 70 Pfg. /.../ war ein Problem
bei 2,40 Mark Unterstützung in der Woche."[2]

Zu den Fahrten und Wanderungen trafen sich die
Cliquen in der oben beschriebenen "Kluft". Sie
hatten Kochgeschirre, Spaten, Zelte und Decken
bei sich und als "wichtiger Proviant" hingen
Schnaps- und Bierflaschen offen sichtbar an
ihren Gepäckbündeln. Ein weiteres wichtiges
Requisit waren die zum Teil selbstgebauten Musikinstrumente, die selten mit bürgerlichen
Harmonievorstellungen in Einklang standen.[3]
Recht kostspielig und reich verziert waren ihre
Fahnen, die unter anderem den Namen der Wilden
Clique als eingesticktes Ornament aufwiesen.
Die bekanntesten Cliquen nannten sich wie folgt:
Weißer Hirsch, Weiße Taube, Edelweiß, Roter Mond,
Lustigblut, Zigeunerblut, Wilde Sau, Modderkrebs,
Piraten, Ostpiraten, Waldgeist, Tartarenblut,

---

1) Vgl. Staewen-Ordemann, S. 126, Fournier, S. 93
   und Wilde Cliquen, S. 48.
2) Wilde Cliquen, S. 48.
3) Staewen-Ordemann, S. 126 und Wilde Cliquen, S. 42.

Waldbanditen, Apachenblut, Seeräuber, Galgenvogel, Seerose, Weiberscheu, Wolfsblut, Lustigblut, Sturmfest, Alpenglühen und viele andere mehr.[1]

Das Gros der Cliquenmitglieder blieb für mehrere Wochen an den Seen, lediglich diejenigen, die arbeiteten, fuhren Sonntag abends in die Stadt zurück.

"Wenn wir mit 25 Mann da draußen waren, auch noch mehr, dann sind zwei Mann nach Berlin reingefahren, haben die Stempelkarten mitgenommen und haben für die anderen mitgestempelt, und kamen dann wieder raus. So konnten wir immer draußen bleiben. Wir haben draußen weit billiger gelebt und waren so immer in der frischen und freien Natur."[2]

"Im Sommer stellten wir die Zelte auf irgendein Feld an einem See. /.../ Die vielen, die arbeitslos sind, blieben den ganzen Sommer da. Dienstags fuhr einer in die Stadt zum Stempeln und freitags, um da Wohlfahrts- oder Arbeitslosengeld zu holen. /.../ Wenn wir in Zelten wohnten, kochten wir immer selbst. Im Winter wohnten wir bei den Eltern. Mein Vater war froh, daß ich in der Clique war, weil er so einen weniger zu versorgen hatte."[3]

Das gemeinsame Zusammensein der Jugendlichen an den Seen war durch Tätigkeiten bestimmt, die ihnen in den Lebensumständen in der Stadt durch Normen, Vorschriften und Gesetze, aber auch durch direkte ökonomische Faktoren, z.B. die Wohnsituation, verwehrt waren. An den Seen konnten sie so lange und so laut sie wollten ihre Lieder singen, ohne wegen ruhestörenden Lärms eine Anzeige zu bekommen. Hier brauchten sie ihr Bett nicht mit ihren Geschwistern zu teilen oder früh aufzustehen, weil ihr Bett tagsüber vermietet wurde;

---

1) Wilde Cliquen, S. 32, S. 41, Staewen-Ordemann, S. 126, und Schön/Voß, S. 71.
2) Wilde Cliquen, S. 32f.
3) Ebd., S. 38.

hier mußten sie sich nicht die Vorwürfe der
Eltern über ihr unfreiwilliges Nichtstun anhören,
sondern konnten ihren Tag mit Baden, Fußball-
spielen, Sich-Sonnen, kleineren "Raubzügen"
(Kartoffeln oder Obst "organisieren") verbringen.
Sie konnten sich einer verklärten Lagerfeuer-
romantik hingeben oder ausgelassene Feste mit
wilden Tänzen feiern und ihre Kräfte in kleinen
Schlägereien untereinander oder mit anderen
Gruppen messen.[1]

Bei den Fahrten trafen sich oft mehrere Cliquen
an einem See, oder die in Ringen organisierten
Cliquen unternahmen eine Ringfahrt:

"Auf einer Ringfahrt waren wir ca. 500 Tippel-
brüder. Wir mußten extra einen Zug bestellen bei
der Reichsbahn."[2]

Wenn die Cliquen nicht auf Fahrt gingen, trafen
sie sich an bestimmten Stellen ihres Viertels.
Dazu zählten neben den Volkswiesen die Rummel-
plätze, die jahreszeitenunabhängig in jedem
Berliner Bezirk standen. Soweit die Cliquen es
sich finanziell leisten konnten, trafen sie sich
ein- bis zweimal in der Woche in ihrer Stamm-
kneipe. Auch hier bestimmte das gemeinsame Singen
etc. das Gemeinschaftsleben. Viele Cliquen verfügten auch über "Schlupfwinkel" auf Dachböden
oder in Keller- und Lagerräumen, in denen sie
"die Zeltmaterialien und den anderen Cliquen-
besitz lagerten"[3], oder in denen sich Jugendliche erst einmal dem Zugriff von Eltern und
Behörden entziehen konnten[4], wenn dies die
Umstände erforderten.

----
1) Vgl. Schönstedt, S. 76-85. Albin Stuebs, Romantisches Vorspiel, Roman, Lauf bei Nürnberg, 1946,
   S. 11-17 (zit.: Stuebs), Wilde Cliquen, S. 21.
2) Wilde Cliquen, S. 29.
3) Vgl. ebd., S. 39.
4) Vgl. ebd. und Fournier, S. 93.

4.3. Gruppeninterne und gruppenübergreifende Strukturen

Sowohl innerhalb der Cliquen als auch zwischen den verschiedenen Cliquen gab es mehr oder weniger feste Strukturen.

"Das 'Innenleben' der Cliquen war selbst durch die Verbindung von anarchistischer lebensbejahender Ausgelassenheit und Gruppendisziplin gekennzeichnet. In jeder Clique besaß ein Cliquen-Mitglied nahezu unbeschränkte Autorität, der sog. Cliquen-Bulle."1)

In der zeitgenössischen sozialpädagogischen Literatur wird der Cliquenbulle als unanfechtbare Autorität charakterisiert. Er bestimme die Tendenz der Gruppe und trage

"/...7 außerordentlich viel zur Verwahrlosung seiner Cliquenmitglieder /...7 2)

bei, könne aber oft auch

"/...7 durch gesunde /!_7 Maßnahmen vieles verhüten"3).

Diesen Einfluß übe er aus, weil er der stärkste Junge einer Clique sei.4) Andere Quellen zeigen wiederum, daß physische Überlegenheit kein hinreichendes Qualifikationskriterium für das "Amt" des Bullen darstellte.
Es dürfte vielmehr derjenige Bulle gewesen sein, der über eine optimale Kombination der von den Gruppenmitgliedern als relevant gesetzten Fähigkeiten verfügte.5)

---

1) Wilde Cliquen, S. 24.
2) Schön/Voß, S. 83.
3) Ebd.
4) Vgl. Staewen-Ordemann, S. 127 und Fournier, S. 92.
5) Vgl. Wilde Cliquen, S. 24.

Seine Glaubwürdigkeit, die notwendige Voraussetzung seiner Autorität, büßte er ein, wenn er nicht den Interessen der Gruppe nachkam. In der Regel wurde der Cliquenbulle nicht gewählt:

"Seine Autorität war langsam gewachsen, und mit ihr wurde das persönliche Bündnis der Burschen untereinander stärker."1)

Das heißt, je mehr sich die Gruppenmitglieder über ihre gemeinsamen Wert- und Verhaltensmaßstäbe bewußt wurden, desto klarer konnten sie entscheiden, wer die entsprechenden Fähigkeiten kombiniert repräsentierte. So lange er diese Maßstäbe glaubwürdig vertrat und beachtete, war es möglich,

"/.../ daß sich die gesamte Clique über ihn als eine solidarische Gemeinschaft verstehen und die einzelnen sich mit der Clique identifizieren konnten."2)

Wenn neue Mitglieder in die Gruppe aufgenommen wurden, hatten sie sich einer "Freisprechungsfeier" zu unterziehen, während der sie versuchten, die den Wert- und Verhaltensmaßstäben der Clique entsprechenden Fähigkeiten zu erbringen. Diese Fähigkeiten bestanden normalerweise aus Mut- und Kraftproben[3]; viel entscheidender war aber wohl die gemeinsame soziale Herkunft und das Zeugnis durch Cliquenmitglieder, die den "Neuen" kannten.

"Es wurden nur Leute aus dem Kietz aufgenommen, die der Clique bekannt sind."4)

---
1) Stuebs, S. 11.
2) Wilde Cliquen, S. 24.
3) Fournier, S. 93.
4) Wilde Cliquen, S. 38 und vgl. Stuebs, S. 6.

Fournier und andere sozialpädagogische Autoren berichten von Aufnahmeriten, die im Vollzug sexueller Handlungen in Anwesenheit aller Cliquenmitglieder bestanden.[1] In Anbetracht anderer Quellen - den Interviews von Lessing und Liebel und den genannten Cliquenromanen - werden wir diesen Punkt unter den Gesichtspunkt der Kriminalisierung und Diffamierung der Wilden Cliquen weiter unten aufgreifen. Auch die Darstellungen der sozialpädagogischen Autoren über die Rolle der Mädchen in den Cliquen werden unter diesem Aspekt zu berücksichtigen sein.

Staewen-Ordemann schreibt über die weiblichen Cliquenmitglieder - "Cliquenkühe" wie sie im Jargon der Cliquen genannt wurden - folgendes:

"/Das/ /.../Cliquenmädchen /ist/ nur - und es selbst kennt es auch gar nicht anders - Objekt des sexuellen Auslebens, vom Jungen herbeordert und weggeschmissen, wie es ihm paßt."[2]

Die Tatsache, daß die Mädchen in den Cliquen in der Minderzahl waren, oder bei manchen Cliquen nur ein Mädchen mit auf Fahrt ging - meist die Freundin des "Bullen" - veranlaßt Staewen-Ordemann zu der Schlußfolgerung:

"Die Cliquenbraut ist für alle da /.../."[3]

Im weiteren Verlauf ihrer Darstellung bezeichnet sie sogar die Cliquenmädchen als Prostituierte und den Cliquenbullen als Zuhälter:

----

1) Vgl. Fournier, S. 93. Fournier rechnet solche Aufnahmeriten den kriminellen Cliquen zu, die sich, so Fournier auf S. 91, aus den "rettungslos Verwahrlosten" zusammensetzen.
2) Staewen-Ordemann, S. 130.
3) Ebd.

"'Die Mädels von der Straße und die Cliquen-Kühe, das is/t/ wie Beruf und Amateur!' Es wird aber trotz Amateur nicht ganz selten sein, daß ein Bulle auch Mädchen für sich auf die Straße gehen läßt."1)

Sowohl die Aussagen der von Liebel und Lessing interviewten Cliquenmitglieder und -beobachter, als auch die zugänglichen Cliquenromane2) geben einen ganz anderen Eindruck vom Verhältnis zwischen Jungen und Mädchen in den Cliquen. Liebel und Lessing schreiben dazu:

"In den Gesprächen, die wir mit ehemaligen Cliquenmitgliedern führten, wurde uns eher ein Bild von Verbindlichkeit und gegenseitiger Zuneigung auch in den sexuellen Beziehungen zwischen Jungen und Mädchen vermittelt."3)

Die Mädchen paßten sich zwar den Wert- und Verhaltensmaßstäben der Cliquen an, sie waren dadurch in ihren Entscheidungen, auch hinsichtlich sexueller Beziehungen, aber zumindest nicht mehr fremdbestimmt, als es außerhalb der Clique der Fall war. Hier wird eher deutlich, mit wieviel Frauenfeindlichkeit zeitgenössische sozialpädagogische Autoren Cliquenstrukturen darstellen und beurteilen. Die Beziehungen zwischen männlichen und weiblichen Cliquenmitgliedern reduzieren sich bei ihnen auf Sexualität und "dumpfe Triebhaftigkeit"4).

Als ein Beispiel von vielen seien hier Voß/Schön zitiert:

---

1) Staewen-Ordemann, S. 131
2) Zu den Cliquen zählen wir insbesondere: Glaser, Schoenstedt und Stuebs.
3) Wilde Cliquen, S. 25.
4) Staewen-Ordemann, S. 124.

"/.../ eine ganze Reihe von Wandercliquen /haben/
das Wandern mit Mädchen abgeschafft und dadurch
sicher viele ihrer Kameraden vor Geschlechts-
krankheiten bewahrt. Dadurch /!/ entstanden eine
ganze Zahl von Mädchencliquen, die /.../ schon
dem Aussehen nach außerordentlich schlimm
wirkten."1)

Der Gedanke, daß die Schaffung eigener Cliquen
für die Mädchen der Versuch war, ihre Selbstän-
digkeit außerhalb von Elternhaus und männlich
dominierter Wilder Clique durchzusetzen, entzieht
sich dem Erkenntnishorizont der Autoren. Nicht
ihr Bedürfnis nach Selbstorganisation, sondern
das Verstoßen-Werden aus den Cliquen soll der
Grund für die Bildung von reinen Mädchencliquen
sein.

Zwischen den einzelnen Cliquen herrschte eine
nicht nur zufällige, sondern relativ fest
strukturierte Verbindung:

"Seit 1927 schlossen sich die meisten Berliner
Cliquen in 'Ringen' zusammen. Es gab einen
Nord-, Süd-, West- und Ostring, die jeweils
mehrere Stadtbezirke umfaßten. Die Ringzusammen-
schlüsse dienten in erster Linie dem Selbst-
schutz. Sie sind nicht, wie oft in sozialpädagogischen Darstellungen angenommen wird, mit den
sogenannten 'Ringvereinen' identisch, die im
Berlin der 20er und 30er Jahre eine Art Unter-
weltmafia darstellten. Die Ringe der Wilden
Cliquen schufen einen 'Wohlfahrtsfonds', für den
alle Cliquenmitglieder wöchentlich Beiträge
entrichten mußten. Das Geld wurde auf den Gruppen-
abenden eingesammelt, wo auch über die Verwendung
beraten wurde. In der Regel diente der Wohlfahrtsfonds der Begleichung von Polizeistrafen und der
Unterstützung von Cliquenmitgliedern, die von
der Polizei verfolgt wurden und sich verstecken
mußten."2)

---
1) Voß/Schön, S. 83.
2) Wilde Cliquen, S. 19f.

Die Einsicht der Cliquenmitglieder in die
Notwendigkeit cliquenübergreifender Strukturen
zur Durchsetzung ihrer Interessen läßt sich
auch an anderen Beispielen nachweisen. Ein
Interviewpartner von Lessing und Liebel berichtet von einer Demonstration, an der ca.
98 % (seine Schätzung) aller Cliquen teilnahmen. Anlaß dieser Demonstration war die
Ermordung eines "Cliquenbullen" durch die SA.[1]

Um 1923 schloß sich die Mehrheit der Berliner
Cliquen zu einem "Roten Wanderring" zusammen,
der eine eigene Zeitung - "Der rote Wanderer" -
herausgab und ein zwölf Punkte umfassendes
Programm vertrat."

"Zum Programm des Roten Wanderrings gehörten
gemeinsame Wanderungen, Musik- und Unterhaltungs-
abende, gemeinsamer verbilligter Einkauf von
Wanderartikeln, Beschaffung von Zeltscheinen,
Rechtsauskünfte, Schaffung eigener Stadt- und
Landheime, Fahrpreisermäßigungen, gemeinsame
Abwehr 'unserer Gegner' (worunter vor allem
die Faschisten verstanden wurden), Unterstützung
revolutionärer Organisationen u.a.. Zum ver-
billigten Einkauf von Wanderartikeln wurde eine
'Wareneinkaufstube' gegründet."[3]

Die Existenz dieser "Einheitsfront der wilden
Wandercliquen"[4] war nur von kurzer Dauer. Die
Ursache ist in der Tatsache zu vermuten, daß der
Rote Wanderring nicht von den Cliquen selbst
geschaffen wurde, sondern die Initiative von
Teilen der Kommunistischen Jugend ausging
und

----
1) Vgl. Wilde Cliquen, S. 41f.
2) Vgl. Schön/Voß, S. 84.
3) Wilde Cliquen, S. 18f., vgl. Schön/Voß, Anhang
4) Schön/Voß, S. 84.

"/.../ von vielen führenden Mitgliedern des Wanderringes durchaus ernste erzieherische Versuche unternommen wurden, z.B. der Versuch einer gemeinsamen Werkschar u.a. /.../."[1]

Diesen Versuchen der Fremdbestimmung entzogen sich die Cliquen sehr schnell, zumal der "Geschäftsordnungscharakter", der sich in der "Entstehungsgeschichte des Roten Wanderringes"[2] niederschlägt, ihrer Vorstellung und Praxis der Selbstorganisation stark widersprach.

Die Auflösung des Roten Wanderrings und der Umstand, daß es ab 1927 zu erneuten Zusammenschlüssen der Wilden Cliquen unter eigener Regie kam, zeigt die Einsicht der Cliquen in die Notwendigkeit cliquenübergreifender Strukturen und ihre potentielle Fähigkeit zur Errichtung entsprechender Strukturen, weist aber auch daraufhin, wie entschieden die Cliquen sich jeglicher Fremdbestimmung entzogen.

4.4. Wilde Cliquen contra bürgerlich-kapitalistische Gesellschaftsordnung

Die Wilden Cliquen wurden in der sozialpädagogischen Literatur fast ausschließlich unter dem Aspekt der Verwahrlosung und Kriminalität dargestellt, so daß ihre politische Bedeutung in den Hintergrund trat. Die Tatsache, daß sich die Cliquenmitglieder in keine politische Organisation langfristig integrieren ließen, wird den Jugendlichen als defizitäres Verhalten vorgeworfen:

---

1) Schön/Voß, S. 84.
2) **ebd.** Anhang

"Für ein aktives politisches Sich-Einsetzen
und für ein Sich-Unterordnen in andere Jugendgruppen brachten nur sehr wenig Cliquenmitglieder die Kraft /!/ auf."1)

Die von Lessing und Liebel geführten Interviews
und einige Romane beweisen jedoch, daß die
Cliquen sehr wohl eine politische Kraft darstellten und sich auch politisch artikulierten,
aber eben außerhalb der geforderten Partei-
disziplin. Diese "Disziplinlosigkeit" war aber
die Voraussetzung für ihre politische Stärke
und Bedeutung. Ihr Bedürfnis und die Fähigkeit
zur Selbstorganisation ermöglichte es ihnen,
sich ansatzweise der Fremdbestimmung durch
staatliche Institutionen und Parteien zu entziehen.

Um das politische Verhalten der Wilden Cliquen
darzustellen und zu erklären, ist es notwendig,
sich mit ihrer Entstehung und Geschichte zu
befassen.

4.4.1. Herkunft und Entstehung

Die sozialpädagogische Literatur führt die Anfänge der Wilden Cliquen auf die Zeit vor dem
ersten Weltkrieg zurück,

"/.../ in die Entstehungszeit der Jugend- und
Wandervogelbewegung"2).

Schön und Voß sehen die Anfänge der Cliquen
bei der linksorientierten Jugendbewegung.[3]
----
1) Staewen-Ordemann, S. 137.
2) Fournier, S. 90.
3) Vgl. Schön/Voß, S. 71.

Sie seien als "Surrogatformen von Jugendgemeinschaften"[1] entstanden, allerdings auf einem "primitiveren Niveau"[2] - bzw. seien sie als "Parallele zur bürgerlichen und proletarischen Jugendbewegung"[3] geschaffen worden.

Diese Ansätze sind unzutreffend und beruhen im wesentlichen auf zwei Fehleinschätzungen. Zum einen ist es für die Autoren unvorstellbar, daß sich "asoziale Jugendliche"[4] selbständig und unabhängig organisieren können: sie begreifen die Cliquen nur als minderwertiges Randprodukt der Jugendbewegung. Bezeichnend für diese Haltung ist der Satz von Staewen-Ordemann:

"So grotesk es anmutet, es finden bei diesen Asozialen doch soziale Bedürfnisse ihren Ausdruck".[5]

Zum anderen werden formale äußerliche Gemeinsamkeiten zur Jugendbewegung wie Wandern, Singen, Kleidung etc. als Indiz für diese "Nebenproduktthese" gewertet. Diesen Einschätzungen liegt die Vorstellung von einer einheitlichen Jugend zugrunde, die

"/.../ als ein dem Klassenantagonismus enthobenes Phänomen /.../"[6]

begriffen wird. Sie berücksichtigen nicht die

---
1) Schön/Voß, S. 70.
2) Ebd.
3) Ebd., S. 71.
4) Ebd., S. 70.
5) Staewen-Ordemann, S. 136.
6) Hellmut Lessing und Manfred Liebel, Jugend in der Klassengesellschaft, Marxistische Jugendforschung und antikapitalistische Jugendarbeit, München ²1975, S. 7 (zit.: Lessing/Liebel: Jugend).

"/.../ eindeutige Scheidelinie, die zwischen bürgerlicher und proletarischer Lebenswelt /.../"1)

verläuft. Die unterschiedlichen Lebensbedingungen und Alltagserfahrungen der Jugendlichen produzieren nicht nur einen altershomogenen, sondern auch einen schichthomogenen solidarischen Handlungszusammenhang. Dieser Sachverhalt spiegelt sich in der Zusammensetzung der Gruppen wieder:

"Im Unterschied zu den Cliquen rekrutieren sich diese Gruppen /Wandervogelbewegung und Arbeiterjugendvereine der Sozialdemokratie vor dem 1. Weltkrieg/ aus Gymnasiasten und aus Handwerkslehrlingen. Die Cliquen dagegen repräsentieren einen Typus proletarischer Jugendlicher, den erst die Fabrikarbeit und die räumliche Konzentration des Proletariats in bestimmten Stadtvierteln hervorbrachte."2)

Das heißt, proletarische Lebensbedingungen mit jeweils spezifischen Faktoren bedingen die Entstehung von Jugendbanden. Es bilden sich Solidargemeinschaften, die es den Jugendlichen ermöglichen, gemeinsam Strategien zu entwickeln, um sich der autoritären Familienstruktur mit ihren Normen und Verhaltensregeln zu entziehen und als Arbeiterjugendliche in einer bürgerlich-kapitalistischen Gesellschaft zu bestehen.

Liebel und Lessing fassen diese Situation wie folgt zusammen:

"Wir sind hier mit Arbeiterjugendlichen konfrontiert, die beinah alltäglich Ausgrenzungsprozessen aus der 'normalen' Gesellschaft unterliegen: Sie stehen auf Kriegsfuß mit den offiziellen Institutionen der Gesellschaft (Schulbehörden, Lehrern, Arbeitgebern, Lehrherren, Jugendamt, Polizei), werden im Konkurrenzkampf der Schule, des Arbeitsmarktes zerrieben oder entziehen sich ihm, und werden zu Überlebenstechniken genötigt, die sie in die Zone der Kriminalisierung drängen."3)

---

1) Wilde Cliquen, S. 18.
2) Ebd., S. 17.
3) Ebd., S. 7.

Da weder die proletariale Kleinfamilie noch
die Organisationen der Arbeiterbewegung den
Jugendlichen eine konkrete Hilfe und Perspektive für ihre aktuelle Lebensbewältigung
bieten,

"/.../ bildet die Clique das wesentliche Fundament, das ihnen ermöglicht, sich gegenüber
der feindlichen Lebensumwelt zu behaupten."1)

Die Wilden Cliquen sind so gesehen kein "unfassbares Gespenst"2) oder Plagiat einer bürgerlichen Jugendbewegung, sondern die spezifische Ausprägung einer prinzipiellen und
selbständigen Form der Lebensbewältigung proletarischer Jugendlicher.

Proletarische Jugendbanden und -cliquen bilden
sich immer dann, wenn Jugendliche in enger
Milieugemeinschaft mit einer ihrer Lebensperspektive entgegenwirkenden Umwelt konfrontiert
sind und vorhandene Institutionen sie nicht
integrieren können, weil ihre sozialpolitischen
Angebote den Interessen der Jugendlichen objektiv nicht entsprechen und dies von den Jugendlichen erkannt wird oder sie der Verwirklichung
aktueller Bedürfnisse der Jugendlichen nicht
nützen können.

Die allgemeine Gültigkeit dieser These läßt
sich mit einer Untersuchung von Gillis3) belegen.
----
1) Wilde Cliquen, S. 8.
2) Fournier, S. 89.
3) John R. Gillis: Geschichte der Jugend, Tradition
   und Wandel im Verhältnis der Altersgruppen und
   Generationen in Europa von der zweiten Hälfte
   des 18. Jahrhunderts bis zur Gegenwart, aus
   dem Amerikanischen übertragen und hrsg. von
   Ulrich Herrmann und Lutz Roth, Weinheim,
   Basel 1980, dort besonders S. 73-78 (zit.:
   Gillis).

Unter der Überschrift "Das Brauchtum der städtischen Arbeiterjugend" stellt er das Verhalten proletarischer "Jugendbanden" in den englischen Industriezentren um die Mitte des 19. Jahrhunderts dar. Dort finden sich deutliche Parallelen zur Situation und zum Verhalten der Wilden Cliquen.[1]

Auf dieser Grundlage kann vor dem Hintergrund der ökonomischen, sozialen und politischen Situation der Weimarer Republik die politische Bedeutung und das politische Verhalten der Wilden Cliquen untersucht werden.

Für die Verbreitung der Wilden Cliquen gilt, daß sie immer dann quantitativ und qualitativ am stärksten in Erscheinung traten, wenn die wirtschaftliche Situation Krisencharakter annahm. Diese Situation war in den letzten Kriegsjahren des 1. Weltkrieges gegeben. Die äußeren Bedingungen waren von materieller Not geprägt; die Väter waren im Krieg und die Mütter in der Produktion. Die sich selbst überlassenen Jugendlichen zogen

"/.../ meistens betrunken, grellfarbig gekleidet, lärmend durch die Straßen /.../ Wanderflegel wurden sie von der entrüsteten Bevölkerung genannt."[2]

Der Umstand, daß es 1923 zu der von Teilen der Kommunistischen Jugendverbände initiierten Gründung

---

1) Es waren ungelernte Gelegenheitsarbeiter im Alter von 14 bis 18 (vgl. Gillis, S. 135). Die Mitglieder einer "Bande" entstammten demselben Viertel, gaben ihrer Gruppe einen phantasievollen Namen und waren sehr vergnügungsorientiert, wobei sie auf vorkapitalistische kulturelle Traditionen zurückgriffen (vgl. Gillis, S. 74f. und Wilde Cliquen, S. 18).
2) Fournier, S. 90.

des Roten Wanderrings kam, zeigt, daß die
Cliquen in den Krisenjahren von 1918-1923
dermaßen an Bedeutung gewannen, daß die Kommunistische Jugend versuchte, sie in ihre Organisation einzubinden. In der Krise ab 1929
nahm das Auftreten der Wilden Cliquen sein
größtes Ausmaß an, so daß sie in der Tagespresse (Prozeßberichte), in wissenschaftlichen
und in literarischen Arbeiten Berücksichtigung
fanden. Daneben ist ein verstärktes Interesse
der politischen Organisationen an den Wilden
Cliquen zu beobachten. Schon dieses Interesse
macht die politische Bedeutung der Wilden
Cliquen deutlich.

4.4.2. Stellung der Wilden Cliquen in den
politischen und sozialen Auseinandersetzungen

Das politische Verhalten der Wilden Cliquen
war deutlich von den in Kapitel 3.6. formulierten Faktoren der politischen Sozialisation
proletarischer Jugendlicher geprägt.

Dies drückt sich konkret in der feindseligen
Haltung der Wilden Cliquen gegenüber den
faschistischen Organisationen aus, in ihrem
zumindest als distanziert zu bezeichnenden
Verhältnis zu sozialdemokratischen und gewerkschaftlichen Jugendverbänden und in ihrem
engen Kontakt zur Kommunistischen Jugend.

Der Versuch der kommunistischen Jugendverbände,
ihren Einfluß auf die Wilen Cliquen zu nutzen
und sie politisch zu organisieren, scheiterte
am Selbstbestimmungsanspruch der Wilden Cliquen.
Im Zusammenhang mit dem Roten Wanderring ist
dies oben bereits angesprochen worden.

"Politisch waren wir links. Die Leute von
der KPD, die wollten uns. Da haben wir aber
gesagt 'nee'. Die Partei hat ihre Richtlinien, wir wollten frei sein, wir wollten
das machen, was wir wollten, wir haben alles
von uns aus selbst entschieden."1)

Trotz dieses prinzipiellen Autonomieanspruchs
der Wilden Cliquen existierten personelle Überschneidungen zwischen ihnen und den kommunistischen Organisationen. Daß sich ein großer Teil
der Cliquenjugendlichen vor allem in der "Roten
Jungfront" organisierte und dort auch an
Einfluß gewann, geht daraus hervor, daß die
Führung der Jungfront

"/.../ immer wieder in ihren eigenen Reihen
sehr energisch gegen das Cliquenwesen und
seine Nebenerscheinungen auftrat /.../"2).

Auf den hohen Anteil von Cliquenjugendlichen in
der Jungfront weist auch der Umstand hin, daß
nach dem Verbot der Jungfront viele ihrer Mitglieder eigene Cliquen bildeten oder sich bestehenden Cliquen anschlossen.3)

Die personellen Verflechtungen werden in einem
Interview mit einem ehemaligen "Cliquenbullen"
deutlich, wobei zu beachten ist, daß der Um-
fang seines Engagements nicht typisch war:

----
1) Interview mit einem ehemaligen Cliquenmitglied. Wilde Cliquen, S. 37.
2) Schön/Voß, S. 85.
3) Vgl. ebd., S. 85 und S. 72f.

"Außer in der Clique Edelweiß war ich noch in der kommunistischen Arbeiterjugend, im Jungsturm, im Kampfbund gegen den Faschismus und seit 1925 in der KPO. Ich war Kassenwart in der kommunistischen Gewerkschaftsopposition, im Rotfrontkämpferbund und im Arbeitersportverein L. Ich konnte das alles nur schaffen, weil ich fast immer arbeitslos war. Die Kommunisten arbeiteten gut mit diesen Cliquen zusammen. Neben all diesen Vereinen machte mir aber die Zeit in der Clique noch am meisten Spaß."[1]

Die Überschneidungen gingen teilweise so weit, daß einzelne KJVD-Gruppen zeitweilig mit Wilden Cliquen identisch waren.[2]

Den kommunistischen Verbänden gelang es aber nur in den seltensten Fällen, die Cliquenjugendlichen längerfristig zu integrieren. Die von den Funktionären geforderte Disziplin, die Pünktlichkeit und die Regelmäßigkeit der Mitarbeit repräsentierte ja gerade einen Teil der Normen und Verhaltensregeln, die von den Cliquenjugendlichen auf Grund ihrer Sozialisationserfahrungen abgelehnt wurden. Das starre und hierarchische Organisationsprinzip der KJ-Verbände verhinderte eine flexible Reaktion auf das Verhalten der Cliquenjugendlichen. Diese Problematik wird in einem Interview mit einem "Cliquenbeobachter" veranschaulicht:

---

1) Wilde Cliquen, S. 39. Zu dem Satz "Ich konnte dies alles nur schaffen, weil ich fast immer arbeitslos war" vgl. die Darstellung der Funktionen des FAD in Kapitel 3.6.!
2) Vgl. Wilde Cliquen, S. 19.

"Dann kam es vor, sie verkauften /Partei-/
Zeitungen und unterschlugen die drei Mark,
dann kamen sie besoffen zum Heimabend und
traten überhaupt sehr aktivistisch auf. Und
dann waren sie für alle Organisationen /.../
unmöglich zu halten."1)

Der Widerspruch zwischen dem Versuch, die
Cliquenmitglieder in die KJ-Organisationen
zu integrieren und der gleichzeitigen mangelnden Toleranz gegenüber dem Cliquenverhalten zeigte sich auch bei öffentlichen
politischen Aktionen der KPD: die Cliquen
sollten zwar an den Aktionen teilnehmen,
sie durften sich aber nicht - z.B. durch das
Tragen ihrer Kluft - als solche zu erkennen
geben. An verschiedenen Stellen der Interviews
mit ehemaligen Cliquenmitgliedern wird dies
deutlich:

"Demonstrationen wurden immer mitgemacht,
aber nicht in unseren Kleidern. Am 1. Mai
hatten wir immer mitdemonstriert."2)

"In der Kösliner Straße, bei dem Aufstand
am 1. Mai (1929) da haben wir auch mitgemacht.
Da hatte die KPD zu aufgerufen, da wurden
Barrikaden gebaut.
Frage: Haben da viele Cliquen mitgemacht?
Ja, aber als Clique durften wir uns nicht
zeigen. Das wollten die nicht von der KPD.
Aber ich habe viele erkannt und wir haben
da praktisch gemeinsam mitgemacht."3)

---

1) Wilde Cliquen, S. 40.
2) Ebd., S. 34.
3) Ebd., S. 36.

Die sozialdemokratischen und gewerkschaftlichen Jugendverbände, insbesondere die SAJ, stießen bei den Wilden Cliquen auf völlige Ablehnung und wurden, ebenso wie die Gruppen der Bündischen Jugendbewegung, als "Jesuslatscher" verspottet:

"Wir haben Feindschaft gegen die Jesuslatscher! (Bezieht sich wohl auf Sandalen und lange Haare der Jugendbewegten.) Da sind die Gewerkschaftsbonzen drin! Nur die K.J. hat Freundschaft mit uns, wir grüßen uns, wir haben denselben Haß gegen die S.A.J., die wird von den Herren Bonzen bezahlt!"[1]

Dieser Haß erklärt sich wohl vor allem aus der Haltung, die die SAJ zum FAD einnahm.[2]

Auskünfte über die Einstellung der Wilden Cliquen zu anderen politischen Gruppierungen finden sich auch in ihren Liedtexten:

"Grün-weiß-grün sind unsere Farben, grün-weiß-grün ist unser Stolz. Wenn wir Latscher sehn, denn jibt et Keile, wenn wir Nazis sehn, denn jibt's Kleinholz."[3]

Die letzte Zeile gibt das Verhältnis der Cliquen zu den Faschisten - hier vor allem der HJ - deutlich wieder.

----

1) Aus dem Bericht eines Cliquenmitglieds. Staewen-Ordemann, S. 129.
2) Vgl. Kapitel 3.6. dieser Arbeit.
3) Staewen-Ordemann, S. 126.

"Ihre Kampfentschlossenheit war bei den Nazis
gefürchtet und trug dazu bei, daß sie von diesen
als Erzfeinde wahrgenommen wurden /.../. Teilweise gehörten die Cliquenjugendlichen auch
'Häuserschutzstaffeln' an und verteidigten
die Straßen gegen den Terror der Nazis. Eine
beliebte Waffe waren mit Blei gefüllte Garten-
schläuche. Schußwaffen waren verpönt, auch
Messer wurden selten benutzt."1)

Das entschlossene Vorgehen der Cliquen bildete
- integriert in die Solidarstrukturen der
Arbeiterviertel - einen wesentlichen Beitrag
zur Verhinderung einer ständigen Präsenz der
SA und HJ in den Arbeitervierteln und begrenzte
damit auch die propagandistischen und terrori-
stischen Einflußmöglichkeiten der Faschisten.2)

Die Bedeutung, die der Widerstand der Wilden
Cliquen für die Faschisten spielte, wird aus
der zentralen Stellung ersichtlich, die der
Roman "Hitlerjunge Quex"3) in der HJ-Propaganda
einnahm.

In dem Roman wird - vor dem Hintergrund der
Auseinandersetzungen zwischen einer Wilden
Clique und einer HJ-Gruppe, die im Viertel
der Clique Fuß zu fassen versucht - dem Leben
in der Wilden Clique das in der HJ gegenüber-
gestellt:

"Die Clique wirkt als die 'gemeine' und 'pro-
letenhafte' Reaktion auf die schlechten Verhältnisse, der eine Zukunft entgegengesetzt
wird, die die Misere des Proletenlebens hinter
sich lassen soll. Für diese Zukunftsvision muß
freilich der proletarische Junge das 'freie
Leben' in der Clique aufgeben und es dem geord-
neten Leben in der nationalsozialistischen
Organisation opfern: Faschismus gegen Selbstorganisation."4)
----
1) Wilde Cliquen, S. 22. Vgl. auch ebd., S. 39
   und Liebel/Lessing 1980, S. 396.
2) Vgl. Liebel/Lessing 1980, S. 298.
3) Karl Alois Schenzinger, Hitlerjunge Quex, Roman,
   Berlin 1932.
4) Liebel/Lessing 1980, S. 402.

4.5. Gesellschaftspolitische Bedeutung der Wilden Cliquen

Die solidarischen Handlungszusammenhänge der Wilden Cliquen eröffneten ihren Mitgliedern ansatzweise die Möglichkeit, ihre aktuellen Interessen zu verwirklichen, ihre Identität zu bewahren und Widerstand gegen unterdrückende Lebensbedingungen und Instrumentalisierungsversuche ihrer Umwelt zu organisieren.[1]

Diese Lebenspraxis setzt den Bruch mit dem bürgerlich-kapitalistischen Norm- und Wertsystem voraus. Da diese Werte aber zum Teil auch in den proletarischen Lebenszusammenhängen reproduziert wurden, setzten sich die Cliquen auch in Opposition zu den Wertmustern ihrer Eltern und denen der Arbeiterorganisationen:

"Penner nennen uns die Leute,
Penner sind wir lange nicht,
Denn wir haben noch ne Bleibe,
Mutter Grün verläßt uns nicht.
Meister, jib uns die Papiere,
Meister, jib uns unser Jeld,
Denn das Stempeln is uns lieber,
Als das Schuften auf der Welt."[2]

Trotz dieser unterschiedlichen Vorstellungen von Lebensperspektive und Arbeitsmoral, waren die Cliquenjugendlichen in den Strukturen ihres Milieus verwurzelt und beteiligten sich

---

[1] Vgl. Wilde Cliquen, S. 16.
[2] Text eines Cliquenliedes, zit. nach Staewen-Ordemann, S. 127.

an der Abwehr äußerer Feinde. Dies reichte
von der Verzögerung von Exmittierungen bis
hin zum Kampf gegen die Faschisten:

"Wenn der Gerichtsvollzieher die Möbel aus
einer Wohnung holen ließ, trugen meine Freunde
und ich sie wieder zurück, was das ganze
Verfahren um einige Wochen verlängerte."1)

"Nebenbei war ich in der Häuserschutzstaffel
in der Langestraße. Wir verteidigten die
Straße gegen die Übergriffe der Nazis."2)

Den kommunistischen Organisationen, an deren
Aktionen sich die Cliquen vorwiegend beteiligten,
gelang es nicht, die Cliquenjugendlichen in
ihre Verbände zu integrieren. Ihre abstrakt
begründete Disziplin stand den Lebensbedürf-
nissen der Cliquenjugendlichen entgegen.

Da die Lebenspraxis der Wilden Cliquen, ihre
"Fahrten" und "Lager" sich nicht mit regel-
mäßiger Lohnarbeit - die ohnehin kaum vorhanden
war - vereinbaren ließ, waren sie für ihren
Lebensunterhalt auf Tätigkeiten angewiesen,
die jenseits regulärer Lohnarbeit lagen,
wodurch sie sich

"/.../ auf einem schmalen Grat zwischen einem
Leben innerhalb und außerhalb der Legalität
bewegten /.../"3).

Diese "Gratwanderung" und das auffällige, gegen
die Normen verstoßende Verhalten der Cliquen-
----
1) Wilde Cliquen, S. 39.
2) Ebd.
3) Ebd., S. 27.

jugendlichen erleichterten ihre Kriminalisierung und Diffamierung.

Die eigentliche Ursache für diese Kriminalisierung und Diffamierung ist nicht in den jeweiligen Delikten der Jugendlichen zu sehen, sondern in der Gefährdung, die die Lebenspraxis der Wilden Cliquen für die herrschende Ordnung darstellte, zumal die Verbreitung der Cliquen eine steigende Tendenz hatte.[1]

Diese Gefährdung manifestierte sich vor allem in drei Aspekten der Lebenspraxis der Wilden Cliquen:

- Die radikale Ablehnung des herrschenden Ordnungs- und Normensystems, insbesondere die Ablehnung der bürgerlich-kapitalistischen Arbeitsmoral.

- Die aktive Teilnahme der Wilden Cliquen am Widerstand gegen staatliche und faschistische Repression.

- Die gleichzeitige Autonomie der Wilden Cliquen gegenüber den traditionellen Organisationen der Arbeiterbewegung.

Im Zusammenhang mit den Funktionen des FAD wurde auf das besondere Interesse der Herrschenden an der Aufrechterhaltung der Arbeitsmoral bei den

---

[1] "Es braucht wohl kaum mehr erwähnt zu werden, welch schwere Gefahr der Ansteckung diese Cliquen für alle herumlungernden arbeitslosen Jungen und Mädchen sind." Staewen-Ordemann, S. 137.

arbeitslosen Jugendlichen hingewiesen; es bildete
die Voraussetzung für eine reibungslose Integration der Jugendlichen in den Produktionsprozeß nach Überwindung der Krise.

Bei den Cliquenjugendlichen war diese Integration weitgehend ausgeschlossen. Darüberhinaus
führte der ökonomische und politische Druck
bei den Wilden Cliquen nicht zu Anpassung und
Resignation, sondern zum aktiven Kampf gegen
die Unterdrückung. Diese Radikalisierung der
Arbeiterjugend konnte zwar auch außerhalb der
Wilden Cliquen stattfinden, sie führte dann
aber in der Regel zur Integration in den Organisationen der traditionellen Arbeiterbewegung.
Deren hierarchische und relativ leicht zu
überschauenden Strukturen erleichterten aber
die Beeinflussung und Kontrolle bzw. Zerschlagung dieser Opposition durch den bürgerlichen
Staat; die losen Strukturen der Wilden Cliquen
standen einer solchen Kontrolle entgegen. Aus
diesen Zusammenhängen erklärt sich die Kriminalisierung und Diffamierung der Wilden Cliquen
in der Weimarer Republik als der Versuch, die
Cliquen in ihrem Lebenszusammenhang dem proletarischen Milieu zu isolieren.

Die in der zeitgenössischen Literatur und
Presse gemachten Angaben über - die Aufnahmeriten, - die "Sexualpraktiken", - die Rolle
der Mädchen in den Cliquen, - die Identität
der Cliquen mit den kriminellen Ringvereinen,
- den hohen Anteil faschistischer Cliquen,
müssen vor diesem Hintergrund in Frage gestellt
werden.

Darauf, daß die Stigmatisierung der Wilden Cliquen nicht ohne Folgen blieb, weist der Umstand hin, daß die KPD sich dagegen wehrte, daß die Wilden Cliquen in ihrer Kluft an ihren Aktionen teilnahmen.[1]

Die dargestellten Ursachen für die Kriminalisierung und Stigmatisierung der Wilden Cliquen geben aber auch einen Hinweis darauf, daß es nicht nur die Kampfentschlossenheit der Wilden Cliquen war, die das Verhältnis der Faschisten zu ihnen bestimmte:

"/.../ von nationalsozialistischer Seite wurden sie bekämpft und - anders noch als die Kommunisten - als Hauptgegner der HJ eingeschätzt."[2]

Die Durchsetzung der von den Faschisten angestrebten Gleichschaltung der Jugend mußte bei den Mitgliedern der Wilden Cliquen auf größte Schwierigkeiten stoßen.

In Interviews mit ehemaligen Cliquenangehörigen finden sich Aussagen über deren antifaschistischen Widerstand im "Dritten Reich":

"Wir waren /.../ in einem kleinen Lokal, in dem wir unsere Versammlungen abhielten bis 1935 /.../. Eines Tages wurden wir von den Nazis aufgestöbert, wo wir unsere Geheimbesprechung hatten, und sind dann ganz schön verkeilt worden. Wir hielten zusammen, von uns ist keiner abgesprungen."[3]

---

1) Vgl. Kapitel 4.4.1. dieser Arbeit. Erleichtert wurde dies durch die z.T. von den Wilden Cliquen selbst verursachte Ablehnung des Cliquenwesens in der Bevölkerung: Die Wilden Cliquen reproduzierten sich nicht selten auf Kosten anderer Notleidender. Vgl. Wilde Cliquen, S. 16.
2) Liebel/Lessing 1980, S. 396.
3) Wilde Cliquen, S. 34.

"Am 4.2.33 wurde ich von den Nazis verhaftet
und saß bis zum Oktober 33 im Knast. Ich wurde
gefoltert. Danach mußte ich Autobahnen bauen.
Im Gegensatz zu anderen Cliquenmitgliedern
wurde ich aber zur Wehrmacht eingezogen.
Ich wurde gezwungen, mich schriftlich von den
Kommunisten loszusagen. Dennoch hielt ich
lockeren Kontakt zu einigen meiner Cliquenfreunde
- auch nachdem sie schon verheiratet waren -,
wir verteilten zusammen Flugblätter und Zeitungen (Rote Fahne)."1)

Insgesamt ist der Bewertung, die Liebel und
Lessing über die Wilden Cliquen abgeben, zuzustimmen:

"Die Praxis der Wilden Cliquen kann begriffen
werden als Kampf gegen die mühselige und meist
aussichtslose Existenzsicherung durch Lohnarbeit und als alltägliche Auseinandersetzung
mit den obrigkeitlichen Institutionen /.../, die
ihrer Lebensweise nur die Gewalt des Staates
entgegensetzten. Die Wilden Cliquen waren nicht
politisch oder antifaschistisch auf Grund eines
Programms oder einer theoretisch vermittelten
linken Orientierung. Politisch waren sie vielmehr auf Grund ihrer Lebenspraxis und auf Grund
von Lebensbedingungen, die eine Integration der
Jugendlichen in die kapitalistische Arbeits-
und bürgerliche Lebenswelt verhinderten."2)

---

1) Wilde Cliquen, S. 39.
2) Ebd., S. 162.

5. Veränderung der Lebensbedingungen proletarischer Jugendlicher im "Dritten Reich"

Der Protest und Widerstand proletarischer Jugendlicher im "Dritten Reich" muß vor dem Hintergrund der Kontinuität bürgerlich-kapitalistischer Herrschaftsformen betrachtet werden.

Für eine angemessene Einschätzung dieses Widerstandes ist es jedoch notwendig, die Veränderungen aufzuzeigen, die die spezifischen Bedingungen der faschistischen Herrschaft im Alltag der Jugendlichen bewirkten.

5.1. Die soziale Lage der Arbeiterjugendlichen

Die Entwicklung der materiellen Lage der proletarischen Jugendlichen war im wesentlichen durch drei Phasen faschistischer Wirtschafts- und Machtpolitik geprägt.

Die erste Phase wurde von dem Bemühen des "Dritten Reiches" geprägt, die in der Wirtschaftskrise der Weimarer Republik entstandene hohe Arbeitslosigkeit zu beseitigen.

Mit der Verkündigung des zweiten Vierjahresplans im September 1936 wurde die zweite Phase offiziell eingeleitet. Sie war geprägt von der gesteigerten Aufrüstungs- und Kriegspolitik des "Dritten Reiches".[1]

---

[1] Vgl. Timothy W. Mason, Sozialpolitik im Dritten Reich, Arbeiterklasse und Volksgemeinschaft, Opladen 1977, S. 210 (zit.: Mason, Sozialpolitik).

Der Beginn der dritten Phase fällt zusammen
mit dem Beginn der offenen militärischen
Aggression des "Dritten Reiches".

Das Versprechen der deutschen Faschisten,
durch öffentliche Aufträge und durch Förderung privater Maßnahmen die Arbeitslosigkeit
zu beseitigen, konnte von ihnen nicht unmittelbar eingelöst werden.[1]

Es wurden daher Maßnahmen entwickelt, um die
Arbeitslosigkeit kurzfristig verringern zu
können, ohne daß die Arbeitslosen in den
erst wieder langsam anlaufenden Produktionsprozeß tatsächlich integriert werden mußten.

Die "Arbeitsbeschaffungsprogramme" sahen vor,
daß Arbeitslose als "Notstandsarbeiter" zu
Instandsetzungs- und Landeskultivierungsarbeiten herangezogen werden sollten. Die "Entlohnung" bestand aus der Arbeitslosenunterstützung, einem "Bedarfsdeckungsschein" im
Werte von 25 Mark pro Monat und einer warmen
Mahlzeit am Tag.

Die Arbeit der "Notstandsarbeit" stellte eine
hohe physische und psychische Belastung für
die Betroffenen dar. Die Arbeiten sollten
nach Möglichkeit ohne den Einsatz größerer
Maschinen stattfinden, um so möglichst viele
Arbeitskräfte beschäftigen zu können.[2]

---

1) Fritz Petrick, Zur sozialen Lage der Arbeiterjugend in Deutschland, 1933 bis 1939,
   Berlin 1974, S. 2 (zit.: Petrick).
2) Vgl. ebd., S. 3.

Der in der Weimarer Republik eingeführte FAD
wurde von den Faschisten beibehalten bzw. weiter
ausgebaut. Ebenfalls in der Tradition der Maßnahmen der Weimarer Republik zur Organisierung
der Jugendarbeitslosigkeit stand das "Notwerk
der deutschen Jugend". Die in ihm erfaßten
vierzehn bis fünfundzwanzigjährigen Arbeitslosen wurden zu vierstündiger täglicher Arbeit
bei minimaler Bezahlung herangezogen. Die im
März 1933 ins Leben gerufene "Landhilfe" sah
vor, jugendliche Arbeitslose in landwirtschaft-
lichen Betrieben unterzubringen.[1]

Wie sehr die Maßnahmen zur Verringerung der
Arbeitslosenzahlen gerade zu Lasten der Jugendlichen gingen, verdeutlicht der im Mai 1934
verordnete "Göring-Plan". Er sah vor, daß
jugendliche Beschäftigte ihren Arbeitsplatz
in den Betrieben Familienvätern zur Verfügung
stellten und statt dessen in der "Landhilfe"
oder im FAD arbeiteten. Um diese Maßnahmen
durchsetzen zu können, wurde im August 1934
eine Verordnung erlassen, die die Entlassung
bzw. die Nichteinstellung von Jugendlichen
anordnete, die nicht schon mindestens ein
Jahr im FAD oder in der "Landhilfe" gearbeitet
hatten.[2]

Da die genannten Maßnahmen den Widerstand der
betroffenen Jugendlichen hervorriefen, aber
auch bei den Erwachsenen und zum Teil auch bei
----
1) Vgl. Petrick, S. 3.
2) Vgl. Ebd., S. 12f.

den Arbeitgebern auf Mißbilligung stießen,
wurden die Arbeitsämter aufgefordert, "unbillige Härten" zu vermeiden.[1]

Mit der endgültigen Einführung der Arbeitsdienstpflicht und mit der Wiedereinführung
der allgemeinen Wehrpflicht zeichnete sich
angesichts der forcierten Rüstungsproduktion
eine Wende auf dem Arbeitsmarkt ab. Die hohe
Arbeitslosigkeit zu Beginn des "Dritten Reiches"
begann nun, in einen akuten Arbeitskräftemangel
umzuschlagen:

"1938 waren durchschnittlich nur noch 430 000
Deutsche arbeitslos gemeldet. Im Arbeitsamtbezirk Bremen betrug die Arbeitslosigkeit
bereits im Juni 1936 nur wenig mehr als 1 %."[2]

"Ende 1938 gab es in der gesamten deutschen
Wirtschaft eine Million unbesetzte Stellen."[3]

Dieser Arbeitskräftemangel ermöglichte es
den Arbeitern, ihre Verdienstmöglichkeiten zu
verbessern, indem sie ihren alten Arbeitsplatz
zugunsten einer besser bezahlten Stellung
aufgaben.

----

1) Vgl. Mason, Sozialpolitik, S. 133.
2) Peter Brandt, Antifaschismus und Arbeiterbewegung, Aufbau-Ausprägung-Politik in Bremen 1945/46, (Hamburger Beiträge zur Sozial- und Zeitgeschichte Band XI), Hamburg, 1976
3) Timothy W. Mason, Arbeiteropposition im Nationalsozialistischen Deutschland, in: Die Reihen fest geschlossen. Beiträge zur Geschichte des Alltags unterm Nationalsozialismus. Hrsg. von Detlev Peukert und Jürgen Reulecke unter Mitarbeit von Adelheid Gräfin zu Castell Rudenhausen, Wuppertal 1981, S. 293-313, hier S. 196f. (zit.: Mason, Arbeiteropposition).

"Die Fluktuation auf dem Arbeitsmarkt nahm
so stark zu, daß 1938/39 alle regelmäßig
Beschäftigten den Arbeitsplatz im Durchschnitt
einmal im Jahr wechselten."[1]

Der Arbeitskräftemangel ermöglichte aber
nicht nur individuelle Lohnverbesserungen,
sondern führte auch zur Durchsetzung kollektiver
Lohnforderungen: allein in der Zeit vom Februar
1936 bis zum Juli 1937 wurden 192 Streiks und
Arbeitsniederlegungen registriert.[2]

Da der Verlust des Arbeitsplatzes nun keine
Existenzgefährdung mehr verursachte, sank die
Arbeitsmoral in den Betrieben beträchtlich ab:
der Rückgang der Pro-Kopf-Produktivität lag
zwischen zehn und sechzig (!) Prozent.[3]

Der faschistische Staat mußte nun verstärkt
mit drastischen Disziplinar- und Überwachungs-
maßnahmen in den Produktionsprozeß eingreifen,
da durch "Bummelei", Krankfeiern und Streiks
die Produktion - und das hieß vor allem die
Rüstungsproduktion - gefährdet wurde; aber
die Faschisten erkannten auch eine andere
Gefahr:

"Der vielgepriesene Arbeitsfrieden, die hoch-
stilisierte Klassenharmonie der Volksgemeinschaft und all die anderen propagandistischen
Phrasen konnten doch nicht als gesichert gelten."[4]

---

1) Mason, Arbeiteropposition, S. 297.
2) Vgl. Ebd., S. 300.
3) Vgl. Ebd., S. 303.
4) Ebd., S. 301.

Mittels der Verordnung zur Sicherstellung
des Arbeitskräftebedarfs wurde die Dienstpflicht eingeführt und der Arbeitsplatzwechsel den Arbeitern untersagt.

"Im Sommer 1938 war das Arbeitsrecht weitgehend in Strafrecht verwandelt worden. Junge 'Bummelanten' wurden vor Gericht gestellt /.../. Bald schritt die Gestapo direkt ein und der Terrorapparat der Polizei samt seinen willkürlichen Verhaftungen, seinen Arbeits- und Konzentrationslagern wurde auf 'arbeitsscheue' und 'asoziale' Elemente losgelassen. Dies begann bereits vor dem Krieg. Eine Woche nach Kriegsbeginn meldete Himmler demonstrativ, daß ein Kommunist wegen Arbeitsverweigerung hingerichtet worden sei. Ab 1938 wurde die Aufrechterhaltung der Arbeitsdisziplin zu einer neuen Hauptaufgabe der Staatspolizei."1)

Die angespannte Lage auf dem Arbeitsmarkt verschärfte sich mit dem Beginn des Krieges drastisch:

"Zu Kriegsbeginn wurden allein aus den kriegs- und lebenswichtigen Betrieben innerhalb von 12 Tagen 640 000 Arbeiter zum Wehrdienst einberufen; und im März 1940, zu einem Zeitpunkt, da sich der gesamte ungedeckte Bedarf der Industrie allein auf dringliche Rüstungsaufträge auf 500 000 Arbeiter belief, erhöhte die Wehrmacht ihre Anforderungen für die Truppe für die nächsten 6 Monate um 750 000 Mann."2)

Die Lage der Arbeiter verschlechterte sich entsprechend. Durch den faschistischen Terror wurden die Arbeiter zu Überstunden, Sonderschichten und gesteigertem Arbeitstempo gezwungen. Die ohnehin vorhandene Bedrohung

---

1) Mason, Arbeiteropposition, S. 311.
2) Mason, Sozialpolitik, S. 225.

durch die Abstellung an die Front wurde ein zusätzliches Zwangsmittel gegen die in der Produktion verbliebenen männlichen Arbeiter.

Die gesteigerte Arbeitshetze wird aus der folgenden Tabelle ersichtlich:

Tabelle 3

Entwicklung der Unfälle im Mansfelder Kupferbergbau, 1933 bis 1944
(Unter Tage auf 100 Mann)

Zeit	Prozent Unfälle			
	Tödliche	Schwere	Leichte	Insgesamt
1933-1939	0,15	1,5	20,9	22,5
1940	0,15	1,3	24,8	26,3
1942	0,30	1,8	23,9	26,0
1943	0,19	1,5	26,1	27,8
1944	0,17	1,9	27,5	29,6
1940-1944	0,20	1,6	25,5	27,4 [1]

Die durch die Rüstungs- und Kriegspolitik bestimmte Wirtschaftspolitik im "Dritten Reich" wirkte sich auch auf die Versorgung der Bevölkerung mit Konsumgütern negativ aus:

---
1) Kuczynski, Alltagsgeschichte, S. 185.

Tabelle 4

Deutsche Industrieproduktion (1928 = 100)

	Produktions-güter	Rüstungs-produktion	Konsum-güter
1928	100	100	100
1938	136	2600	107
1944	220-240	ca. 12000	80-90
1945+)	40- 60	?	20-30

+)bis April

1)

Auf die katastrophale Versorgungslage der Bevölkerung während des Krieges braucht an dieser Stelle nicht weiter eingegangen zu werden.

Bemerkenswert aber ist, daß sich der Lebensstandard der Arbeiter auch zwischen 1936 und 1939 im Vergleich zu 1932 kaum verbesserte. Die folgende Tabelle über den Lebensmittelverbrauch verdeutlicht dies:

---

1) Kuczynski, Alltagsgeschichte, S. 65.

Tabelle 5

Verbrauch von Lebensmitteln pro Kopf der Bevölkerung (kg)

Ware	1932	1938
Fleisch	42,1	47,5
Eier (Stück)	138	124
Fisch	8,5	11,9
Käse	5,2	5,5
Milch (Liter)	120	125
Butter	7,5	8,8
Margarine und andere synthetische und Pflanzenfette	11,9	9,7
Schweinefett	8,5	8,3
Fette insgesamt	27,9	26,8
Weizenmehl	44,6	51,9
Roggenmehl	53,5	53,0
Reis	2,9	2,4
Kartoffeln	191,0	182,9
Protein insgesamt	292,0	290,2
Gemüse	47,3	47,0
Obst	38,8	27,3
Gemüse und Obst insgesamt	86,1	74,3

[1)]

Die durch den Arbeitskräftemangel bedingte Verbesserung der Einkommen der Arbeiter schein im Widerspruch zu dieser Entwicklung zu stehen. Doch gerade die gestiegenen Löhne liefern einen Erklärungsansatz:

---

1) Kuczynski, Alltagsgeschichte, S. 66.

Ein großer Teil der Landarbeiter wanderte in die weitaus besser bezahlende Rüstungsproduktion ab. Dies führte zur Verknappung der Lebensmittel und zu steigenden Löhnen in der Landwirtschaft.[1]

Parallele Entwicklungen fanden im Wohnungsbau statt[2]; er ging schon ab 1937 stark zurück und läßt ein Ansteigen der Mieten und damit einen weiteren Faktor der Verschlechterung der Reproduktionsbedingungen der Arbeiter vermuten:

Tabelle 6

Reinzugang an Wohnungen, 1929 und 1932 bis 1939

Jahr	Zahl
1929	317682
1932	141265
1933	178038
1934	283995
1935	241032
1936	310490
1937	320057
1938	285269
1939	206229

[3]

---

1) Vgl. (in etwas anderem Zusammenhang) Mason, Sozialpolitik, S. 219.
2) Vgl. ebd.
3) Kuczynski, Alltagsgeschichte, S. 388.

Insgesamt ist festzustellen, daß sich die
Lebensqualität der Arbeiter und damit auch
die der proletarischen Kinder und Jugendlichen
im Verhältnis zur Weimarer Republik nicht
verbessert hatte.

Der Bruttoverdienst der Arbeiter hatte sich
zwar ab 1935 erhöht, jedoch nicht so sehr
aufgrund gestiegener Stundenlöhne, sondern
aufgrund der schon ab 1933 einsetzenden
Arbeitszeitverlängerung:

"Die Zahl der geleisteten Arbeitsstunden
stieg bis 1938 doppelt so stark wie die
Zahl der Beschäftigten."1)

Das Ansteigen der Bruttolöhne wurde aber
durch verschiedene, in der Wirtschafts- und
Sozialpolitik des "Dritten Reiches" begründeten,
Faktoren mehr als aufgehoben:

"Die umfangreichen Abzüge, die von ca. 10 %
auf ca. 20 % der gesamten Lohnmasse anwuchsen,
das gegenüber den Tariflöhnen stärkere Steigen
der Lebenshaltungskosten und die infolge der
nationalsozialistischen Wirtschaftspolitik
auftretende Verschlechterung der Warenquali-
tät bei Konsumgütern /und deren Verknappung
und Verteuerung/ reduzierten dieses bescheidene
Mehreinkommen /.../, so daß die Realstundenlöhne
auf jeden Fall erheblich unter der am Ende der
Prosperitätsphase 1928/29 erreichten Höhe
blieben."2)

---
1) Brandt, S. 27.
2) Ebd.

Das durchschnittliche wöchentlich verfügbare
Realeinkommen des Industriearbeiters betrug
(nach Schätzungen) nicht mehr als 90 - 91 %
des Einkommens von 1928.[1]

Tabelle 7

Index der Reallöhne (1936 = 100)

1933	105,1
1937	100,1
1938	99,3

[2]

Darüber hinaus hat es sich gezeigt, daß die
Arbeiterjugendlichen durch Zwangsarbeit, Militärdienst und Arbeitszeitverlängerung in ihrer
Freiheit stark eingeschränkt wurden. Seit
Kriegsbeginn verschlechterten sich die Arbeitsbedingungen in den Betrieben (Arbeitshetze)
erheblich.

---

1) Brandt, S. 27.
2) Faschismus, Renzo Vespignani, hrsg. von
   der Neuen Gesellschaft für Bildende Kunst
   und dem Kunstamt Kreuzberg, Berlin 1976,
   S. 16.

5.2. HJ und ihr Anspruch als totale Erziehungsinstanz

Mit dem Gesetz über die Hitler-Jugend im Dezember 1936 wurde der Anspruch der HJ auf die gesamte, das hieß "körperliche, geistige und sittliche" Erziehung aller Jugendlichen, soweit sie außerhalb von Schule und Elternhaus lag, rechtlich abgesichert.[1]

Damit vervollständigten die Faschisten ihr Gesamterfassungssystem, mit dem sie ihren Totalitätsanspruch auf die Organisation des Jugendlebens durchsetzen wollten: Hitler-Jugend, Reichsarbeitsdienst und Wehrmacht.[2]

Offiziell wurde zwar weiterhin auf das "Freiwilligkeitsprinzip" der HJ verwiesen, aber im Alltag zeigte sich bereits, wie ernst es der HJ mit ihrem Alleinerziehungsanspruch war: Jugendliche, die nicht in der HJ organisiert waren, mußten in der Schule und bei der Lehrstellensuche mit Benachteiligungen rechnen.[3]

Der Schein von "Freiwilligkeit" wurde im März 1939 auch offiziell aufgegeben:

"Die 2. Durchführungsverordnung, auch Jugenddienstordnung genannt, leitete aus dem HJ-Gesetz von 1936 eine alle Jungen und Mädchen zwischen 10 und 18 Jahren betreffende Jugenddienstpflicht ab, die öffentlich-rechtlichen Charakter trug und nunmehr gleichgeordnet neben Arbeitsdienst- und Wehrdienstpflicht trat."[4]

---

1) Vgl. Arno Klönne, Jugend im Dritten Reich, Die Hitler-Jugend und Ihre Gegner, Dokumente und Analysen, Köln 1982, S. 28f. (zit.: Klönne, 1982)

2) Vgl. Arno Klönne, Hitlerjugend und Jugendopposition im Dritten Reich, in: Aus Politik und Zeitgeschichte, Beilage zur Wochenzeitung "Das Parlament", B 4-5/83, 29. Januar 1983, S. 17-25, hier S. 18 (zit. Klönne 1983)

3) Vgl. Klönne, 1982, S. 25

4) Ebd., S. 36

Die Funktion der HJ für die faschistische Vergesellschaftung wird in vielen Darstellungen überbewertet. Der zunehmende Zwangscharakter der faschistischen Jugenderziehung und der Versuch der Fremdbestimmung der Jugendlichen riefen bei vielen von ihnen oppositionelles Verhalten, gerade gegenüber der HJ hervor.[1]

Im Rahmen dieser Arbeit sollen hier nur solche Aspekte aufgegriffen werden, die für das Verhältnis proletarischer Jugendlicher zur HJ relevant waren.[2]

Hatten die Arbeiterjugendlichen in der Weimarer Republik noch Freiräume außerhalb der Arbeit bzw. als arbeitslose Jugendliche, so wurden diese bei den arbeitslosen durch die zunehmende Zwangsarbeit und für alle durch die HJ beschnitten. Zwar machte die HJ auch Fahrten, jedoch unter folgendem Konzept:

"Mit 10 Jahren kommt der Jugendliche zu uns und verläßt die HJ mit 18 Jahren wieder. In dieser Zeitspanne erfaßt ihn ein Plan wohldurchdachter Schulung ... und Ertüchtigung, der bei seinem Eintritt in die HJ genau so festliegt, wie bei seinem Eintritt in die Schule der Lehrplan ... Der Plan darf nicht nur die bloße Organisation schaffen, sondern er muß auch den ganzen Dienst bis hinunter zu der kleinsten Einheit umschließen."[3]

---

1) Vgl. ebd., S. 142

2) Das Nachfolgende orientiert sich weitgehend an Klönne, 1982. Weitere umfassende Darstellungen zur HJ· finden sich bei: Werner Klose, Generation im Gleichschritt, Oldenburg 1982; Hannsjoachim W. Koch, Hitlerjugend, München 1981 (zit. Koch); Hans-Christian Brandenburg, Die Geschichte der HJ, Wege und Irrwege einer Generation, Köln 1982; Arno Klönne, Gegen den Strom, Ein Bericht über die Jugendopposition im Dritten Reich, Hannover - Frankfurt/M. 1958 (zit. Klönne, Gegen den Strom)

3) HJ - Führerdienst des Gebiets Mecklenburg, Ausgabe November 1938, zit. nach Klönne 1982, S. 55

Entsprechend gestalteten sich die Fahrten und
Übungen der HJ.

"Neben der körperlichen Ertüchtigung hatten
quasi-militärische Ordnungsübungen, Marschdienst
von Einheiten, 'Antreten', Exerzierübungen, Appelle
und ähnliches bevorzugten Platz; sie dienten
der Durchsetzung einer militärähnlichen Formal-
disziplin. Betätigungen dieser Art gaben auch
den zahlreichen Lagern und Fahrten der HJ das
Gepräge."1)

Mit der Reglementierung der HJ-Fahrten und des
HJ-Lagerlebens gingen das Verbot des "Trampens"
als kostenlose Fahrtmöglichkeit, die Verfolgung
und Überwachung der Fahrtentätigkeit durch den
Aufbau eines HJ-Streifendienstes und die Einführung
einer Genehmigungspflicht für Fahrten durch die
HJ-Führung einher. Der Dienstcharakter der HJ
nahm bis zum Krieg hin zu, indem die anfänglich
noch häufigen Fahrten zunehmend eingeschränkt wurden zugunsten von:

"/.../ Sammlungen, /der/ Teilnahme von HJ-
Einheiten an Propagandaveranstaltungen der Partei,
/dem/ Ernteeinsatz /... und / vielfältigen
Kriegseinsätze /n /."2)

Dieser Zwangscharakter der HJ erzeugte sicherlich den größten Widerstand bei proletarischen
Jugendlichen. Sie waren es gewohnt in der Weimarer Republik eben auf ihren Fahrten und in
ihren Cliquen Freiräume zu besitzen, die sie
selbständig gestalten konnten.

Zu dem kam die bereits beschriebene Arbeitshetze und Disziplinierung am Arbeitsplatz hinzu,
besonders in den Kriegsjahren, aus der die
Jugendlichen wenigstens in ihrer Freizeit entfliehen wollten. Dazu aber bot die HJ keine Möglichkeiten.

----
1) Klönne, 1982, S. 57
2) Ebd., S. 59; vgl. auch ebd., S. 57ff.

Mit der unterschiedlichen Klassenlage der verschiedenen HJ-Angehörigen hing auch deren Verhältnis zur HJ zusammen. Konnte es einem bürgerlichen Jugendlichen durchaus attraktiv erscheinen, dem Elternhaus in den Fahrten, so reglementiert sie auch waren, wenigstens ein klein wenig zu entkommen, lag darin für die Arbeiterjugendlichen kein Reiz, da ihre Bindung an die Eltern nie so eng gewesen war. Neben diesem, für bürgerliche Jugendliche tendenziellem Loslösungsprozeß war aber ein weiterer wichtiger Grund, auch die Möglichkeit in der HJ-Führung aufzusteigen.

"Viele Jugendliche standen dem HJ-Dienst überhaupt nur durch, weil sie auf Beförderung hofften. Einer von ihnen meint heute, 'daß es begeisterte Hitlerjungen überhaupt nicht gab. Es gab nur begeisterte Hitlerjugendführer.'"1)

Die Möglichkeit HJ-Führer zu werden, konnte von proletarischen Jugendlichen nur sehr beschränkt genutzt werden. Für die ehrenamtlichen Tätigkeiten fehlten ihnen aufgrund ihrer zunehmend verlängerten Arbeitszeiten und für die hauptamtlichen Führungspositionen innerhalb der HJ kamen fast nur Gymnasiasten oder ähnlich ausgebildete Jugendliche mit bestimmten Voraussetzungen infrage:

"/.../ Wehrdienst (im Kriege Frontbewährung), Parteimitgliedschaft, Kirchenaustritt, Nachweis arischer Abstammung, HJ-Leistungsabzeichen, Absolvierung der eigentlichen HJ-Führerausbildung, Tätigkeit in einer Gebietsführung und einjähriger Besuch der Akademie für Jugendführung in Braunschweig."2)

---

1) Leben im Dritten Reich, hrgs. von Bundeszentrale für politische Bildung, Bonn 1981, S. 5
2) Klönne 1982, S. 67f.; vgl. auch ebd. S. 131

So stand den Arbeiterjugendlichen die HJ in
doppelter Form als Klassenorganisation gegenüber.
Einmal als Reglementierung der wenigen wirklich
freien Zeit außerhalb der Arbeit[1] und zum zweiten
in Gestalt kaum älterer Gymnasiasten,die ihnen
Befehle erteilten,selber aber nicht arbeiten mußten.
Trat ihnen im Betrieb der Vorgesetzte als Verkörperung
des kapitalistischen Zwangs gegenüber,so war
es in der HJ der Bürgersohn.

Aus diesen Gründen konnte die weltanschauliche
Schulung der Volksgemeinschaftsideologie bei den
proletarischen Jugendlichen auch nicht fassen.
Denn wer tagtäglich Arbeitshetze,Gestapo-Einsätze
und Zwang durch Vorgesetzte im kapitalistischen
Betrieb erlebte,konnte nicht plötzlich an eine
einzige,große Volksgemeinschaft glauben.

Insgesamt gesehen blieb den Arbeiterjugendlichen
dort wo

"/ ... 7 der NS-Staat das überkommene Milieu
der Arbeiterbewegung / ... 7 nicht völlig hatte
verdrängen könne/ n 7"[2]

nur die Möglichkeit sich in wilden Cliquen selbst
zu organisieren,um ihren Wünschen nach selbstbestimmter
Freizeit gerecht werden zu können.

---
[1] "/ ... 7 die soziale Ungleichheit der Jugendlichen machte sich auf Grund des Bildungsprivilegs der herrschenden Klassen vor allem in der höchst unterschiedlich bemessenen Freizeit bemerkbar. / ... 7 Der Sonnabend jeder Woche war für die Angehörigen der HJ nur unterrichts-, jedoch nicht arbeitsfrei." (Petrick, S. 35)
[2] Klönne, 1983, S. 23

"Die 'wilden Gruppen' waren eine jugendgemäße
Reaktion auf die innere Entwicklung der HJ und
ihres Jugendpflichtdienstes, der dem Bedürfnis
nach jugendlicher Selbstbestimmung in Kleingruppen immer weniger Lebensraum beließ."[1]

----
1) Klönne, 1983, S. 24

6. Arbeiterjugendcliquen im "Dritten Reich"

Das massenhafte Auftreten proletarischer Jugendcliquen und Jugendbanden im "Dritten Reich" wird in der Forschung bisweilen als "Phänomen" dargestellt.[1] Eine solche Begriffswahl läßt vermuten, daß ein qualifizierter Erklärungsansatz für die Selbstorganisation zahlreicher Arbeiterjugendlicher in Cliquen während der faschistischen Herrschaft fehlt.

Der Begriff Phänomen steht für Ungewöhnliches, Überraschendes, nicht Erwartetes. Die Cliquenverbreitung im "Dritten Reich" und ihr Widerstand ist aber nicht nur als eine phänomenologische Erscheinung zu betrachten, sondern weist auf die Probleme faschistischer Sozialisationspraxis bei einer starken Minderheit von Arbeiterjugendlichen.

Der Nationalsozialismus selbst schürte durch seinen totalen Integrationsanspruch, durch seine Repressionsmaßnahmen und erst recht durch die von ihm verursachten Bedingungen des Kriegsalltags das Bedürfnis zur Bildung von unabhängigen Jugendcliquen, die in Opposition zur Hitlerjugend und faschistischem Regime standen.[2]

Arbeiterjugendcliquen waren im "Dritten Reich" weder eine sporadische Erscheinung, noch waren sie örtlich begrenzt. Diese Erkenntnis läßt sich aus der Aufmerksamkeit ableiten, mit der die

---

1) Vgl. Peukert, Edelweißpiraten, S. 13. Daß Peukert die Cliquenbewegung als vielschichtiges Phänomen bezeichnet, verwundert, da gerade dieser Autor eine brauchbare Darstellung und Analyse der Cliquen leistet.

2) Vgl. Detlev Peukert und Michael Winter, "Edelweißpiraten" in Duisburg, Eine Fallstudie zum subkulturellen Verhalten von Arbeiterjugendlichen unter dem Nationalsozialismus, in: Duisburger Forschungen, hrsg. vom Stadtarchiv Duisburg in Verbindung mit der Mercator-Gesellschaft (Schriftenreihe für Geschichte und Heimatkunde Duisburg), Bd. 31, 1982, S. 247-275, hier S. 261 (zit.: Peukert/Winter).

nationalsozialistischen Behörden die Cliquen bedachten. Die "Gegen"darstellungen im internen Schriftverkehr zwischen Hitlerjugend und Gestapo, die sich bis zum Kriegsende verschärfenden Verfolgungsmaßnahmen und Verurteilungen und der ständig zunehmende Zwang zur Erfassung von Jugendlichen geben einen Eindruck von der Bedeutung, die die Nationalsozialisten dem Auftreten der Cliquen beimaßen.[1]

Die Denkschrift der Reichsjugendführung vom September 1942 über die Cliquen-und Bandenbildung bezeugt eindrucksvoll Verbreitung und Einfluß der Cliquen im gesamten Reichsgebiet.[2]

Die Reichsjugendführung differenzierte innerhalb der Cliquen zwischen Cliquen mit vorwiegend krimineller Tätigkeit, Cliquen mit ideologisch gegnerischer Einstellung und Cliquen, die den sogenannten "Gefährdetengruppen" zugezählt wurden.

Mit der dritten Kategorie bezeichnete die Reichsjugendführung solche Cliquen, die sehr wohl ablehnend dem nationalsozialistischen Staat gegenüberstanden, aber kein klares politisches Konzept erarbeitet hatten.

---

1) Vgl. Arno Klönne, Erziehung im Faschismus/ Hitlerjugend, Die HJ-Erziehung neutralisierte große Teile der Jugend; Aber sie weckte auch Widerstand, - Gegen die Verklärung des organisierten Jugendlebens im Faschismus, in: päd. extra, 6, 1979, S. 43-46, hier S. 46 (zit.: Klönne, 1979).

2) Cliquen- und Bandenbildung unter Jugendlichen, Denkschrift der Reichsjugendführung, September 1942 (Bundesarchiv Koblenz /zit.: BA/ Reichsjustizministerium /zit.: R/, R 22/1177, Bl. 325-395), in: Peukert, Edelweißpiraten, S. 160-229 (zit.: Cliquen- und Bandenbildung, Reichsjugendführung 1942, in: Peukert, Edelweißpiraten).

Des weiteren gehörten in diese Kategorie all
die Jugendlichen, die sich gelegentlich zu
Freundescliquen in Schule, Betrieb etc. oder
zu Straßenbanden in ihrem Viertel zusammenschlossen.[1]

Zu den "Gefährdetengruppen" zählte ebenfalls
die sogenannte Swing-Jugend, die ihre soziale
Basis in der gehobenen Mittelschicht hatte.
Im Gegensatz zu den Arbeiterjugendcliquen war
die Swing-Jugend ausgesprochen unpolitisch.
Jedoch war ihre offen zur Schau getragene Gleichgültigkeit gegenüber nationalsozialistischen
Parolen und Phrasen Grund genug für Repressionen
des nationalsozialistischen Staates.[2]

Die Differenzierungen und die Zuordnung der
Jugendcliquen in die oben angeführten Kategorien macht deutlich:

Alle Jugendlichen, die sich außerhalb der Hitlerjugend zu Gruppen Gleichaltriger zusammenfanden, und sei es auch nur zum Zwecke gemeinschaftlicher Freizeitgestaltung oder um der
Vereinzelung zu entgehen, galten als potentielle
Gegner des Nationalsozialismus.

---

1) Vgl. Cliquen- und Bandenbildung, Reichsjugendführung 1942, in: Peukert, Edelweißpiraten, S. 162f.
2) Zum Verhalten der Swing-Jugend im "Dritten Reich" siehe Detlev Peukert, Edelweißpiraten, Meuter, Swing, Jugendsubkulturen im Dritten Reich, in: Sozialgeschichte der Freizeit, Untersuchungen zum Wandel der Alltagskultur in Deutschland, hrsg. von Gerhard Huck, Wuppertal 1980, S. 307-327, hier S. 319-322 (zit.: Peukert, Freizeit). Siehe auch derselbe, Heinrich Himmler und der Swing, in: Journal für Geschichte 2, 1980, Heft 6, S. 53-56.

Damit waren die Konfliktfelder zwischen nationalsozialistischem Staat und Jugendcliquen vorgegeben. Mit der Behinderung ihrer selbstbestimmten Freizeitgestaltung nahm bei vielen Jugendlichen eine Entwicklung ihren Anfang, die sie zunächst die Solidarstrukturen der Cliquen suchen ließ. Die ständige Behinderung und Kriminalisierung des Cliquenlebens trieb sie dann in eine konsequente Antihaltung gegenüber dem nationalsozialistischen Staat.

Die von der Reichsjugendführung getroffene Unterscheidung zwischen kriminellen und ideologisch ausgerichteten Gruppen ist für das Verständnis von Arbeiterjugendcliquen ohne Bedeutung. Diese Differenzierung scheint eher dem Zweck gedient zu haben, die Cliquenzugehörigkeit der Jugendlichen strafrechtlich sanktionierbar zu machen und das Sozialverhalten der Cliquenmitglieder als kriminell definieren zu können.[1]

Daß der Versuch der strikten Trennung zwischen sogenannten "kriminellen" Cliquen und Gruppenzusammenschlüssen mit anderweitiger Grundhaltung auf die Schwierigkeiten der Verfolgung der Cliquen durch die Jusitzbehörden zurückzuführen ist, beweist der Lagebericht der Reichsführung der Hitlerjugend vom Jahre 1941. Dort zog man nicht die Trennlinie innerhalb der Cliquenbewegung, sondern sah gerade die Zusammenhänge zwischen "kriminellen" und politisch oppositionellen Cliquen.

---
1) Vgl. Peukert/Winter, S. 251f.

"Die **politisch - oppositionellen** Gruppen sammeln sich meist um bündische oder marxistische Elemente und erfassen im wesentlichen Jugendliche, die der Hitler-Jugend bisher nicht angehört haben oder aus der Hitler-Jugend ausgeschieden oder ausgeschlossen wurden. Sie vertreten gleichzeitig staats- und HJ.-feindliche Ideen verschiedener Art (bündische, marxistische, konfessionelle). Beiden Gruppen ist die ablehnende Haltung zur Hitler-Jugend, wie überhaupt die Neigung, sich keinerlei Gemeinschaftserziehung zu beugen, eigentümlich. Es handelt sich also bei beiden um asoziale Erscheinungen. Zwischen den politisch-oppositionellen und den kriminell-asozialen Tendenzen kommt es daher zu Wechselwirkungen. Die kriminell-asozialen Gruppen erhalten sehr bald auch eine HJ.-feindliche und damit politisch-oppositionelle Richtung, während die aus politisch-oppositionellen Tendenzen entstandenen Gruppen stets auch im Asozialen landen. Daher lassen sich beide nicht völlig auseinanderhalten."1)

Generell ist anzumerken, daß als "kriminell" oder "asozial" im "Dritten Reich" alles definiert wurde, was in irgendeiner Weise nicht den Normen und Erziehungsvorstellungen, den politischen Zielen und Voraussetzungen des "Dritten Reichs" entsprach. Abgesehen davon mußten Jugendliche, vom faschistischen Repressionsapparat in die Illegalität gezwungen, Eigentumsdelikte begehen, um überhaupt überleben zu können.

Aus diesen Gründen kann bei der Beschreibung der Cliquen nicht zwischen "kriminellen" und politischen Gruppierungen unterschieden werden. Eine Aufrechterhaltung dieser Unterscheidung wäre eine der nationalsozialistischen Rechtssprechung verbundene Diffamierung der Jugendproteste im "Dritten Reich".

---

1) Kriminalität und Gefährdung der Jugend, Lagebericht der Reichsjugendführung bis zum Stande vom 1. Januar 1941, in: Jugendkriminalität und Jugendopposition im NS:Staat, Ein sozialgeschichtliches Dokument, hrsg. und eingeleitet von Arno Klönne /Nachdr. d. Ausg.7, 1941, Münster 1981, S. 121f. (zit.: Lagebericht der Reichsjugendführung bis zum 1. Januar 1941, in: Klönne).

6.1. Das Ausmaß der Cliquenbewegung

Die Arbeiterjugendcliquen waren im Reichsgebiet unterschiedlich stark vertreten, wobei ihr Auftreten besonders in den Regionen auffällig war, in denen die Arbeiterbewegung vor 1933 starken Rückhalt innerhalb der Bevölkerung hatte. In diesen Regionen widersetzte sich die Jugend eher der faschistischen Sozialisationspraxis als in vorwiegend von bürgerlicher Bevölkerung bestimmten Gegenden.[1]

So nahm die Anzahl der Cliquen in den letzten Jahren der faschistischen Herrschaft im Ruhrgebiet ein derartiges Ausmaß an, daß sie vom Staatsapparat letztlich nicht mehr unter Kontrolle zu bringen waren. Die Ausbreitung der Cliquen begann in diesen Gebieten nicht erst im Krieg, sondern auch in der Vorkriegszeit, als die Konsolidierung des Faschismus bereits abgeschlossen war. So berichtet die Gestapo Düsseldorf bereits am 10. Dezember 1937, daß schon in den Jahren zuvor

"/.../ in fast allen Orten des Westens und besonders im Ruhrgebiet ein meistens loser Zusammenschluß von Jugendlichen festgestellt werden /konnte/, der über den sonst üblichen Rahmen (Eckenstehen in den Abendstunden usw.) hinausging. Die Entwicklung dieser Gruppen in politischer und sittlicher Hinsicht kann nicht mehr als sogenannte Einzelerscheinung angesehen werden. Sie treibt immer stärker in eine Richtung, die nicht nur der Beachtung, sondern auch der Bekämpfung bedarf."[2]

---
1) Vgl. Arno Klönne, Jugend im Dritten Reich, Jugendbewegung, Hitlerjugend, Jugendopposition, in: Journal für Geschichte, 2, 1980, Heft 3, S. 14-18, hier S. 17 (zit.: Klönne, Journal). Vgl. auch Matthias von Hellfeld, Edelweißpiraten in Köln, Jugendrebellion gegen das 3. Reich, Das Beispiel Köln-Ehrenfeld, Köln 1981, S. 31 (zit.: Hellfeld).

2) Bericht der Gestapo Düsseldorf vom 10.12.1937 (Hauptstaatsarchiv Düsseldorf, Gestapo-Personalakten /zit.: HStA-Dü-G/, in: Peukert, Edelweißpiraten, S. 28-30, hier S. 28.

Auch im Rheinland und hier besonders in
Düsseldorf, Köln und Krefeld ist die Existenz
der Cliquen schon weit vor Ausbruch des 2.
Weltkrieges belegt.[1] In Köln hat sich die
HJ schon 1937 nicht mehr gegen die Cliquen
durchsetzen können.

"Es ist nicht möglich, wenn 10-15 Jgg. des
Weges kommen mit denen fertig zu werden, da
sie in Rudeln von 30-40 sogar Samstag den 25.9.
mit 80 Vagabunden am Manderscheiderplatz standen.
Setzt man eine Streife ein, so verschwindet
alles, um bei der nächsten Gelegenheit einen
der unsrigen Jg. zu belästigen oder zu ver-
prügeln."[2]

Die traditionellen Arbeiterdomänen wie Leipzig,
Dresden, Erfurt und Halle in Sachsen und
Thüringen galten als weitere Hochburgen der
Cliquen schon ab 1936/37. Zum Auftreten der
Cliquen in Leipzig berichtet die Denkschrift
der Reichsjugendführung vom September 1942:

"In Leipzig traten im Jahre 1937 Gruppen jugendlicher Personen, die sich nach Art der
früheren 'Bündischen Jugend' einheitlich
kleideten, in immer größerer Zahl in Erscheinung. /.../ Die Meuten /Bezeichnung für die
Cliquen in Leipzig/ trafen sich in den Außen-
bezirken der Stadt auf Straßen oder Plätzen,
die während der Systemzeit den marxistischen
Gruppen als Treffpunkt gedient hatten oder
auf den Hauptverkehrsstraßen der Innenstadt.
Gegen die Mitglieder der Hitler-Jugend nahmen
die Meuten eine feindliche Haltung ein. /.../

---
1) Vgl. Artikel der Rheinischen Landeszeitung
vom 15.2.1936 (Ausschnitt in HStA-Dü-G 61468),
in: Peukert, Edelweißpiraten, S. 31f.
2) Schreiben der Hitler-Jugend Gefolgschaft
13/217 Köln-Klettenberg (HStA-Dü, Zweigarchiv Kalkam, Rep. 17/393, Az 19 Js 108/37).
Vgl. auch Dieter Hehr und Wolfgang Hippe,
Navajos und Edelweißpiraten, Zum Jugendwiderstand im 3. Reich, in: päd. extra Sozialarbeit,
2, 1978, S. 42-44, hier S. 43 (zit.: Hehr/
Hippe).

Die Gesamtzahl der Meuten-Angehörigen in
Leipzig betrug nach vorsichtigen Schätzungen
zuletzt etwa 1500."1)

Trotz der Verfolgung durch die nationalsozialistischen Behörden konnten die Cliquen nicht aus der Öffentlichkeit verdrängt werden. Ab 1939/40 bis zum Kriegsende vergrößerte sich ihre Anzahl in den Regionen, in denen sie schon vorher vertreten waren, um ein Vielfaches. Zusätzlich traten sie jetzt auch noch in Gegenden in Erscheinung, in denen sie zuvor noch nicht vertreten waren. In den schon vor 1939 als ihre Hauptverbreitungsgebiete erwähnten Regionen erschienen sie den nationalsozialistischen Erziehungsinstanzen nun als ernstzunehmende Gegenbewegung zur Staatsjugend. Die Anzahl der bei Großrazzien festgenommenen Cliquenangehörigen beweist das enorme Ausmaß der Arbeitjugendcliquen; dabei konnte die Gestapo wahrscheinlich bei weitem nicht aller Cliquen habhaft werden. In Köln wurden beispielsweise im März 1940 600 Cliquenmitglieder verhaftet, von denen 115 Jungen inhaftiert und 14 Mädchen in Erziehungsanstalten überwiesen wurden.[2] Drei Jahre später wurden allein im Bereich des Landgerichts Köln 250 Jugendliche verhaftet und 1200 verwarnt.[3] Ein Lagebericht der Gestapo-Leitstelle Düsseldorf veröffentlichte nach einer gegen die Cliquen gerichteten Razzia 1943 folgende Zahlen:

---

1) Cliquen- und Bandenbildung, Reichsjugendführung 1942, in: Peukert, Edelweißpiraten, S. 188f. Einen umfassenden Einblick in die "Meutenbewegung" in Leipzig gibt Lothar Gruchmann, Jugendopposition und Justiz im Dritten Reich, Die Probleme bei der Verfolgung der "Leipziger Meuten" durch die Gerichte, in: Miscellauea, Festschrift für Helmut Krausnick zum 75. Geburtstag, hrsg. von Wolfgang Benz, S. 103-130 (zit.: Gruchmann).
2) Vgl. Heinz Boberach, Widerstand im Rheinland, Unbekanntes aus dem Dritten Reich, Manuskript zur Sendung des Westdeutschen Rundfunks vom 27.1.1968, S. 14f. (zit.: Boberach).
3) Vgl. ebd., S. 16.

"Am 7.12.1942 wurde schlagartig mit der Überholung der einzelnen Gruppen begonnen und es wurden aufgelöst in:

Düsseldorf 10 Gruppen mit insgesamt 283 Jugendlichen
Duisburg 10 Gruppen mit insgesamt 260 Jugendlichen
Essen 4 Gruppen mit insgesamt 124 Jugendlichen
Wuppertal 4 Gruppen mit insgesamt 72 Jugendlichen

In über 400 Vernehmungen wurden 320 Jugendliche über ihre Zugehörigkeit und Betätigung innerhalb der wilden Gruppen befragt. Vorübergehend wurden 130 Jugendliche festgenommen."[1]

Insgesamt betraf diese Großaktion in nur vier Städten 28 Gruppen mit insgesamt 739 Jugendlichen.

In einigen Städten zählten bis zu einem Drittel aller Jugendlichen, besonders in den Altersstufen der 14- - 17-Jährigen, zu den Cliquen, so z.B. in Wuppertal.[2] Die Stärke der Arbeiterjugendcliquen in einzelnen Städten ist auch den Erinnerungen ehemaliger Cliquenmitglieder zu entnehmen. So berichtet z.B. ein ehemaliges Cliquenmitglied aus Oberhausen, daß sich an einzelnen Aktionen gegen die HJ in Oberhausen und Umgebung bis zu 400 Jugendliche aus Oberhausen beteiligten.[3] Nach Berichten ihrer Lehrer

---

[1] Lagebericht der Stapo-Leitstelle Düsseldorf, undatiert (1943) (BA, R 22, Bd. 1177, Bl. 452-459), in: Peukert, Edelweißpiraten, S. 32-39, hier S. 35f. (zit.: Lagebericht der Stapo Düsseldorf, 1943, in: Peukert, Edelweißpiraten).

[2] Vgl. Daniel Horn, Youth Resistance in the Third Reich, A Social Portrait, in: Journal of Social History, 7, 1973, S. 26-50, hier S. 33 (zit.: Horn). Siehe auch Detlev Peukert, Die KPD im Widerstand. Verfolgung und Untergrundarbeit an Rhein und Ruhr 1933-1945 (Düsseldorfer Schriften zur neueren Landesgeschichte und zur Geschichte Nordrhein-Westfalens, Bd. 2), Wuppertal 1980, S. 389 (zit.: Peukert, KPD).

[3] Vgl. Interview von Michael Zimmermann mit Günther O., Oberhausen, Sommer 1977, in: Peukert, Edelweißpiraten, S. 14-27, hier S. 19 (zit.: Interview Günther O., in: Peukert, Edelweißpiraten).

schätzten Oberhausener Schüler die Stärke der Oberhausener Jugendbanden sogar auf drei- bis viertausend Jugendliche.[1] Ein Cliquenangehöriger aus Bottrop spricht sogar von 150 Jugendlichen in der Clique, der er angehörte.[2] Dortmund war ein weiteres Zentrum der Arbeiterjugendcliquen. Hier bezifferte man die Anzahl der Cliquenmitglieder mit 600 Personen.[3]

Um die reale Stärke und Ausbreitung der Cliquen im Reichsgebiet zu erfassen, bedarf es noch weiterer Forschung. Das gilt insbesondere für andere Großstadtregionen, in denen zwar einzelne Cliquen in den Lageberichten der Gestapo Erwähnung finden, aber das wahre Ausmaß der Cliquenbewegung nicht zum Ausdruck kommt, wie zum Beispiel in Hamburg.[4] In anderen Städten wie Hannover und Frankfurt wird zwar die Swingjugend erwähnt, nicht aber die Verbreitung der Arbeiterjugendcliquen, die mit Sicherheit auch in den

---

1) Vgl. Auszug aus Bericht der Gestapo Oberhausen (HStA-Dü-G 9213, Bl. 185f.), in: Michael Zimmermann, Opposition und Widerstand gegen den Nationalsozialismus in Oberhausen, unveröffentlichte Examensarbeit, Bochum 1977, S. 230 (zit.: Zimmermann, Widerstand in Oberhausen).
2) Vgl. Peukert, Ruhrarbeiter, S. 273, Ausführungen von Bernhard Röppel.
3) Vgl. Widerstand und Verfolgung in Dortmund, hrsg. vom Rat der Stadt Dortmund, Dortmund 1981, S. 200 (zit.: Widerstand in Dortmund).
4) Vgl. Cliquen- und Bandenbildung, Reichsjugendführung 1942, in: Peukert, Edelweißpiraten, S. 187f.

dortigen Arbeiterbezirken verbreitet waren.[1] Dasselbe gilt in noch stärkerem Maße für Berlin, wo zahlreiche Arbeiterjugendcliquen vor 1933 existiert haben, über deren Aktivitäten nach 1933 aber bisher keine Forschungen bekannt sind, bei denen aber anzunehmen ist, daß gerade sie dem faschistischen System Widerstand leisteten.

Jugendbanden von Arbeiterjugendlichen sind aber nicht nur in den Großstädten an Rhein und Ruhr nachgewiesen, sondern auch in Bayern, und zwar insbesondere in Nürnberg und München.[2] Über eine Jugendbande in Nürnberg wurde 1943 folgendes gemeldet:

"Hier hat sich seit einigen Wochen ein Club junger Burschen im Alter von 15 bis 19 Jahren gegründet, die darauf ausgingen, Angehörige der HJ zu verhauen oder deren Heime zu stürmen. In einem Fall wurde dies im Heim der HJ am Plärrer versucht. Der Ansturm mißglückte. Die Burschen rückten in Reih und Glied an."[3]

---

1) Vgl. Cliquen- und Bandenbildung, Reichsjugendführung 1942, in: Peukert, Edelweißpiraten, S. 201-207. Daß es in Frankfurt eine starke Cliquenbewegung gegeben haben muß, darauf verweist der Erinnerungsbericht von Wolfgang Breckheimer. In ihm wird erwähnt, daß an Wochenenden Hunderte von Jugendlichen in ihren Cliquen auf Fahrt gingen und aus diesem Grunde die Züge an den Wochenenden überfüllt waren. Vgl. Wolfgang Breckheimer, Die "Edelweißpiraten", in: Arbeiterjugendbewegung in Frankfurt 1904-1945, Material zu einer verschütteten Kulturgeschichte, hrsg. vom Verein zur Erforschung der Geschichte der sozialistischen Jugendbewegung in Frankfurt a.M. e.V., Frankfurt 1978, S. 193-196, hier S. 195 (zit.: Breckheimer).

2) Vgl. Arno Klönne, Jugendprotest und Jugendopposition, Von der HJ-Erziehung zum Cliquenwesen der Kriegszeit, in: Bayern in der NS-Zeit, Bd. IV, Herrschaft und Gesellschaft im Konflikt, Teil C, hrsg. von Martin Broszat u.a., München/Wien 1981, S. 527-620, hier S. 606-610 (zit.: Klönne, Bayern in der NS-Zeit).

3) Hermann Schirmer, Das andere Nürnberg- Antifaschistischer Widerstand in der Stadt der Reichsparteitage, Frankfurt 1974, zit. nach ebd., S. 609.

Aber selbst in Kleinstädten haben sich Arbeiterjugendcliquen gebildet, wie z.B. in Minden. Hier geriet 1943 eine Jugendbande mit den nationalsozialistischen Erziehungsbehörden in Konflikt, was die Vernehmung eines Bandenmitglieds zur Folge hatte.

"Etwa im April 1943 haben /ein Name/ und ich eine Bande gegründet. Diese haben wir Totenkopf-Bande genannt und tragen als Abzeichen einen Totenkopf an der Mütze. Wir versammelten uns durchschnittlich 3 mal in jeder Woche. /.../ Die Hälfte der Jungen haben Gummiknüppel, die gebrauchen wir, um uns zu verteidigen. Wir kennzeichnen uns durch irgendwelche Spitznamen, z.B. Ober, Ortssowjet, Senor usw.".1)

Und auch der ländliche, kleinstädtische Gau Westfalen-Nord, der das heutige Münsterland mit einigen Randbereichen des Ruhrgebiets umfaßte, mußte sich mit den oppositionellen Jugendcliquen auseinandersetzen.

"In einem Zusammenschluß bestimmter Gruppen von Jugendlichen, die sich neben Kriminellen und sonstigen Vergehen auch staatsfeindlich betätigen, ist es innerhalb der Kreise Emscher-Lippe in dem Verband der sogenannten 'Edelweißpiraten' gekommen. In der Anlage übersenden wir eine Urteilsabschrift in einer Strafsache gegen 34 Jugendliche mit der Bitte um Rückgabe. Mit dieser Strafsache ist jedoch nach Mitteilung der Kreisamtsleitung der illegale Verband nicht ausgelöscht. Es kommt auch jetzt noch häufig zu Festnahmen und Verfahren gegen jugendliche 'Edelweißpiraten', die sich ausser in Gelsenkirchen auch im Kreis Recklinghausen sehr ungebührlich aufgeführt und an verschiedenen

---
1) Auszug aus den Vorgängen des Jugendamts Minden (Nr. II 2151-66/Do), Schwere sittliche Entgleisungen und Bandenbildung unter Beteiligung ungeeigneter HJ.-Führer, Vernehmung eines Hitlerjungen, in: (Staatsarchiv Münster /zit.: StA-MS/, Gauleitung Westfalen Nord/ Gauamt für Volkswohlfahrt, Nr. 408), Jugendgefährdung im Kriege, Lageberichte der Kreisämter für Volkswohlfahrt 1943-44 (zit.: StA-MS, Jugendgefährdung im Kriege, Gauleitung Westfalen-Nord/Gauamt für Volkswohlfahrt).

Stellen staatsfeindlich betätigt haben. Jugendliche sind von ihnen überfallen und geschlagen worden. Eine Parteiversammlung wurde gestört und ein Teil der Besucher hinterher ebenfalls überfallen. Auch im Kreisgebiet Münster-Warendorf sind Jugendliche verhaftet worden, die in grösseren und kleineren Gruppen gemeinsam Diebstähle verübten, sich als GPU.-Banditen ausgaben und eine staatsfeindliche Haltung erkennen liessen."1)

Die Cliquenbewegung im "Dritten Reich" war demnach überregional verbreitet, wenn auch - wie aufgezeigt - wohl mit regionalen Schwerpunkten.

Zumindest ab 1940, unter den Bedingungen des Kriegsalltags, zwangen sie den nationalsozialistischen Staat reichsweit zu Gegenmaßnahmen, wollte er seinen Alleinerziehungsanspruch über die Jugend behalten. Trotz Überwachung und rigider Verfolgungsmaßnahmen durch die Nationalsozialisten, fanden die Cliquen immer größere Verbreitung und stellten für das faschistische System letztlich ein Problem dar, dessen Bewältigung die HJ und die Staatsorgane überforderte.

---

1) Auszug aus einem Schreiben des Amts für Volkswohlfahrt der NSDAP-Gauleitung Westfalen-Nord vom 13.1.1944 an die NSDAP Reichsleitung Berlin/Hauptamt für Volkswohlfahrt, in: StA-MS, Jugendgefährdung im Kriege, Gauleitung Westfalen-Nord/Gauamt für Volkswohlfahrt.

6.1.1. Zur Problematik der Differenzierung verschiedener Strömungen innerhalb der Arbeiter-Jugendcliquen

Die Jugendlichen gaben ihren Cliquen, ihrer regionalen Verbreitung entsprechend, verschiedene Bezeichnungen. Dabei sind bestimmte Hauptbezeichnungen feststellbar. So im Rhein-Ruhr-Gebiet, in dem ab 1936/37 die Cliquenbezeichnungen 'Navajos' bzw. 'Kittelbachpiraten' weitverbreitet waren.[1] Die Navajos hatten ihren Haupteinflußbereich unter den Jugendlichen in Köln[2], die Kittelbachpiraten in den Regionen Düsseldorf, Wuppertal und Oberhausen.[3]

Ab 1938/39 setzte sich dann im Verbreitungsgebiet dieser Cliquen der Gruppenname 'Edelweißpiraten' durch, zu denen sich auch die Jugendcliquen im Essener Raum, die sogenannten 'Fahrtenstenze' und die Cliquen im Dortmunder Raum, die 'Latscher'[4] zählten. Andere Benennungen in dieser Region waren auch 'Kanalpiraten', 'Ruhrpiraten'[5] oder 'GPU-Banditen'[6], wie im Münsterland. Gerade letztere Bezeichnung

---

1) Vgl. Lagebericht der Reichsjugendführung bis zum 1. Januar 1941, in: Klönne, S. 122.
2) Vgl. Bericht eines Kölner Jugendrichters vom 7. November 1943, BA, R 22/1177, Bl. 426-432, in: Peukert, Edelweißpiraten, S. 40-48, hier S. 42 (zit.: Bericht des Kölner Jugendrichters, 1943, in: Peukert, Edelweißpiraten).
3) Vgl. Gerhart Werner, Aufmachen! Gestapo!, Über den Widerstand in Wuppertal 1933-1945, Mit Beiträgen von Karl Ibach u.a., Wuppertal 1974, S. 40f. (zit.: Werner).
4) Vgl. Widerstand in Dortmund.
5) Vgl. Peukert, Edelweißpiraten, S. 9.
6) Siehe Kapitel 6.1.

weist genauso wie der Cliquenname 'Proletengefolgschaften'[1] in Halle auf die bewußte Abgrenzung und Provokation gegenüber der Hitlerjugend hin. Üblich waren auch Benennungen wie 'Totenkopfbande' im Hamburger Raum, 'Meute' in Leipzig, 'Mob' in Dresden, 'Blase' in München und Umgebung.[2] Die angeführten Cliquenbezeichnungen sind die bekanntesten, obwohl es noch eine Vielzahl weiterer Cliquennamen gab.

Zu bemerken wäre noch, daß sich Cliquen zusätzliche Benennungen gaben, wenn sie eine große Verbreitung in einer Stadt erlangten. So gaben sich z.B. die Meuten noch Beinamen, um sich bzw. ihre Gebiete - von dem Einflußbereich anderer Meuten abzugrenzen. In Leipzig unterschieden sich z.B. die Meuten 'Hundestart', 'Reeperbahn' und 'Lille' entsprechend ihren Hauptversammlungsplätzen.[3]

Seitens der Forschung wurden unterschiedliche Versuche unternommen, Differenzierungskriterien zur genauen Charakterisierung der Cliquen zu erstellen. Ausgehend von der unterschiedlichen zeitlichen Verbreitung, unterschied man zum Beispiel zwischen Kittelbachpiraten und Navajos einerseits und den Edelweißpiraten andererseits, wobei die ersteren als Vorläufer der Edelweißpiraten charakterisiert wurden.[4]

---

1) Vgl. Cliquen- und Bandenbildung, Reichsjugendführung 1942, in: Peukert, Edelweißpiraten, S. 213.
2) Vgl. ebd., S. 187-223.
3) Vgl. Gruchmann, S. 105.
4) Vgl. Werner, S. 40-42. Zur Problematik der Datierung der Cliquen siehe auch das folgende Kapitel.

Werner interpretiert Kittelbachpiraten und Edelweißpiraten sogar als voneinander verschiedene selbständige Jugendprotestwellen, wobei die Edelweißpiratenbewegung als die den Nationalsozialisten gefährlichste eingeschätzt wird.[1] Die zahlreichen Denkschriften und Lageberichte der Staatsorgane und die Anzahl der Strafverfahren gegen die Edelweißpiraten scheinen diese Einschätzung auch zu bekräftigen. Aber trotzdem ist die These von der Zweiphasigkeit der Arbeiterjugendcliquenbewegung mit Vorsicht zu behandeln. Die Akten der Justiz, Gestapo und Fürsorgeämter belegen zwar eindrucksvoll das Ausmaß der Edelweißpiratenbewegung, stützen aber nicht unbedingt die Ansicht, die Edelweißbewegung als qualitativ stärker in ihrer Opposition einzuschätzen als die Cliquenbewegung der Navajos und Kittelbachpiraten.

Das zahlreiche Aktenmaterial kann gleichwohl nur Beweis für die verbesserten Möglichkeiten der Überwachung und strafrechtlichen Verfolgung der Edelweißpiratenbewegung sein.

Vieles spricht dafür, daß die Staatsorgane die Aktivitäten der Cliquen der Navajos und Kittelbachpiraten im strafrechtlichen Sinne oft gar nicht verfolgen konnten, da sie mit den Normen des Strafrechts und der politischen Justiz gar nicht oder nur schwer greifbar waren.[2]

---
1) Vgl. Werner, S. 42.
2) Vgl. Peukert/Winter, S. 252.

Ein Problem, das die nationalsozialistischen
Behörden auch bezüglich der Edelweißpiraten
nicht lösen konnten, obwohl zu dem Zeitpunkt
die strafrechtlichen Sanktionsmöglichkeiten
in bezug auf die Cliquen im Sinne der Gestapo
weitaus "verbessert" waren.[1]

Ein Unterscheidungskriterium zur Differenzierung der Arbeiterjugendlichen besteht nach
wie vor in der Art des Einflusses ehemaliger
KJVD-Mitglieder auf die Cliquen. Hier unterscheiden sich die Leipziger Meuten und
Hallenser Proletengefolgschaften von den
Edelweißpiraten im Rhein-Ruhr-Gebiet und den
Blasen in München. Die Meuten waren innerhalb
der Cliquen diejenigen, die am stärksten an
kommunistische Traditionen anknüpften, sowohl
was die Anzahl ihrer Mitglieder betraf, die
vormals den kommunistischen Jugendorganisationen
angehörten, als auch in ihrem Alltagsverhalten.

So meldete die Denkschrift der Reichsjugendführung vom September 1942:

"Die Meuten setzten sich zum großen Teil aus
früheren Angehörigen der marxistischen Jugendorganisationen, insbesondere des 'Kommunistischen Jugendverbandes', der 'Roten Jungpioniere'
und der 'Roten Falken' zusammen und führten
die ihnen von der Hitler-Jugend irrtümlich
zugelegte Bezeichnung 'Bündische Jugend'
lediglich zu Tarnungszwecken. Die noch von
früher marxistisch eingestellten Mitglieder

---

1) Siehe hierzu "Bekämpfung jugendlicher Cliquen",
Erlasse des Reichsführers SS und Chef der
deutschen Polizei vom 25. Oktober 1944, des
Jugendführers des deutschen Reiches vom
10. Dezember 1944 und des Reichsjustizministers
vom 26. Oktober 1944, (BA, R 22/1177, Bl.
514ff., 546ff.), in: Peukert, Edelweißpiraten,
S. 123-137 (zit.: "Bekämpfung jugendlicher
Cliquen", Erlasse des Reichsführers SS, des
Reichsjugendführers und des Reichsjustizministers, in: Peukert, Edelweißpiraten).

erlangten die Führung der Meuten. Sie benutzten die Zusammenkünfte und Fahrten der Meuten mit Erfolg dazu, die noch nicht kommunistisch eingestellten Jugendlichen durch kommunistische Lieder und durch politische Gespräche im staatsfeindlichen Sinne zu verseuchen."[1]

Insofern wurde das Gemeinschaftsleben einiger Meuten wesentlich von dem hohen Anteil ehemaliger Angehöriger kommunistischer Jugendorganisationen beeinflußt. So war bei einigen Meuten der Gruß 'bud Kadoff' üblich, was der ungefähren Übersetzung des Grußes der Roten Jungpioniere ins Russische gleichkam. Auch debattierte man in Zirkeln über den Kommunismus und die Situation in der Sowjetunion.[2]

Eine Übernahme kommunistischer Traditionen ist aber bei den Edelweißpiraten im Westen des Reichsgebiets und den Blasen im Süden in dem Maße nicht feststellbar.

---

[1] Cliquen- und Bandenbildung, Reichsjugendführung 1942, in: Peukert, Edelweißpiraten, S. 189.
[2] Vgl. Gruchmann, S. 107.

6.1.2. Zur Problematik der Datierung der Arbeiterjugendcliquen im "Dritten Reich"

Es erscheint äußerst problematisch, den Anfang der Cliquenbewegung auf die Jahre 1937/38 zu legen.[1] Auch die Festsetzung des Beginns der Cliquenverbreitung von Hehr/Hippe auf 1936 als Folge des verschärften Drucks nationalsozialistischer Erziehungsinstanzen auf die Jugendlichen muß problematisiert werden.[2]

Ausgehend davon, daß Cliquen Ausdruck praktizierter Selbstorganisationsprozesse von Arbeiterjugendlichen sind, die der historischen Situation entsprechend eine mehr oder weniger große Bedeutung erlangen, also eine grundsätzliche, zeitlich unabhängige Organisationsform von Arbeiterjugendlichen zur Bewältigung der konkreten Lebenssituation darstellen, ist zu vermuten, daß Arbeiterjugendcliquen auch in der Zeit von 1933 bis 1936 im "Dritten Reich" existent waren. So wie eine Kontinuität antidemokratischer Traditionen vom Kaiserreich bis zum Faschismus und über 1945 hinaus in Deutschland festzustellen ist, kann auch eine Kontinuität des Widerstands gegen diese antidemokratischen Traditionen nicht geleugnet werden - und einen Teil dieser "Kontinuität von unten" repräsentieren die selbstorganisierten Arbeiterjugendcliquen in der Weimarer Republik und im Faschismus.

---
1) Auch Arno Klönne trifft diese zeitliche Bestimmung. Vgl. Klönne, Bayern in der NS-Zeit, S. 589.
2) Vgl. Hehr/Hippe, S. 43.

Hinweise zur Verbreitung der Arbeiterjugendcliquen in den Jahren von 1933 bis 1936 finden
sich sowohl im internen nationalsozialistischen
Schriftverkehr als auch in den Interviews mit
ehemaligen Edelweißpiraten und in der wissenschaftlichen Literatur. So äußert sich die
Reichsjugendführung 1942 bezüglich der Blasen
in München:

"Diese 'Blasen' sind in ihrer großen Masse
lose Zusammenschlüsse Jugendlicher zum Zwecke
gemeinsamer Unterhaltung und gemeinsamer Vergnügungen. Durch ihr geschlossenes Auftreten
werden die 'Blasen' zu Beherrschern der Tanz-
böden oder Lokalen 2. Ranges oder (von) bestimmten Plätzen und Straßenzügen. Das führt
zu Anrempeleien und Schlägereien mit anderen
'Blasen' und gelegentlich auch mit Erwachsenen.
Diese 'Blasen' sind in München seit Jahrzehnten
vorhanden und bekannt /.../."1)

Auch den 'Sonderinformationen' der Bündischen
Jugend im Exil vom Mai 1938 läßt sich die
Existenz der Cliquen auch in den ersten Jahren
des "Dritten Reichs" entnehmen.

Nach der Schrift sind gerade sie es,

"/.../ die immer wieder neu entstehen, zum Teil
erst nach 1933 entstanden sind. Sie rekrutieren
sich zum Teil aus Gruppen und Jungs der großen
Wandervogel- und Pfadfinderbünde. Zum anderen
Teil ist es von unten gewachsene Opposition

---

1) Cliquen- und Bandenbildung, Reichsjugendführung
   1942, in: Peukert, Edelweißpiraten, S. 223.

der Volksjugend."1)

Besonders im Ruhrgebiet, so z.B. in Dortmund und Oberhausen, scheinen die Edelweißpiraten aus schon vorher bestehenden Cliquen hervorgegangen zu sein. In den Arbeitervierteln im Dortmunder Raum waren sie kontinuierlich publik.2)

Ein ehemaliger Edelweißpirat bestätigt dasselbe für Oberhausen. Auch dort habe es schon vor den Edelweißpiraten in den jüngeren Altersstufen sehr häufig militante kleine Straßenbanden mit fünf bis sechs Jugendlichen gegeben.3) Ein ehemaliges Cliquenmitglied aus Dortmund bestätigt, daß die Latscher sich auch nach 1933 an bestimmten Plätzen in der Stadt trafen und auch damals schon das Edelweiß als Abzeichen trugen, aber sich noch nicht Edelweißpiraten nannten.

---

1) Sonderinformation Deutscher Jugend, Nr. 7, Mai 1938, in: Jugend contra Nationalsozialismus, 'Rundbriefe' und 'Sonderinformationen deutscher Jugend', zusammengestellt von Hans Ebeling und Dieter Hespers, Freden ²1968, S. 135-149, hier S. 143 (zit.: Sonderinformationen Deutscher Jugend). Die hier erwähnten Verbindungen von Arbeiterjugendcliquen zu Wandervogel- und Pfadfindercliquen müssen als Ausnahme gelten, nicht als Regel. Zu den Cliquen, die in ihren Reihen ehemalige bündische Jugendliche hatten, zählten anscheinend die Kölner Navajos; vgl. Interview von Dieter Hehr und Wolfgang Hippe mit Sophie Roeseler, Köln, 13.12.1978 (zit.: Interview Roeseler).
2) Vgl. Widerstand in Dortmund, S. 201.
3) Vgl. Interview Günther O., in: Peukert, Edelweißpiraten, S. 25.

"Ab 34 hatten wir schon so Abzeichen getragen, kleine oder größere Edelweiß aus Metall, /.../ mit so kleinen Schühchen dran. Wir nannten die Bundschau. /.../ Aber dieser Begriff Edelweißpiraten, zu meiner Zeit war es noch nicht. /.../ Also bis 38 /.../ hat man uns in Ruhe gelassen. /.../ Wir haben uns ja täglich getroffen. Im Sommer wohlgemerkt. Wenn es warm wurde draußen, dann trafen wir uns in der Liebeslaube im Fredenbaum. /.../ Im Winter haben wir uns dann getroffen bei den verschiedenen Eltern. Wir waren mal da, mal da ... Ostern und Pfingsten zogen wir los immer zur Glörtalsperre. Das war ein beliebter Treffpunkt und dann haben sich die Gruppen, Latscher, wiederum Latscher, aus dem Bergischen Land /insbesondere aus Wuppertal/, an dem Siegerland getroffen. Das waren so zwischen 600 und 800 und 1000 Personen."[1]

Zu den Cliquen, deren Auftreten auch schon für die Frühphase der faschistischen Herrschaft belegt ist, zählen die Kittelbachpiraten aus Düsseldorf. Sie galten bis 1933, wenn nicht gar bis 1935 als profaschistisch.[2] Nach der Machtergreifung wurden sie in die HJ eingegliedert und hatten dort für kurze Zeit einen Sonderstatus inne, der es ihnen erlaubte, bei Straßenaufzügen ihre schwarze Kluft zu tragen.[3]

Noch vor Ende 1933 gerieten die Jugendlichen der Kittelbachpiraten aber mit der NS-Jugendorganisation in Konflikt, da sie die traditionellen Formen des Cliquenzusammenlebens beibehielten. Bewußt zur Gegnerschaft zum Nationalsozialismus angehalten wurden sie zusätzlich durch ehemalige Mitglieder der zerschlagenen kommunistischen Jugendorganisationen, die sich nun verstärkt bei den Kittelbachpiraten sammelten.[4]

----

1) Interview von Hans Müller mit Willi Droste, Dortmund, 25.2.81 (zit.: Interview Droste).
2) Vgl. Kuno Bludau, Widerstand und Verfolgung in Duisburg 1933-45, Duisburg 1973 (Duisburger Forschungen Bd. 16), S. 189.
3) Vgl. Willy Kutz, Jugendliche trotzten dem Terror, in: Karl Schabrod, Widerstand gegen Flick und Florian, Düsseldorfer Antifaschisten über ihren Widerstand, Frankfurt 1978, S. 57-75, hier S. 60f. Siehe auch Werner, S. 40f.
4) Vgl. Horn, S. 34.

Das widersprüchliche Verhalten der Kittelbachpiraten beweist, daß es dem Nationalsozialismus zumindest zeitweilig durchaus gelang, mit seinen Identifikations- und Orientierungsangeboten vorhandene Bedürfnisse auch von Arbeiterjugendlichen anzusprechen. Es bedarf aber noch weiterer Forschungen bezüglich Struktur und sozialer Basis der Kittelbachpiraten, um deren Unterstützung der nationalsozialistischen Bewegung fundiert erklären zu können. In diesem Fall reichen nicht die Überlegungen von Horn, der die profaschistische Haltung der Kittelbachpiraten auf den bürgerlichen Anteil der Cliquenmitglieder zurückführt.[1]

Ein zusätzliches Argument gegen die These, den Beginn der Cliquenbildung im "Dritten Reich", bzw. den Widerstand der Cliquen gegen den nationalsozialistischen Erziehungsanspruch auf 1936 bzw. 1938/39 festzulegen, ist in der Art und Weise der faschistischen Herrschaftsdurchsetzung zu suchen. In den Lageberichten und Akten der nationalsozialistischen Behörden tauchten die Cliquen, abgesehen von einzelnen Ausnahmen, erst ab 1937 auf. Erst ab diesem Zeitpunkt hat sich die Gestapo scheinbar mit den Arbeiterjugendcliquen auseinandergesetzt.[2]

Die Begründung für die zu diesem Zeitpunkt einsetzende Verfolgung der Cliquen durch den nationalsozialistischen Staat ist der nationalsozialistischen Strategie der Herrschaftssicherung selbst zu entnehmen. In der Konsolidierungsphase des faschistischen Systems hatte die Verfolgung

---

1) Vgl. Horn, S. 34.
2) Vgl. Peukert/Winter, S. 252.

des organisierten politischen Widerstands
aus der Arbeiterbewegung Vorrang vor der
Durchsetzung des Erziehungsmonopols der Hitler-
jugend. Erst nach der Zerschlagung des illegal
organisierten Arbeiterwiderstands versuchte
man ebenso rücksichtslos die politische Kontrolle über die Jugend durchzusetzen. Die den
Akten und Denkschriften zu entnehmende Ver-
folgungstätigkeit gegenüber den Jugendbanden
und -cliquen ab 1937 kann demnach nicht als
Beweis dafür gelten, daß die Arbeiterjugendcliquen erst ab 1937/38 aufgetaucht sind.
Daß die Verfolgung durch die Gestapo und
Justiz in der ersten Phase der faschistischen
Herrschaft die Jugendcliquen noch nicht betraf, belegt auch die Aussage Drostes, eines
ehemaligen Latschers aus Dortmund, der darauf
verweist, daß man sie, die Latscher, bis 1938
in Ruhe gelassen habe.[1]

---

1) Vgl. Interview Droste.

6.1.3. Die soziale Basis der Cliquen

Die Cliquen im "Dritten Reich" wie auch die Cliquen in der Weimarer Republik hatten ihre soziale Basis in der Arbeiterjugend. Bürgerliche Jugendliche in ihren Reihen zählten zu den Ausnahmen.

"Die E.P. (Edelweißpiraten) kamen /.../ aus der gleichen sozialen Schicht. Es gab nur ganz wenige vom Gymnasium, das war die große Ausnahme. Solche Leute tauchten nur ab und zu mal auf, hauptsächlich wohl wegen des Singens und der Mädchen. Der indirekte Einfluß der E.P. auf Gymnasien und Mittelschulen war allerdings stark. Der Kontakt war sehr gering, die Leute wohnten einfach in anderen Gegenden. Die E.P. waren eine fast reine Arbeiterjugendgruppe."1)

Drastischer beschreibt ein ehemaliger Edelweißpirat aus Dortmund die Sozialstruktur seiner Clique:

"Ich könnte gar nicht sagen, daß wir irgendwie ... nein, Pinsel hatten wir nicht /.../ Das waren nur Arbeiterkinder."2)

Der Großteil der jugendlichen Cliquenmitglieder übte den gleichen Beruf wie ihre Väter aus. Das heißt, die meisten von ihnen waren als Arbeiter und Hilfsarbeiter beschäftigt wie ihre Väter zuvor. Diese Feststellung trafen auch Peukert/Winter, die fünf Edelweißpiraten-Cliquen aus Duisburg auf ihre Aktivitäten und Strukturmerkmale hin untersuchten (Altstadt, Hochfeld, Marxloh, Stadtpark und Burgplatz). Ihre Untersuchung stützte sich auf Vernehmungsprotokolle

---

1) Interview Günther O., in: Peukert, Edelweißpiraten, S. 20.
2) Interview von Hans Müller mit Walter Reiling, Dortmund, 20.2.1980 (zit.: Interview Reiling).

der Gestapo aus den Jahren 1938 bzw. 1939/40, soweit noch vorhanden.[1]

Der Vergleich der Berufstätigkeiten der Edelweißpiraten und ihrer Väter läßt erkennen, daß der Lebensplan der Jugendlichen ihrer sozialen Herkunft entsprechend, vorbestimmt war.

Zur Veranschaulichung sei hier ein Zitat angeführt, welches sicherlich den Erfahrungen vieler Jugendlicher entsprach und deshalb verallgemeinert werden darf:

"Schulentlassung 1937, Vorstellung beim Arbeitsamt, Vater ist Bergmann, Sohn wird auch Bergmann, der nächste bitte."[2]

Tabelle 5 der Untersuchung Duisburger Edelweißpiraten-Cliquen belegt den kapitalistischen Lebensplan der Jugendlichen.

---

1) Vgl. Peukert/Winter, S. 261-275
2) Zit. nach Michael Zimmermann, "Ein schwer zu bearbeitendes Pflaster": der Bergarbeiterort Hochlarmark unter dem Nationalsozialismus, in: Die Reihen fast geschlossen, Beiträge zur Geschichte des Alltags unterm Nationalsozialismus, hrsg. von Detlev Peukert und Jürgen Reulecke unter Mitarbeit von Adelheid Gräfin zu Castell Rüdenhausen, Wuppertal 1981, S. 65-83, hier S. 83.

Tabelle 8

Die Tätigkeiten der Edelweißpiraten aufgestellt nach denen der Väter

I

Gruppe	Beruf des Vaters	Tätigkeiten der Edelweißpiraten	
	Mittelständisch oder eine Lehre voraussetzend	Lehre oder Schule	Arbeiter oder Hilfsarbeiter
Altstadt	2	-	2
Hochfeld	2	-	2
Marxloh	4	-	2
Stadtpark	4	4	-
Burgplatz	5	3	2

II

	Hilfsarbeiter oder Arbeiter	Lehre oder Schule	Arbeiter oder Hilfsarbeiter
Altstadt	18	4	15
Hochfeld	11	2	9
Marxloh	7	3	4
Stadtpark	4	2	2
Burgplatz	9	4	5

[1]

In Oberhausen mit seinem Industrie-Schwerpunkt Bergbau und Eisenverarbeitung, zählten dementsprechend zu den in Gestapovernehmungen meist genannten Berufen der Edelweißpiraten die Berufe des Jungbergmannes und des Maschinenschlossers.[2]

---

1) Ausschnitt von Tabelle 5, Peukert/Winter, S. 274.
2) Vgl. Zimmermann, Widerstand in Oberhausen, S. 231.

Die folgenden Tabellen von Peukert/Winter geben weitere Charakteristika der Cliquenangehörigen wieder.

Der überwiegende Teil der Cliquenmitglieder war zur Zeit der Vernehmungen bereits berufstätig. Dabei fällt auf, daß der Großteil der Berufstätigen als ungelernter oder angelernter Arbeiter beschäftigt war. Nur wenige absolvierten eine Lehre.

Tabelle 9
Berufstätigkeit bzw. momentanes Ausbildungsverhältnis der Edelweißpiraten

Gruppe	Schüler	Lehre	abgeschl. Lehre	total	Arbeiter	Hilfsarbeiter	als Hilfsarb. zu bewertende Tätigkeit	o.A.	total
Altstadt	-	3	1	4	6	3	12	-	21
Hochfeld	-	1	1	2	2	4	4	1	10
Marxloh	-	4	1	5	-	2	3	1	6
Stadtpark	2	2	2	6	1	1	-	1	2
Burgplatz	3	3	3	9	2	1	4	-	7

[1]

---

1) Peukert/Winter, S. 273.

Tabelle 10 belegt eine relativ hohe Zahl von vaterlosen Cliquenmitgliedern. Hier ist die Vermutung angebracht, daß das Fehlen der väterlichen Autorität den Anschluß an eine Clique erleichterte. Für die folgenden Kriegsjahre mag dieser Faktor von wachsender Bedeutung gewesen sein, berücksichtigt man die Einziehung vieler Väter zur Wehrmacht.

Tabelle 10
Berufstätigkeit[+] der Väter[++]

Gruppe	selbst. oder eine Lehre voraussetzende Berufe	Arbeiter	Hilfsarbeiter	als Hilfsarbeit zu bewertende Tätigkeit	arbeitslos	total	Vater tot
Altstadt	2	3	2	6	2	13	5
Hochfeld	2	1	2	7	-	10	1
Marxloh	4	-	-	4	1	5	2
Stadtpark	4	1	-	2	-	3	1
Burgplatz	5	-	1	5	-	6	3

[+] Die Einteilung in die Berufskategorien erfolgte nach den gleichen Maßstäben wie in der Tabelle 9.

[++] Zahlen-Differenzen zwischen der Anzahl der Väter und der der Edelweißpiraten ergeben sich daraus, daß ein Teil der Edelweißpiraten Geschwister waren oder daß keine Angaben über den Beruf des Vaters vorhanden waren. [1)]

---

1) Peukert/Winter, S. 273.

Bei der Schulausbildung der Duisburger Edelweißpiraten fällt auf, daß die Mehrzahl der Jugendlichen die Volksschule absolvierte. Lediglich zwei besuchten die Hilfsschule und fünf eine weiterführende Schule.

Tabelle 11
Schulausbildung

	Volksschule	Hilfsschule	weiterf. Schule	ohne Angaben
Altstadt	23	2	-	-
Hochfeld	12	-	-	1
Marxloh	10	-	-	1
Stadtpark	6	-	3	-
Burgplatz	14	-	2	-

1)

Die oben angeführten Untersuchungsergebnisse widerlegen auch ein Erklärungskonzept der Nationalsozialisten bezüglich der Cliquenbildung, das die Arbeiterjugendcliquen als einen Zusammenschluß "sozial Verelendeter" sah. Dieses Erklärungskonzept war offensichtlich der Versuch, eine große Minderheit von Arbeiterjugendlichen, die sich dem faschistischen System nicht widerstandslos beugten, zu stigmatisieren.

Die überwiegende Berufstätigkeit der Cliquenangehörigen bestimmte auch die Altersstruktur innerhalb der Cliquen. Der Großteil der Jugendlichen war fünfzehn bis neunzehn Jahre alt. Dies erklärt sich aus den Anforderungen und Bedingungen des faschistischen Systems und des zweiten Weltkriegs.

---
1) Peukert/Winter, S. 272.

Gerade die drei bis vier Jahre zwischen Schulentlassung und Einzug zum Reichsarbeitsdienst bzw. zur Wehrmacht stellten einen gewissen Freiraum dar. Aufgrund ihrer Lehr- oder Arbeitsverhältnisse konnten die Jugendlichen sich der Kontrolle durch Schule und Elternhaus, als auch der direkten Kontrolle der HJ entziehen.

Wenn es trotzdem eine ganze Reihe von über neunzehn Jahre alten Cliquenmitgliedern gab, so handelte es sich dabei um Wehrmachtsangehörige auf Urlaub, vom Wehrdienst ausgemusterte Jugendliche oder, was am häufigsten zutraf, um Jugendliche, die an ihrem Arbeitsplatz als unentbehrlich galten.[1]

Die Dominanz der Vierzehn- bis Achtzehnjährigen innerhalb der Cliquen verweist auf das Scheitern der nationalsozialistischen Sozialisationspraxis. Die Jugendlichen, die z.B. 1940 vierzehn bis achtzehn Jahre alt waren, hatten schon alle für ihre Altersstufen vorgesehenen nationalsozialistischen Erziehungsinstanzen durchlaufen.[2] Sie hatten nur wenig Erinnerungen an eine nichtfaschistische Öffentlichkeit. Nach den Vorstellungen des nationalsozialistischen Staates hätten sie längst glühende Verfechter der nationalsozialistischen Bewegung sein müssen. Aber genau das Gegenteil traf zu. Ein Großteil gerade dieser Altersstufen lehnte die Angebote der nationalsozialistischen Erziehungsinstanzen ab und suchte eigene, selbstbestimmte Formen jugendlichen Gemeinschaftslebens.

---

1) Vgl. Peukert/Winter, S. 262.
2) Vgl. Peukert, Freizeit, S. 308.

Bei der Untersuchung charakteristischer Merkmale der Cliquenmitglieder herrscht Uneinigkeit hinsichtlich der Zusammenhänge zwischen Cliquenzugehörigkeit und Kontakt zur organisierten Arbeiterbewegung.

Peukert/Winter konstatierten für die untersuchten Duisburger Edelweißgruppen, daß in den Akten und Vernehmungsprotokollen der Gestapo sich nur selten Hinweise finden, die auf eine Tätigkeit der Eltern bzw. Verwandten in den Parteien der Arbeiterbewegung schließen lassen.[1]

Dagegen ist den Interviews mit ehemaligen Cliquenangehörigen und der neueren Literatur Gegensätzliches zu entnehmen. So resümiert Hellfeld über die Köln-Ehrenfelder Edelweißpiraten:

"Die Jugendlichen /der Ehrenfelder Edelweißpiraten/ wuchsen in Familien auf, deren Grundeinstellung antifaschistisch war. Viele Elternteile oder nahe Verwandte waren Funktionäre von KPD oder SPD oder Gewerkschafter und wurden deshalb während der gesamten nationalsozialistischen Zeit 'beobachtet', verfolgt, verhaftet und sogar getötet."[2]

Auch für die Frankfurter Edelweißpiraten gibt es Hinweise, daß sie Familien entstammten, die traditionell der Arbeiterbewegung verbunden waren.

----
1) Vgl. Peukert/Winter, S. 266.
2) Hellfeld; S. 31.

Tabelle 32

Kontaktaufnahme zu den Edelweißpiraten

Kontakt	Anzahl der Nennungen bei insgesamt 15 Angaben
Edelweißpiraten als Freunde	3
Edelweißpiraten als Bekannte (Schule, Arbeit, Wohnung)	3
Edelweißpiraten als Verwandte	1
Edelweißpiraten angesprochen	2 /!/
durch Edelweißpiraten angesprochen	1
Edelweißpiraten auf NS-Veranstaltungen kennengelernt	1
Edelweißpiraten-Treffpunkt besucht+)	4 /!/

+In diese Gruppe sind solche Fälle eingeordnet, in denen der Kontaktaufnehmende zufällig, d.h. auf dem Weg zur Arbeit, zur Schule, bei einem Spaziergang oder ähnlichem zu den Edelweißpiraten gestoßen ist.

1)

In anderen Fällen genügte eine einmalige Begegnung mit den Edelweißpiraten, den Meutern etc., um den Anstoß zur Bildung einer eigenen Gruppe zu geben, so z.B. in Hattingen. Dort übernahmen befreundete Arbeiterjugendliche nach einer Begegnung mit den Kittelbachpiraten aus Essen 1936 bewußt den Stil der Gruppe.[2)]

---

1) Peukert/Winter, S. 275.
2) Vgl. Interview von Alfons Keukmann und Gerrit Helmers mit Rolf Siepermann, Hattingen, 16.3.1983 (zit.: Interview Siepermann).

"Die Frankfurter Berufsschule 4 /.../ war ein
/.../ Sammelpunkt der 'Edelweißpiraten'. In
der Gruppe waren die meisten ihrer Angehörigen
Buchdrucker, Schriftsetzer, Schriftgießer
sowie Lehrlinge und Arbeiter mit verwandten
Berufen. In Gesprächen stellte sich heraus, daß
viele Eltern dieser Jungen vormals in der SAJ
oder im KJVD organisiert gewesen waren, woraus
sich vielfältige Übereinstimmungen und Anknüpfungspunkte ergaben."1)

Die Dortmunder Arbeiterjugendcliquen standen
über die Eltern der Jugendlichen in ähnlicher
Tradition zur Arbeiterbewegung. Hier gehörten
viele Elternteile vormals der KPD, SPD bzw.
der anarchosyndikalistischen Jugendbewegung
an.2)

Daß die Nationalsozialisten ebenfalls die Cliquen
in der Tradition der Arbeiterbewegung sahen, verdeutlicht ein Cliquenmitglied im Interview mit
Hans Müller. Er beschreibt die Reaktion der
NSDAP-Anhänger auf Auftritte seiner Clique in
der Öffentlichkeite folgendermaßen:

"Dann hieß das immer wieder: das sind die Roten,
da sind die Roten. Die wußten das, daß die
Alten früher mal /.../ in der KP waren, oder in
der SPD usw."3)

An dieser Stelle könnten noch weitere Beispiele
angeführt werden, die belegen, daß eine Vielzahl von Familien, deren Kinder am Cliquenleben

---

1) Franz Neuland, Spontanverweigerung als Massenphänomen, Die Jugendopposition der "Edelweißpiraten", in: Die Junge Garde, Arbeiterjugendbewegung in Frankfurt a.M. 1904-1945, hrsg.
und bearbeitet von Franz Neuland und Albrecht
Werner-Cordt, Gießen 1980, S. 303-310, hier
S. 304 (zit.: Neuland).
2) Vgl. Widerstand in Dortmund, S. 204f. Siehe
auch Hans-Jürgen Götz, Die Edelweißpiraten
in Dortmund, unveröffentlichte Staatsexamens-
arbeit, Dortmund 1981, S. 23-27.
3) Interview von Hans Müller mit Rudi Grützner,
Dortmund, 25.2.1980 (zit.: Interview Grützner).

teilnahmen, in Verbindung zur Arbeiterbewegung
standen. Insofern sind bei dem Ergebnis von
Peukert/Winter Zweifel angebracht. Erst weitere
spezifische Studien über die Struktur der Cliquen
in anderen Städten könnten in diesem Punkte
das Ergebnis von Peukert/Winter verifizierbar
machen.

6.1.3.1. Der "Eintritt" in die Clique

Arbeiterjugendcliquen bildeten sich nach dem
Territorialprinzip, das heißt, die Cliquenangehörigen wohnten in der gleichen Straße,
waren gemeinsam zur selben Schule gegangen
und arbeiteten häufig im selben Betrieb.[1]
Die Cliquenbildung war somit weniger Akt des
bewußten Handelns als vielmehr Produkt des
alltäglichen Zusammenlebens von Jugendlichen,
die sich von Kindheit an kannten.

Ihr Gemeinschaftsleben wurde geprägt durch
ihre gemeinsamen Alltagserfahrungen. Gerade
der nationalsozialistische Schulalltag mit
seinen Repressionen gegenüber Arbeiterkindern
und -jugendlichen förderte schon früh die Entwicklung von Solidarstrukturen.

Dazu zwei Beispiele aus den Erinnerungen
ehemaliger Edelweißpiraten aus Oberhausen und
Köln:

---
1) Vgl. Peukert/Winter, S. 265

"Ostern 1933 wurde ich eingeschult. Unser Rektor war ein Nazi /.../. Nach der Einschulung ging dieser Rektor durch alle Klassen. Als er in unsere Klasse kam, musterte er uns und fragte gleich, wo wir wohnten. Als er die Straßennamen gehört hatte, wandte er sich an unseren Klassenlehrer und sagte: 'Na, dann haben Sie hier ja die ganze rote Brut versammelt!' Danach stellte er sich vor die Klasse und machte uns Kindern klar, daß unsere Eltern Verräter wären, die gegen den Führer gekämpft hätten /.../ und daß er uns Kommunistengesindel auf Vordermann bringen würde /.../. Immer wieder bekamen wir zu hören, daß unsere Eltern Verbrecher und wir Kinder die Söhne und Töchter von Verbrechern waren /.../. Aber es schweißte uns zusammen, wir fühlten uns alle irgendwie miteinander verbunden, /.../."1)

Ein Cliquenmitglied aus Oberhausen zu seinen Erlebnissen in der Schulzeit:

"Wir hatten z.B. einen Lehrer /.../, der hatte die Angewohnheit, daß er den Tag in der Schule nicht beginnen konnte, ohne auf vier Bänke in unserer Klasse zu zeigen und zu sagen: Die acht von der Lipperstraße vortreten! Dann hat er uns erst mal eine halbe Stunde lang durchgehauen. Solcherlei Typen, immer mit der Partei verbunden, gab es zuhauf. Sie griffen sich immer Kinder aus den Arbeitervierteln heraus, aus der Steinstraße, der Wilhelm-Tell-Straße, der Lipperstraße. Denen war egal, wie sich das auf die Kinder auswirkte. /!!/ Das hat natürlich bei uns Kindern nicht zu bewußten Reaktionen geführt, aber es hat mitgeholfen bei der Gewöhnung an die Aufsässigkeit. Zunächst haben wir gelernt: gegen die hilft nur Gewalt. Hier kann ich mich nur auf mich selbst verlassen. Hier habe ich nichts mehr zu verlieren. Das erklärt dann übrigens auch ein bißchen, daß man sich später mit Leuten in der gleichen Lage solidarisierte."2)

---

1) Fritz Theilen, Wir taten was dagegen, in: Klaus Kordon, Diktatur, Wie war es als..., Was wäre, wenn ..., Ravensburg 1983, S. 84 - 97, hier S. 85.

2) Interview Günther O., in: Peukert, Edelweißpiraten, S. 26.

Im Schulalltag erfuhren die Arbeiterkinder und
-jugendlichen den Klassencharakter der Volksschule. Die Realität zerstörte von Beginn an
die Hoffnung der Arbeiterkinder auf sozialen
Aufstieg, entlarvte aber auch die Inhalte der
nationalsozialistischen Volksgemeinschaftsideologie als bloße Phrase.

Die Erfahrung ihrer gesellschaftlichen Unterdrückung als gemeinsames Schicksal bedingte
und förderte die Entwicklung von Solidargemeinschaften. Hier versuchten gleichaltrige
Arbeiterjugendliche gemeinsam ihre konkrete
Lebenssituation zu bewältigen.

Die Arbeiterjugendcliquen während des "Dritten
Reichs" sind als qualitative Weiterentwicklung
dieser gewachsenen Solidargemeinschaften zu
verstehen.

Sie griffen im Laufe ihres Bestehens nicht
mehr nur auf die gemeinsamen Lebenszusammenhänge zurück, sondern entwickelten darüber
hinaus eigene Formen des Gruppenlebens, mit
eigenem Verhaltensstil und gruppenspezifischer
Kleidung.[1]

Somit trat ein Großteil der Jugendlichen
nicht formal in eine Clique ein, sondern wuchs
hinein. Den Kern der Cliquen bildeten die Jugendlichen, die sich durch gemeinsame Lebenszusammenhänge, das heißt, gemeinsames Aufwachsen,
gemeinsames Lernen und Arbeiten untereinander
verbunden fühlten.

---
1) Vgl. Peukert/Winter, S. 265.

"Es ist ja nicht jeder in unseren Kreis aufgenommen worden; es gab ja eine Art Vorauswahl – die Leute kamen aus derselben Gegend, derselben sozialen Stellung; jeder brachte Leute nur aus seinem Bekanntenkreis mit. Die E.P. waren ein freiwilliger Zusammenschluß."1)

Neben diesem milieubedingten Hineinwachsen in die Clique gab es aber auch den bewußten Eintritt in die Clique. Die Attraktivität der Cliquen, ihre Art des Gruppenlebens, ihre Kommunikationsformen, ihre demonstrativ nach außen getragene Ablehnung der HJ muß so groß gewesen sein, daß andere Arbeiterjugendliche den Kontakt zu den Cliquen suchten. Sie sprachen entweder einzelne Cliquenmitglieder an oder suchten ganz bewußt die Treffpunkte der Cliquen auf. Dieses aktive Handeln der Jugendlichen, um Anschluß an die Cliquen zu bekommen, deutet daraufhin, in welch hohem Maße die Cliquen Orientierungs- und Identifikationsangebote für Arbeiterjugendliche gaben. Nach der Untersuchung von Peukert/Winter suchten von 15 Duisburger Edelweißpiraten, die in den Verhören Angaben zu der Art ihrer Kontaktaufnahme machten, knapp die Hälfte, nämlich sechs, selbst den Kontakt zu ihren Cliquen.

---

1) Interview Günther O., in: Peukert, Edelweißpiraten, S. 24.

6.2. Alltagskultur der Cliquen

Aus der Art und Weise des Auftretens der Cliquen in der Öffentlichkeit lassen sich bestimmte Merkmale des Gruppenlebens herausarbeiten. Dabei wird offensichtlich, daß die Cliquen sowohl auf traditionelle Kommunikationsformen ihres sozialen Milieus zurückgriffen, als auch Elemente bündischen Jugendlebens in ihr Gemeinschaftsleben integrierten, wobei die bündischen Kommunikationsformen den Bedürfnissen von Arbeiterjugendlichen entsprechend umgestaltet wurden.[1]

Im Gegensatz zur Zeit der Weimarer Republik wurde die spezifische Alltagskultur der Cliquen im Faschismus zum Politikum, da der Faschismus aufgrund seines totalitären Machtanspruchs kein abweichendes Verhalten dulden konnte. Indem er jegliche Form von Öffentlichkeit für sich beanspruchte bzw. mit seinen Inhalten zu besetzen versuchte, beschränkte der Faschismus sich nicht auf die Zerschlagung der politischen Organisationen der Arbeiterbewegung, sondern versuchte ebenso, die proletarische Alltagskultur, die historisch gewachsenen Solidarstrukturen in den Arbeitervierteln und Arbeitersiedlungen zu zerstören. Die Auflösung der Arbeitersportvereine, die systematischen Razzien in den Arbeitersiedlungen, die Ausschmückung ganzer Arbeiterviertel mit NS-Symbolen, das Blockwartsystem – das alles waren Mittel, die bewußt zur Zerstörung der proletarischen Alltagskultur eingesetzt wurden.[2]

---

1) Vgl. Klönne, Journal, S. 17f.
2) Vgl. Detlev Peukert, Volksgenossen und Gemeinschaftsfremde, Anpassung, Ausmerze und Aufbegehren unter dem Nationalsozialismus, Köln 1982, S. 122-128 (zit.: Peukert, Ausmerze).

Die Politisierung des Alltags zeichnete dementsprechend die Konfliktfelder zwischen Arbeiterjugendcliquen und nationalsozialistischem System vor. Die Verhaltensweisen der Cliquen, ihre Kleidung, Lieder und ihr Gemeinschaftsleben grenzten sich scharf von denen der nationalsozialistischen Jugendorganisationen ab. Aufgrund des rigiden Machtanspruchs des nationalsozialistischen Systems gerieten diese Verhaltensweisen zu einem gefährlichen Protest gegen die Konformität des nationalsozialistischen Alltags.

6.2.1. Kleidung

Die Kleidung der Cliquenangehörigen unterschied sich bewußt von der der Hitlerjugend. Den einfaltslosen tristen weißen, braunen und schwarzen Uniformfarben setzten sie eine abenteuerliche, farbige Kluft entgegen, die regional unterschiedlich ausfiel. So war in Süddeutschland, und hier besonders in München, das Tragen von bunten Pullovern beliebt, auf denen der Namenszug der betreffenden Cliquen eingestickt war.[1] Als Erkennungszeichen der Blasen galt hier der goldene Anker.[2]

Die Arbeiterjugendcliquen im Rhein-Ruhr-Gebiet trugen ebenfalls eine weitgehend ähnliche Kluft, zumindestens was die Edelweißpiraten und Totenkopfbanden betraf. Die Kleidung glich der Kluft der Wilden Cliquen vor 1933 und nahm noch

---

1) Vgl. Cliquen- und Bandenbildung, Reichsjugendführung 1942, in: Peukert, Edelweißpiraten, S. 225.
2) Vgl. ebd., S. 219.

zusätzliche bündische Fahrtentrachtenelemente hinzu. Beliebt waren im Sommer Bundschuhe, weiße Strümpfe, kurze Lederhosen (bzw. im Winter schwarze Manchesterhosen) oder blaue Kniehosen, karierte Schottenhemden bzw. bunte oder grüne Sporthemden, Lederjacken oder blaue Kletterwesten mit Reißverschluß oder silbernen Knöpfen. Dazu weiße oder rote Schals und Taschentücher, sowie Gürtel und Koppeln mit goldenen und silbernen Schnallen. Zum bewußt langen Haar gehörten dann noch Skimützen oder Hüte mit abgeschnittenen Krempen oder das sogenannte Tampikohütchen mit angestecktem Edelweiß oder kleinen herabbaumelnden Holzschuhen.[1] Edelweißpiraten trugen u.a. stilisierte Dirndlkleider bzw. blaue Röcke, helle Windjacken mit eingenähtem Edelweiß am linken Arm oder eine Edelweißkette am Hals.[2]

Besonders begehrt bei den Cliquen waren die russischen 'Ziehharmonika-Stiefel', in deren Schaft man Pfeife und Messer versteckte. Sie gelangten oft durch Verwandte, die als Soldaten in Rußland waren, zu den Cliquenjugendlichen. Allein das Tragen dieser Stiefel war den Nationalsozialisten verdächtig, da sie zu den sogenannten 'gegenvölkischen' Stilelementen der Cliquen zählten.[3]

---

1) Vgl. Bericht des Oberstaatsanwalts beim Kölner Oberlandesgericht an das Reichsjustizministerium vom 16.1.1944 (BA, R 22) 1177 Bl. 123-126), in: Peukert, Edelweißpiraten, S. 48-55, hier S. 49 (zit.: Bericht des Kölner Oberstaatsanwalts an das Reichsjustizministerium, 1944, in: Peukert). Vgl. auch Werner, S. 42f. und Zimmermann, Widerstand in Oberhausen, S. 231.

2) Vgl. Widerstand in Dortmund, S. 200f. und Werner, S. 43.

3) Vgl. Fritz Theilen, Ein Kölner Edelweißpirat erzählt, in: Elisabeth Pieper, Opposition und Widerstand von Jugendlichen im Deutschen Faschismus, Vorschläge für einen historisch-sozialwissenschaftlichen Unterricht, unveröffentlichte schriftliche Arbeit zur Ersten Philologischen Staatsprüfung, Münster 1980, S. 85-100, hier S. 90 (zit.: Theilen, in: Pieper).

Bestimmte Cliquen, wie z.B. die Kittelbachpiraten aus Essen, wirkten schon durch ihre Kluft - russische 'Ziehharmonika-Stiefel', Lederhose, Lederjacke, mit Nieten beschlagene Gürtel etc., vom Äußeren her bewußt provokativ.[1] Bereits das Tragen von Kleidungsstücken, wie z.B. den Lederhosen, gab bereits 1936/37 Anlaß zu Auseinandersetzungen mit den nationalsozialistischen Sicherheitsorganen. Mit den Mitteln körperlicher Gewalt wurden Cliquenangehörige gezwungen, z.B. die Lederhosen, die den Nationalsozialisten als Ausdruck oppositionellen Jugendstils erschienen, auszuhändigen.[2]

So führte schon das Tragen bewußt von der Umgebung abstechender Kleidung zur Einschaltung der nationalsozialistischen Verfolgungsbehörden, als Konsequenz des totalitären Herrschaftsanspruchs des Faschismus. Hier wurde selbst das Tragen bestimmter Kleidungsstücke als Angriff auf die 'Volksgemeinschaft' verstanden und dementsprechend sanktioniert. Bisweilen verstieg man sich sogar in Phantastereien, die von unfreiwilliger Komik nicht frei waren, nach denen die Kluft der Cliquen subversiv von antinationalsozialistischen Organisationen beschafft worden sei.

"B., den ich danach fragte, woher die Piraten die Lederhosen hätten, sagte, der größte Teil der Piraten sei katholisch; sie setzten den bündischen Gedanken der Bewegung PX fort; die Angehörigen dieser Bewegung hätten auch schon

---

1) Vgl. Interview Siepermann.
2) Vgl. Interview von Hans Müller mit Kaczmarek, Dortmund, 17.3.1981 (zit.: Interview Kaczmarek).

immer Lederhosen getragen; es besteht nun
die Möglichkeit, daß die Piraten die Lederhosen
ihrer älteren Brüder, die noch dem katholischen
Bund angehörten, übernahmen. Ebenso gut kann
es aber sein, daß die Lederhosen von katholischen
Hintermännern gestellt werden."1)

Den vielen verordneten Kennzeichen setzten die
Cliquen ihre eigenen Embleme entgegen. Hier
vor allem das Edelweiß, das Totenkopfabzeichen
oder eine bestimmte Anordnung von Stecknadeln
am linken Rockaufschlag.2) Das Edelweißabzeichen,
das auch schon als Erkennungszeichen einiger
Cliquen zur Zeit der Weimarer Republik fungierte,
war im "Dritten Reich" überall erhältlich. Man
konnte die metallenen Abzeichen von den Gebirgs-
jägern bekommen als deren offizielles Truppen-
emblem oder vom Winterhilfswerk gegen eine Spende.3)
Auch gab es während des Krieges wegen der Ver-
dunkelung offizielle Leuchtplaketten, eines davon
in Form eines Edelweißes. Damit war dieser Cliquen-
emblem geradezu ideal in seiner Funktion als
Kennzeichen der Cliquen, da es zumindest zu
Kriegszeiten als 'gegenvölkisches' Stilelement
nicht verfolgt werden konnte.4)

----

1) Schreiben eines Reichsarbeitsdienstführers
   (HStA-Dü-RW, Bd. 31214, Karl-Heinz B.,
   Blatt 6) zit. nach Peukert/Winter, S. 267.
2) Vgl. Bericht des Kölner Oberstaatsanwalts an
   das Reichsjustizministerium, 1944, in: Peukert,
   Edelweißpiraten, S. 49.
3) Vgl. Theilen, in: Pieper, S. 89.
4) Vgl. Bericht eines Mülheimer H.J.-Untersuchungs-
   führers vom 7. Juli 1941 (HStA-Dü-G 9213, Bl.
   42f.), in: Peukert, Edelweißpiraten, S. 98-100,
   hier S. 100.

6.2.2. Lieder

In den Liedern der Cliquen spiegelten sich die Erfahrungszusammenhänge der Arbeiterjugendlichen wieder. Sie drückten ihre gesellschaftliche und politische Situation aus und gaben ihre Sehnsüchte und Ansprüche auf ein alternatives Jugendleben wieder, das ihnen der nationalsozialistische Alltag, insbesondere unter den Bedingungen des Krieges verwehrte.[1]

Ein Großteil der Lieder knüpfte an die Traditionen der verbotenen Bündischen Jugend an, wobei unklar ist, ob dieses bündische Liedgut bewußt übernommen wurde, weil es von den Nationalsozialisten verboten worden war und man sich dadurch bewußt in Gegnerschaft zum nationalsozialistischen System stellen konnte, oder weil gerade dieses Liedgut die Sehnsucht nach einem freien, abenteuerlichen Leben widergab.

Aber nur wenige Lieder der bürgerlichen Wandervogelbewegung wurden im Original übernommen; die meisten wurden ebenfalls wie die aktuellen Schlager zur Zeit der nationalsozialistischen Herrschaft zeilenweise oder strophenweise verändert und damit in das Milieu der Arbeiterjugend projiziert.[2]

In die Lieder wurden von den Cliquen nun ihre Normen und die entsprechenden lokalen Bezüge transferiert, so z.B. die von Cliquen in Duisburg und Wuppertal:

---

1) Vgl. Peukert, Freizeit, S. 312.
2) Vgl. Klönne, 1982, S. 253.

"Heiß über Entenfangsboden /Ausflugsziel der
die Sonne glüht,   Duisburger Cliquen/
unsere Edelweißpiraten
singen ihr Lied."1)

"Wilde Gesellen vom Wupperstrand
verfolgt von Schirachs Banditen."2)

Aber bei diesen geringfügigen Umtextungen der
traditionellen bündischen Lieder und der Volks-
schlager blieb es nicht bestehen. Zeilen und
ganze Strophen wurden umgedichtet und mit
neuen Inhalten besetzt, wobei diese Lieder
nun ein antifaschistisches Gehalt bekamen
und die Ablehnung des nationalsozialistischen
Systems ausdrückten. Besonders häufig wurden
dabei die Staatsorgane in die Liedtexte ein-
gebaut, die die Cliquen als ihre Hauptgegner
in ihrem Bestreben nach selbstbestimmter
Freizeit empfanden - die Gestapo und der HJ-
Streifendienst.

In den umgetexteten Naziliedern ersetzten
die genannten nationalsozialistischen Organisationen nun die faschistischen Feindstereo-
typen, wie 'Rote Horden' oder 'GPU'.3)

Wenn es vormals hieß:

"Hei, seht wie die weißen Wagen
löschen den Roten Brand!"4),

so wurden die letzten Zeilen des Liedes von
----
1) Brief der NSDAP-Duisburg an die Gestapo vom
   8.10.43 (HStA-Dü-G 37026, Bl. 11), zit. nach:
   Peukert, Edelweißpiraten, S. 73.
2) Brief der NSDAP-Düsseldorf an die Gestapo
   vom 11.5.37 (HStA-Dü-G 35240, Bl. 1) zit. nach:
   Peukert, Edelweißpiraten, S. 73.
3) Vgl. Peukert, Freizeit, S. 312.
4) Zit. nach: Peukert, Edelweißpiraten, S. 73.

den Arbeiterjugendcliquen jetzt wie folgt
gesungen:

"Wir müssen uns verbergen
vor Gestapo und ihren Schergen,
dürfen nur noch heimlich werben."1)

Eine Anzahl von Liedern hatte auch ausdrücklich
politische Inhalte. Die Texte richteten sich
gegen die von den Arbeiterjugendlichen so
gehaßte Reglementierung und Überwachung ihrer
Lebensräume und äußerten den allgegenwärtigen
Wunsch nach freiheitlicher Lebensgestaltung.

Das Verlangen nach Freiheit wurde in den
Liedern unterstrichen durch Appelle, die zum
Kampf gegen die Nationalsozialisten aufriefen.
Dazu zwei Beispiele aus Köln und Dortmund:

"Des Hitlers Zwang, der macht uns klein
Noch liegen wir in Ketten.
Doch einmal werden wir wieder frei,
Wir werden die Ketten schon brechen.
Denn unsere Fäuste, die sind hart,
Ja - und die Messer sitzen los,
Für die Freiheit der Jugend kämpfen
Navajos."2)

---

1) HStA-Dü-G 23599 zit. nach: Peukert, Edelweißpiraten, S. 74.
2) Bericht des Kölner Oberstaatsanwalts an das
   Reichsjustizministerium 1944, in: Peukert,
   Edelweißpiraten, S. 51. Siehe auch das
   Lied von Krefelder Edelweißpiraten, abgedruckt in Aure/Billstein, Der eine fällt,
   die anderen rücken nach, Dokumente des
   Widerstands und der Verfolgung in Krefeld
   1933-1945, Frankfurt 1973, S. 282f.

"Hohe Tannen, weiß sind die Sterne
An der Isar wild springender Flut
Siegt das Lager der Edelweißpiraten
Latscherbuben behüten es gut.

Kommt zu uns an das flackernde Feuer
zu den Stürmen bei Tag und bei Nacht
Schirmt die Zelte, ihr Edelweißpiraten,
und haltet stets mit uns treu die Wacht.

Latscherbuben, lasset euch sagen:
Volk und Vaterland sind nicht mehr frei.
Schwingt die Keulen, ihr Edelweißpiraten,
Schlagt den Nazis die Köpfe entzwei."1)

Andere Lieder wiederum sind von ihrem Ursprung her alte Kampflieder der faschistischen Kampforganisationen. Sie wurden von den Edelweißpiraten provokativ mit eigenen Inhalten besetzt und auch öffentlich gegenüber der HJ kundgetan.

Eines von diesen zweckentfremdeten Liedern lautete wie folgt (nach der Melodie "SA marschiert"):

"An Rhein und Ruhr marschieren wir,
für unsere Freiheit kämpfen wir,
den Streifendienst schlagt ihn entzwei,
Edelweiß marschiert, Achtung die Straße frei."2)

Die Hitlerjugend, deren Alleinerziehungsanspruch durch die Arbeiterjugendcliquen in Frage gestellt wurde und deren Streifendienst die Überwachung der Cliquen zu leisten hatte,

---

1) Zit. nach Widerstand in Dortmund, S. 202.
2) Bericht des Reichssicherheitshauptamts vom 15. März 1943 (BA, R 22/1177, Bl. 320), zit. nach: Peukert, Edelweißpiraten, S. 75 (zit.: Bericht des Reichssicherheitshauptamts, 1943, nach: Peukert, Edelweißpiraten).

bekamen das massive Selbstbewußtsein der
Cliquenangehörigen auch in den Liedern
zu spüren. Die Formen des Gemeinschaftslebens in der HJ wurden in Liedern verspottet,
die Geringschätzung der Staatsjugend in der
Öffentlichkeit besungen:

"Kurze Haare, große Ohren
So ward die HJ geboren
Lange Haare, Tangoschnitt -
da kommt die HJ nicht mit! Oho, oho!
Und man hört's an jeder Eck -
die HJ muß wieder weg! Oho, oho!"1)

Ein weiteres Lied, das auf die nationalsozialistischen Organisationen sicherlich wie ein
rotes Tuch wirkte, lautete:

"Wir bilden ein' Idiotenclub
und laden herzlich ein.
Bei uns ist jeder gern gesehen,
nur blöde muß er sein,
und wer der Allerblödste ist,
wird Oberidiot."2)

Die HJ wurde in den Liedern aber nicht nur
verspottet, sondern ihr wurde auch bewußt mit
Gewalt gedroht. Daß es nicht nur bei der
Drohung blieb, beweisen die fast täglichen
Schlägereien mit der HJ. Die Gewalt, die die
Jugendlichen als Kinder wehrlos in der Schule
über sich hatten ergehen lassen müssen[3], ließ
sie als Jugendliche mit offener Gegengewalt
antworten.

---

1) Zit. nach: Neuland, S. 307.
2) Zit. nach Interview Günther O., in: Peukert,
   Edelweißpiraten, S. 22.
3) Siehe Kapitel 6.1.3.1.

Die Lieder geben die Art und Weise der Auseinandersetzung wieder, wie sie im Alltag stattfanden.

Hierzu ein Beispiel eines Liedes von Frankfurter Edelweißpiraten:

"Ja wenn die Messer blitzen
Und die Nazis flitzen
Und die Scheiben klirren drein,
Was kann das Leben
Schönres geben
Wir wollen Freie sein!"1)

Oder die Strophe eines anderen Liedes aus dem Rhein-Ruhr-Gebiet. Sie lautete:

"Hör Eisbär /verstorbenes Mitglied der Kittelbachpiraten/, was wir Dir jetzt sagen, unsere Heimat ist nicht mehr frei, schwingt die Keulen ja wie in alten Zeiten, schlagt HJ., SA. den Schädel entzwei."2)

Aber nicht nur HJ und SA, auch das Verhältnis zur Wehrmacht wurde in den Liedern aufgegriffen. Daß den Jugendlichen die Geschichte der Novemberrevolution trotz der nationalsozialistischen Unterrichtsinhalte bekannt war, geht daraus hervor, daß sie, wenn sie einberufen wurden, sich zu bestimmten Waffengattungen meldeten. So beunruhigte es z.B. die nationalsozialistischen Behörden, daß sich viele Kittelbachpiraten aus Oberhausen ausschließlich freiwillig zur Marine meldeten. Die Nationalsozialisten interpretierten das zu Recht als "eine bedenkliche Erscheinung"

----
1) Zit. nach Neuland, S. 308.
2) Bericht des Reichssicherheitshauptamts, 1943, zit. nach Peukert, Edelweißpiraten, S. 76.

und vermuteten richtig, daß das freiwillige Melden zur Marine "System" habe.[1] Denn die Mitglieder der Oberhausener Kittelbachpiraten gingen deshalb freiwillig zur Marine,

"weil /.../ es dort im November 1918 auch losgegangen /.../"[2]

sei. Das Wissen über geschichtliche Traditionen der Arbeiterbewegung war bei den Jugendlichen also nach wie vor präsent.

Überhaupt schien man innerhalb der Cliquen dem Heroismus des deutschen Heers nicht zu folgen. Die Ehre, als Soldat für das Vaterland kämpfen zu können, wurde von ihnen gar nicht hoch angesehen, wie folgende Strophe eines Liedes beweist:

"Haut euch schwer und rauft euch sehr,
ihr seid Piratenpack.
Verkauft die Ehr, schmeißt fort den Speer
und baut die Sterne ab.
'Ahoi wir sind das wilde Heer und pfeifen
auf die Wehr.
Und flucht ihr uns und jagt ihr uns, wir
lachen dahinterher.'"[3]

Des weiteren wurden die Militärlieder der deutschen Armee umgedichtet, aus dem Militärlied 'Heiß über Afrikas Boden' wurde - wie

---

[1] Vgl. Meldung des DAF-Betriebsobmanns Schleusener von der Altenberg A.G. an die Gestapo (HStA-Dü-G 9213, S. 11) nach Zimmermann, Widerstand in Oberhausen, S. 234.
[2] HStA-Dü-G 8829 zit. nach Zimmermann, Widerstand und Verfolgung in Oberhausen, S. 234.
[3] Liedtext von Paul N., Essen-Steele (HStA-Dü-G 4760), zit. nach Peukert, S. 76f.

oben angeführt - 'Heiß über Entenfangs Boden'[1];
Refrains von Militärliedern, die die Aktionen
der deutschen Wehrmacht bejubelten, wie:

"Von Finnland her
 zum Schwarzen Meer;
 vorwärts, vorwärts nach Osten
 Du sturmend Heer"

wurden von Arbeiterjugendlichen umgereimt in:

"Von Finnland
 bis zum schwarzen Meer,
 da zieht sich
 ein gebrochen Heer."[2]

Die Jugendlichen dichteten und reimten aber
nicht nur verbotene bündische Lieder, Schlager
und nationalsozialistische Militärlieder um,
sie rekrutierten ihre Lieder auch aus dem
Liedbestand der Arbeiterbewegung. Zwar waren
die traditionellen Arbeiterlieder bei den Cliquen
nicht so verbreitet wie die umgeformten bündischen Lieder und Schlager, aber daraus zu
schließen, daß die Arbeiterjugendlichen das
sozialistische Liedgut nicht übernahmen,
wie Peukert es vermutet[3], ist voreilig.

Vielmehr ist anzunehmen, daß sozialistische
und kommunistische Lieder immer dann gesungen
wurden, wenn die HJ und andere nationalsozialistische Institutionen offen provoziert werden
sollten.

---
1) Vgl. Interview Günther O., in: Peukert, Edelweißpiraten, S. 21.
2) Zit. nach Interview Günther O., ebd.
3) Vgl. Peukert, Edelweißpiraten, S. 153.

So sangen in Oberhausen die Cliquen bei sich anbahnenden Auseinandersetzungen, an die KPD und die nationalsozialistische Kampfzeit erinnernd, ein Lied, das mit den Worten begann:

"Im Essener Segeroth ist Blut geflossen,
im Essener Segeroth waren wir dabei."[1]

Ein ehemaliger Dortmunder Edelweißpirat berichtet, daß sie "Völker hört die Signale" immer zum Schluß bei den Treffen an den Wochenenden sangen. Das Lied wäre ihr "Nationallied gewesen"[2]. Von den Meuten und Mobs in Dresden wird das Singen der Internationale und anderer kommunistischer Lieder in der Denkschrift der Reichsjugendführung vom September 1942 erwähnt.[3] In Düsseldorf sangen die Edelweißpiraten das Lied sogar auf dem Flur der NS-Dienststelle, um die Nationalsozialisten zu provozieren.[4]

---

[1] Zit. nach Interview Günther O., in: Peukert, S. 21.

[2] Vgl. Interview Kaczmarek.

[3] Vgl. Cliquen- und Bandenbildung, Reichsjugendführung 1942, in: Peukert, Edelweißpiraten, S. 212f.

[4] Vgl. Werner Heydn, Edelweißpiraten gegen den Hitlerkrieg, in: Karl Schabrod, Widerstand gegen Flick und Florian, Düsseldorfer Antifaschisten über ihren Widerstand 1933-1945, Frankfurt 1978, S. 174-194, hier S. 176 (zit.: Heydn).

6.2.3. Treffs und Fahrten

Da die Mehrzahl der Mitglieder der Cliquen aus den gleichen Arbeitersiedlungen bzw. den gleichen Straßen stammte, fanden ihre Treffs auch in den ihnen vertrauten Wohnvierteln statt. Sie trafen sich im Sommer täglich in den angrenzenden Parkanlagen bzw. an Hauptverkehrsstraßen der Innenstadt und besuchten oft anschließend die gleichen Lokale. Bei den Lokalen handelte es sich häufig um frühere Treffpunkte der KPD bzw. der SPD; insbesondere die Leipziger Meuten frequentierten die traditionellen Arbeiterlokale.[1]

Es ist anzunehmen, daß die Cliquen im Rhein-Ruhr-Gebiet aufgrund derselben Milieuverbundenheit und des Heranwachsens in der "antifaschistischen Atmosphäre" der Arbeiterviertel auch dort die traditionellen Arbeitertreffpunkte aufsuchten.

Die täglichen Treffen in den Anlagen und den Lokalen prägten den Zusammenhalt der Clique und bedingten die Entwicklung spezifischer Kommunikationsstrukturen innerhalb der Gruppe. Hier tauschte man seine Alltagserfahrungen über Beruf und Schule aus, diskutierte des öfteren über die heimlich abgehörten Sendungen ausländischer Rundfunkübertragungen etc. Während der Treffen musizierte man zusammen und versuchte, den 10-12 Stunden dauernden Arbeitstag zu vergessen, plante aber auch

---

1) Vgl. Cliquen- und Bandenbildung, Reichsjugendführung 1942, in: Peukert, Edelweißpiraten, S. 189.

Aktionen gegen die HJ, mit der es zwangsläufig
zu Auseinandersetzungen kam, da die Jugendlichen
sich nicht auch noch in den wenigen freien Stunden überwachen und reglementieren lassen wollten.
Indem HJ und Schutzpolizei auf die Überwachung
der Einhaltung der 'Polizeiverordnung zum Schutz
der Jugend' angehalten waren, die Cliquenmitglieder aber gerade diese Reglementierungen nicht
defensiv hinnahmen, waren Auseinandersetzungen
mit der HJ an der Tagesordnung. Nach der 'Polizeiverordnung zum Schutz der Jugend' vom 9. März
1940 durften Jugendliche unter 18 Jahren sich
nicht in der Dunkelheit auf öffentlichen Plätzen
und Straßen oder an sonstigen öffentlichen Orten
aufhalten. Das hieß für damalige Verhältnisse,
daß nach der Arbeitszeit oft nur ein bis zwei
Stunden blieben, die arbeitende Jugendliche mit
Gleichaltrigen in der Öffentlichkeit verbringen
konnten.[1]

Gerade unter den Bedingungen des Kriegsalltags
wurde der Zusammenhalt unter den Cliquen noch
weiter gestärkt. Aufgrund der fast täglichen
Fliegerangriffe und Bombenalarme wurden die
Bunker jetzt zwangsläufig zu den bevorzugten
Treffs der Cliquen. Es ist anzunehmen, daß die
Luftschutzbunker auf zweifache Weise die Art
der Kommunikation bestimmten. Einmal saßen hier
die Jugendlichen, die sonst wegen der Polizeiverordnungen gezwungen waren, frühzeitig den
Cliquentreffpunkt zu verlassen, mehrere Nächte
miteinander in den Bunkern zusammen und vertieften ihre freundschaftlichen Beziehungen
untereinander. Zum anderen aber standen sie in
den Bunkern unter der Überwachung durch die
Luftschutzwarte und einer Vielzahl von Erwachsenen.
----
1) Vgl. Klönne, Bayern in der NS-Zeit, S. 594.

Fühlten sie sich in den Bunkern noch durch die
anwesenden Luftschutzwarte überwacht und bei
den Gesprächen bespitzelt, so gingen sie ziemlich schnell dazu über, während der Fliegeralarme und Bombenangriffe außerhalb der Bunker
zu bleiben. Die Momente freier und unüberwachter
Freizeit galten als so kostbar, daß die Cliquenangehörigen eine Gefährdung durch Fliegerangriffe
in Kauf nahmen. Im Kriegsalltag ab 1941 boten
die nächtlichen Treffs außerhalb der Bunker
den Arbeiterjugendlichen die Chance, sich frei
zu entfalten und ungestört das Gemeinschaftsleben in der Clique zu genießen.

"Man brauchte einfach nur nicht in den Bunker
hineinzugehen, man mußte draußen bleiben, bis
das Publikum drin war mitsamt den überängstlichen Luftschutzwarten. Das wurde die Regel.
Ich kann mich an keine Gelegenheit erinnern,
wo nicht wenigstens 30 Jugendliche draußen
waren, so von fünf Uhr nachmittags bis fünf/sechs
Uhr morgens. Wir waren nicht immer in einer Gruppe
zusammen. Häufig saßen oder lagen wir in getrennten Gruppen irgendwo herum. Es spielte
sich alles in der Dunkelheit ab, in dem etwas
unübersichtlichen Bunkergelände. Wenn man
Lust hatte, gesellte man sich wie selbstverständlich zu einer Gruppe hinzu und wurde auch aufgenommen. Wir haben dann folgende Sachen gemacht:
erzählen, singen, rauchen, Sex, - das nicht sehr
oft. /.../ In ganz seltenen Fällen wurde auch
schon mal was getrunken. Zumeist wurde erzählt.
Über Persönliches, am Rande über Politik - der
Wissensvorrat darüber und der Informationsfluß
waren nicht sehr groß. Man hat gemeinsam Pläne
ausgeheckt. Über Arbeit und Schule gesprochen."1)

Die täglichen Treffs prägten den Stil der Gruppe
entscheidend mit. Auf ihnen entwickelten die
Jugendlichen spezifische Kommunikationsstrukturen;
sie setzten dem stumpfen Drill der HJ und deren

----
1) Interview Günther O., in: Peukert, S. 16.

hierarchischem Aufbau nach dem Führer-Gefolgschaftsprinzip ihre Form von Gemeinschaftsleben entgegen, das durch gegenseitiges Vertrauen und kollegiales Aufeinandereingehen gekennzeichnet war.

Strukturierten und schufen die täglichen Treffs nach der Arbeit in erster Linie den Zusammenhalt der Gruppe, so erschlossen die Urlaubs- und Wanderfahrten am Wochenende den Arbeiterjugendlichen Erlebnisräume, die ihnen aus ihrer sozialen Lage heraus und verstärkt unter den Bedingungen des Kriegs üblicherweise verwehrt wurden. Die Wochenendfahrten gaben den Jugendlichen die Möglichkeit, zumindest für eine kurze Zeit den bedrückenden Wohn- und Arbeitsalltag zu vergessen und zu kompensieren. Das Ausweichen der Arbeiterjugendlichen in die Natur war der Versuch, sich den in allen Lebensbereichen vordringenden doktrinären nationalsozialistischen Vereinnahmungsversuchen zu entziehen.[1] Unkontrolliertes und unüberwachtes Gemeinschaftsleben waren auf den Fahrten eher möglich, als in den städtischen Anlagen und auf dortigen Treffs, da die lokalen nationalsozialistischen Staatsorgane dort kontinuierlich in der Öffentlichkeit präsent waren, sei es in Gestalt des nationalsozialistischen Lehrers in der Schule, des DAF-Betriebsobmannes am Arbeitsplatz oder der HJ-Bannführer bzw. Gestapobeamten oder Blockwarte in der Freizeit.

Zwar konnten die Jugendlichen sich auch auf den Fahrten und Wanderungen nicht gänzlich der faschistischen Öffentlichkeit entziehen, da

---
1) Vgl. Peukert, Ausmerze, S. 186.

z.B. der HJ-Streifendienst versuchte, die
beliebtesten Ausflugsorte der Cliquen zu
überwachen und Treffs mit Arbeiterjugendlichen
aus anderen Städten mit Hilfe der Gestapo zu
verhindern.

Diese überörtlichen Treffs an den Wochenenden
mit anderen Cliquen verstärkten das Selbstbewußtsein der Cliquen und damit die jugendliche
Opposition gegen das nationalsozialistische
Regime. Bisweilen fanden sich bis zu tausend
Jugendliche an denselben Treffs zusammen, besonders zu Ostern und Pfingsten. Die überörtlichen Treffs fanden spontan mit Hilfe cliquen-
spezifischer Informationsstrukturen statt.

"Und wenn wir dann am Felsensee ankamen. Da
war eine kleine Gruppe. Da lag irgendwo in
einer Ecke, lag ein Zettel: Wir waren hier gewesen. Von Essen oder sagen wir von Düsseldorf.
Wir treffen uns dann und dann. Aber meistens
die großen Treffen, die waren immer so an
Ostern und Pfingsten."1)

Bei den Treffen auf den Wanderfahrten sahen
sich HJ und Gestapo den Cliquen an Stärke oft
unterlegen. Die Cliquen setzten dabei oftmals
ihren Anspruch nach selbstbestimmter Freizeit
mit Gewalt gegen HJ und Gestapo durch, ohne
Rücksicht auf die nach denAuseinandersetzungen
stattfindenden polizeilichen Verfolgungsmaßnahmen.

---

1) Fritz Theilen im Gespräch mit Walter Kuchta
und Dietrich Schubert, Köln, 23.12.1978
(zit.: Theilen/Kuchta).

"Wir haben uns richtige Gefechte geliefert mit denen, Prügeleien, also da hat's tüchtig Kleinholz bei gegeben. Ich selber habe da mal eine Gitarre dabei verloren. Ich hatte da einen Kollegen, der war von Deutz /.../. Der hatte meine Gitarre in der Hand und hat sie einem von der Gestapo über den Kopf geschlagen, der hatte sie dann um den Kopf hängen. Dann hat der die hin- und hergezogen, der hat fürchterlich ausgesehen. Der hatte das Holz alles ins Gesicht bekommen. Also die haben meistens, wenn wir in größeren Gruppen waren, dann haben wir sie auch in die Flucht geschlagen."1)

Die militante Verteidigung ihrer selbstbestimmten Freizeit lag begründet in den Identitätsangeboten, die die Cliquen den Jugendlichen bot. In der Clique erfüllten sich die Jugendlichen die Bedürfnisse, die ihnen der faschistische Alltag verwehrte. Den gemeinsamen Wochenendfahrten von Jungen und Mädchen hatten die nach Geschlechtern getrennten Jugendorganisationen der NSDAP keine adäquate Alternative entgegenzusetzen. In den Reaktionen der nationalsozialistischen Repräsentanten auf die ungezwungene Einstellung der Jugendlichen gegenüber ihrer Sexualität offenbarten sich deren verklemmte bürgerliche Moralbegriffe. Jugendliche, die auf den Fahrten am Wochenende ihre ersten sexuellen Erfahrungen machten, wurden von ihnen als sittlich verwahrlost verketzert. Dazu ein Beispiel aus Düsseldorf:

----
1) Theilen/Kuchta.

"Im Frühjahr 1942 machten sich in der Öffentlichkeit Fahrtengruppen, bestehend aus männlichen und weiblichen Jugendlichen, bemerkbar, die durch ihre betont lässige Kleidung und Haltung allenthalben auffielen und Anstoß erregten. Sie führten auf ihren Wanderungen Klampfen mit, sangen Fahrten- und bündische Lieder und übernachteten in Zelten oder bei Bauern in Scheunen. Eine allgemeine sittliche Verwahrlosung dieser Jugendlichen machte sich besonders auf den Rheinwiesen, an den Talsperren des Bergischen Landes und an sonstigen Plätzen, wo eine unbeaufsichtigte Badegelegenheit vorhanden war, bemerkbar. Zwischen den beiden Geschlechtern herrschte eine Umgangsform, die jeglichen Anstandes entbehrte. Vielfach lagerten und badeten die Jugendlichen beiderlei Geschlechts vollständig nackt zusammen."[1]

Die Wochenendfahrten schafften aber nicht nur den Freiraum für neue Erlebnisbereiche unter den Jugendlichen. Da bestimmte Ausflugsziele Treffpunkt von Cliquen aus verschiedenen Städten waren, entstanden überörtliche Kommunikationsstrukturen, die den überregionalen Verhaltensstil der Gruppen prägten. Die Wochenendfahrten und -wanderungen trugen daher einen hohen Anteil an der Vereinheitlichung des Auftretens der Cliquen in der Öffentlichkeit.[2]

---

1) Lagebericht der Stapo Düsseldorf, 1943, in: Peukert, Edelweißpiraten, S. 34f.
2) Vgl. Peukert, KPD, S. 389.

6.2.4. Organisation

Zur Clique gehörten gewöhnlich um die 12 Jungen und einige Mädchen.[1] Die genaue Anzahl der Cliquenmitglieder läßt sich jedoch nicht eindeutig bestimmen, da auch in dem vorhandenen Qullenmaterial unterschiedliche Zahlenangaben vorliegen. Manche ehemalige Cliquenangehörige benennen die Zahl von 150 Cliquenmitgliedern, wobei hierzu wohl alle Sympathisanten der Jugendlichen gerechnet wurden.[2]

Innerhalb der Cliquen kann keine hierarchische Struktur festgestellt werden. Dies kann mit dem limitierten Zeitraum, der den Jugendlichen aufgrund der Bedingungen des faschistischen Systems zum Cliquenleben zur Verfügung stand, begründet werden. Die Einberufung zum Reichsarbeitsdienst bzw. zum Wehrdienst im Alter von 17-18 Jahren verhinderte vonvornherein eine personelle Kontinuität und damit die Entwicklung organisationsähnlicher Strukturen. Das erkannten auch die nationalsozialistischen Staatsorgane.

"Ferner werden die jetzigen 'Piratengruppen' durch die Einberufungen zum RAD und zur Wehrmacht laufend auseinandergerissen, so daß sie keinen fest umrissenen Kreis bestimmter Personen darstellen. Dieser Umstand wirkt sich insofern günstig aus, als es den älteren Angehörigen der Gruppen infolge der Einberufung nicht möglich ist, ihren vollen Einfluß auf die Jugendlichen geltend zu machen. Es verblieb somit in allen Gruppen nur ein loser Zusammenhang, der gebildet wurde von Jugendlichen bestimmter Straßenzüge oder Stadtteile. Eine einheitliche Lenkung oder Führung der Gruppen lag nicht vor, /.../."[3]

---
1) Vgl. Peukert, Ausmerze, S. 185.
2) Vgl. Bericht von Bernhard Röppel, in: Peukert, KPD, S. 272.
3) Lagebericht der Stapo Düsseldorf, 1943, in: Peukert, Edelweißpiraten, S. 34.

Die altersmäßige Zusammensetzung der Cliquen
bestimmte die Art und Weise der Opposition. Von
Vierzehn- bis Siebzehnjährigen Jugendlichen eine
gesellschaftstheoretische Konzeption zu erwarten,
die ihnen den Weg zum politisch organisierten
Widerstand weisen würde, verkennt die Entstehungsbedingungen der Arbeiterjugendopposition im
"Dritten Reich" und leugnet die Schwächen des
organisierten, politischen Widerstands der Arbeiterbewegung, die gerade aufgrund einer starren
und unbeweglichen Kaderstruktur weitgehend von
den nationalsozialistischen Verfolgern zerschlagen wurde. Die Opposition der Arbeiterjugendlichen mußte uneinheitlich und politisch unklar bleiben, da die Lernprozesse der Jugendlichen, die sich aus ihrer Oppositionshaltung
gegenüber dem faschistischen Staat ergaben, nur
einen kurzen Zeitraum gemeinsamer Erfahrungszusammenhänge darstellten. Sie konnten aus dem
zeitlich begrenzten Gemeinschaftsleben innerhalb
der Cliquenkollektive keine weitergehenden
Strategien des Widerstands entwickeln.

"/.../ es war unmöglich, eine Organisation daraus
zu machen, weil ab 1943/44 die 15-, 16-jährigen,
mit 17 Jahren unter Garantie /.../ bei der
Heimat-Flak, beim Westwallschanzen oder schon
bei der Wehrmacht beim Kriegseinsatz /waren/."[1]

Hierarchische Strukturen konnten sich somit,
wenn überhaupt nur ansatzweise entwickeln.
Diejenigen, die am längsten der Clique angehörten und sich bestimmte Führungsqualitäten
erarbeitet hatten, waren vielleicht Leitbilder,
aber nie mit Privilegien ausgestattete Autori-
täten.[2]

---
1) Interview von Dieter Hehr und Wolfgang Hippe
   mit Jean Jülich, Köln, 14.11.78.
2) Vgl. ebd.

Indem sie sich in den Auseinandersetzungen mit den nationalsozialistischen Gegnern besonders hervorgetan hatten, zählten sie auch zu denjenigen, die die Verfolgungsmaßnahmen von Polizei und Gestapo zuerst trafen. Waren sie inhaftiert, übernahmen wiederum andere aus der Clique ihre Position.

Was man vorweisen mußte, um als Leitbild zu gelten, kann man den Aufnahmekriterien zum "Honoratiorenkreis" der Dortmunder Edelweißpiraten entnehmen. Wer diesem "Honoratiorenkreis" angehörte, mußte nachfolgende Voraussetzungen erfüllen:

"1. Herkunft aus dem Dortmunder Norden,
2. eine Zugehörigkeit zu den Edelweißpiraten von mindestens 3 Monaten,
3. Schlägereien bzw. Mißhandlungen durch die HJ, Polizei oder Gestapo,
4. Vorladung bei der Gestapo verbunden mit dem Vorwurf der 'Bündischen Betätigung',
5. vorübergehender Freiheitsentzug durch Jugendarrest, Untersuchungshaft oder Strafhaft, wobei die Haftgründe außer tätlicher Handlungen gegen HJ oder Gestapo auch Arbeitsbummelei oder kriminelle Handlungen sein durften."1)

Von organisationsähnlichen Strukturen innerhalb der Cliquen kann nur bei Auseinandersetzungen mit der Hitlerjugend geredet werden. Als Antwort auf die alltäglichen Verfolgungen durch den HJ-Streifendienst entwickelten die Jugendlichen eine Art von "Cliquenselbstschutz". Einige Cliquenangehörige hatten insbesondere während der Wochenendfahrten bestimmte Funktionen inne.

---
1) Widerstand in Dortmund, S. 201.

Sie stellten die Wachposten bei den Übernachtungsplätzen der Cliquen oder fuhren einige Kilometer vor dem Hauptteil der Cliquen, um vor etwaigen HJ-Streifen warnen zu können.[1] Andere hatten einzig und allein die Aufgabe, die Musikinstrumente, die damals nicht ersetzbar waren, zu retten.[2]

Ihren Ursprung in der nationalsozialistischen Verfolgungspraxis hatten auch einige spezifische Verhaltensmuster der Cliquen. So redeten sich die Cliquenmitglieder bewußt nur mit fingierten Namen an, fertigten keine schriftlichen Erinnerungen an und hielten ihr Gemeinschaftsleben nicht in Photos fest. Damit wurde den nationalsozialistischen Behörden die Verfolgung der Cliquen erschwert.[3]

---

1) Vgl. Interview Roeseler.
2) Vgl. Interview Jülich.
3) Vgl. Breckheimer, S. 194.

6.3. Mädchen in den Cliquen

Bei der Bearbeitung der Sekundärliteratur fällt auf, daß den dort aufgeführten Quellen nur äußerst spärliche Hinweise über Anteil und Bedeutung der weiblichen Cliquenangehörigen zu entnehmen sind. Hieraus lassen sich sicherlich Rückschlüsse über den männerdominanten Charakter eines Großteils der Arbeiterjugendcliquen ziehen, das heißt, die Mädchen bestimmten weniger als die Jungen das Gruppenleben und traten weniger als sie nach außen hin auf. Es darf dabei allerdings nicht unberücksichtigt bleiben, daß das bürgerliche Frauenbild der Nationalsozialisten verhinderte, die Mädchen als gleichberechtigte Widerstandskämpferinnen zu begreifen und entsprechend zu behandeln. Ihnen wurde nicht die gleiche Energie und Fähigkeit zu Widerstand und Protest zugetraut wie ihren männlichen Altersgenossen.[1]

Die geringfügige Beachtung des Widerstands der weiblichen Cliquenangehörigen in der Sekundärliteratur weist meines Erachtens die heutige Geschichtsschreibung und -forschung als ebenso männerdominant aus und verdeutlicht die Kontinuität des bürgerlichen Frauenbildes in den Köpfen heutiger Wissenschaftler.

Aus den wenigen Quellenhinweisen wie auch aus den Interviews mit ehemaligen Edelweißpiraten, speziell mit einem weiblichen Mitglied der Kölner Navajos, lassen sich sehr wohl Schlüsse ziehen, die die weiblichen Cliquenangehörigen keineswegs als irrelevante Minderheit in den Cliquen darstellen. Die Feststellung von Peukert/Winter, die

---
1) Vgl. Peukert/Winter, S. 260.

die von ihnen untersuchten Arbeiterjugendcliquen in Duisburg als reine Jungengruppen charakterisierten[1], darf folglich nicht verallgemeinert werden.

So berichten Jean Jülich und Walter Reiling, daß ihre Gruppen zu einem Drittel aus Mädchen bestanden.[2]

Fritz Theilen bezeugt sogar, daß die Hälfte der Cliquenangehörigen aus Mädchen bestand, wobei viele von ihnen älter als die männlichen Jugendlichen waren. Es handelte sich hierbei vorwiegend um Freundinnen ehemaliger Cliquenangehöriger, die man zu diesem Zeitpunkt bereits zur Wehrmacht eingezogen hatte.[3] Sophie Roeseler, ehemaliges Mitglied der Kölner Navajos, bezifferte den Anteil der Mädchen in ihrer Clique auf 50 %.[4] Andere ehemalige Cliquenmitglieder wiederum stellen den Mädchenanteil in ihren Cliquen als geringer dar.[5]

Offensichtlich unterschied sich der Anteil der weiblichen Jugendlichen von Clique zu Clique; es bleibt jedoch bemerkenswert, daß in manchen Cliquen beide Geschlechter gleich stark vertreten waren. Nach mündlicher Auskunft eines ehemaligen Edelweißpiraten aus Hattingen gab es in Velbert sogar eine reine Edelweißpiratinnen-Gruppe, die über mehrere Jahre bestand.[6]

---

1) Vgl. Peukert/Winter, S. 260.
2) Vgl. Interview Jülich und Interview Reiling.
3) Vgl. Theilen/Kuchta.
4) Vgl. Interview Roeseler.
5) Vgl. Interview von Hans Müller mit dem ehemaligen Edelweißpiraten Seidel, Dortmund, 15.4.1981.
6) Vgl. Interview Siepermann.

Vermutlich handelte es sich bei dieser Gruppe
nicht um einen Einzelfall, aber das Fehlen
entsprechender Untersuchungen offenbart die
eklataten Defizite der Forschung.

In den letzten Kriegsjahren fanden Mädchen
häufiger in den Gestapo-Akten und in den
Urteilen Erwähnung. Zum einen läßt sich daraus
eine tatsächlich steigende Aktivität der weiblichen Cliquenangehörigen ablesen, zum anderen
bleibt zu vermuten, daß die Nationalsozialisten
gezwungen waren, schärfer als zuvor auch weib-
liche Cliquenangehörige als politische Gegner
zu verfolgen und zu verurteilen.

Bis dahin war es üblich, weiblichen Cliquenangehörigen delinquentes Verhalten im Bereich
der Sexualität zu unterstellen. Entsprechend
wurden die bei Razzien aufgegriffenen Mädchen
nicht wie die männlichen Cliquenangehörigen
in der Polizeiwache inhaftiert, sondern einem
speziell eingerichteten Heim zugeführt, wo
sie eine diskriminierende Untersuchung auf
ihre Jungfräulichkeit über sich ergehen lassen
mußten.[1]

Unabhängig vom Ergebnis der Untersuchung über-
wies man dann den Großteil dieser als Cliquenangehörige registrierten und erfaßten Mädchen
anschließend in Fürsorgeheime, unter anderem
nach Münster in ein Heim des Klosters zum
G U T E N   H I R T E N [2].

---

1) Vgl. Neuland, S. 305 und Breckheimer, S. 195.
2) Eine betroffene Edelweißpiratin berichtete darüber. Genauere Angaben über die Anzahl der in
Münster eingewiesenen weiblichen Cliquenmitglieder konnten nicht recherchiert werden, da der
Landschaftsverband Westfalen-Lippe dem Verfasser gegenüber äußerte, daß die Fürsorgeakten
nach 30 Jahren generell vernichtet würden.

Wenn diese geschlechtsspezifische Verfolgung nicht mehr genügte, wurde auch Mädchen ein politischer Prozeß gemacht. So klagte man in Duisburg ein Mädchen als Rädelsführerin an, zusammen mit acht Jungen und fünf weiteren Mädchen im Ortsteil Hamborn eine Edelweißpiraten-Gruppe gebildet zu haben.[1]

In Köln hatten Edelweißpiratinnen Soldaten von ihrer Wachtätigkeit abgelenkt, um den Jungen der Clique zu ermöglichen, Lebensmittel zu stehlen. Spezielle Aufgabe der Mädchen war es, Soldaten, die für die Clique notwendigen Waffen zu stehlen.[2]

Auch in Offenbach leisteten Edelweißpiratinnen bewußten Widerstand gegen das faschistische Regime. Hier wurde eine Edelweißpiratin namens Gretel Meraldo (geb. Minze) am 24. März 1945 hingerichtet.[3]

---

[1] Vgl. Peukert/Winter, S. 260.
[2] Vgl. 'Edelweißpiraten sind treu', Ein Theaterstück der Bühnen der Stadt Köln, unter Mitwirkung von Heiner Müller, Wissenschaftliche Beratung von Matthias von Hellfeld, Tonbandmitschnitt der Sendung des Stückes im Westdeutschen Rundfunk vom 30.1.83.
[3] Vgl. Neuland, S. 305.

6.4. Cliquenjugendliche im Produktionsprozeß

Wie bereits festgestellt, stand die große Mehrzahl der Cliquenmitglieder im Berufsleben.[1] Mit der Entlassung aus der Schule und dem Beginn der Lehre bzw. einer Hilfsarbeitertätigkeit machten die Arbeiterjugendlichen die entscheidende, den Rhythmus ihres Lebens prägende Erfahrung ihrer Klassenzugehörigkeit. Die Realität des Lohnarbeitsprozesses bedingte Erfahrungsprozesse unter den Jugendlichen, die dazu führten, daß sie das in der faschistischen Öffentlichkeit propagierte

"/.../ Ideal des in der Leistung für die Volksgemeinschaft aufgehenden Arbeiters /.../[2]

als Identifikationsmodell ablehnten.

An den Auseinandersetzungen mit den Vorgesetzten im Betrieb und durch die Anforderungen des kapitalistischen Produktionsbereiches mit seinen durchschnittlich 52,6 - 54,6 Arbeitsstunden in der Woche schon vor 1938, mußte die Durchsetzung der nationalsozialistischen Volksgemeinschaftsideologie bei den Arbeiterjugendlichen zwangsläufig scheitern.[3] Die gemeinsame Erkenntnis ihrer gesellschaftlichen Stellung als

---

1) Siehe Kapitel 6.1.3.
2) Peukert/Winter, S. 264.
3) Vgl. Detlev Peukert, Protest und Widerstand von Jugendlichen im Dritten Reich, in: Widerstand und Verweigerung in Deutschland 1933-1945, hrsg. von Richard Löwenthal und Patrick von zur Mühlen, Bonn 1982, S. 177-2101, hier S. 181 (zit.: Peukert, Protest und Widerstand von Jugendlichen). Vgl. auch Peukert/Winter, S. 264.

abhängig Arbeitende verfestigte die bereits
durch gemeinsames Heranwachsen und gemeinsamen
Schulbesuch entstandenen Solidarstrukturen
unter den Jugendlichen.

Die Erfahrung der kapitalistischen Lohnarbeit
bildete den gemeinsamen Erfahrungshintergrund
der Cliquenmitglieder und bestimmte ihre Identität, die durch zweifache Werthaltungen geprägt war. Einerseits förderte die Erfahrung
der Arbeit ein enormes Selbstbewußtsein und
Selbstvertrauen in ihrem Auftreten gegenüber
der nationalsozialistischen Staatsjugend.
Der Hitlerjugend gegenüber traten die Cliquenmitglieder mit dem Selbstbewußtsein derjenigen
auf, die ihren Lebensunterhalt selbst verdienen,
die was 'leisten'. Mit der Teilnahme am Arbeitsleben fühlten sie sich als 'Erwachsene' und
grenzten sich dementsprechend von der Jugendorganisation HJ ab. Mit den dort dominierenden
Schülern, insbesondere den gleichaltrigen bürgerlichen Jugendlichen, hatten sie keine gemeinsamen Erfahrungszusammenhänge. Erst recht verspürten sie nicht wenig Unlust, sich im Alltag
des HJ-Dienstes den Befehlen gleichaltriger
Mittel- und Oberschüler unterzuordnen, die
zumeist die führenden HJ-Grade innehatten.[1]
Als im Arbeitsprozeß Stehende wollten sie sich
von bürgerlichen Jugendlichen, die noch in
materieller Abhängigkeit zu ihren Eltern
standen, nicht drillmäßig herumkommandieren
lassen. Ihr Selbstwertgefühl als Arbeiter bekam
die Hitlerjugend drastisch zu spüren, wie z.B.
im folgenden Flugblatt der Oberhausener Kittelbachpiraten an den HJ-Bann Oberhausen:

---

1) Vgl. Peukert, Ausmerze, S. 184 und 204.

"Warum sind die 15-16 Jährigen noch im Jungvolk?
Die gehören in die Hitlerjugend. Aber die Drücke-
berger wollen nicht in den großen Ferien aufs
Land bei den Bauern helfen. Das überlassen
sie den 14-jährigen Mädchen und den alten Grei-
sen und alten Mütterchen von 70 und 75 Jahren.
Die jungen Burschen wissen in den Ferien die
Zeit nicht umzubringen. Aber arbeiten wollen sie
nicht. Darum schickt sie aufs Land, damit auch
die arbeiten lernen.
                    Heil Hitler - K.P.
                    /Abkürzung für Kittelbach-
                                piraten/"[1])

Die Erfahrung kapitalistischer Lohnarbeit erzeugte aber noch eine zweite Werthaltung der
Cliquen. Führte sie einerseits zur vorzeitigen
Übernahme der Erwachsenenrolle mit dem daraus
resultierenden selbstbewußten Auftreten gegenüber
den Jugendlichen aus Mittel- und Oberschicht,
so empfanden die Arbeiterjugendlichen andererseits
die Arbeit im Betrieb als Zwang gegenüber den
Vorgesetzten und den Unternehmern, dem sie sich
mit verschiedenen Mitteln zu entziehen versuchten, sei es durch Fernbleiben vom Arbeitsplatz, durch langsames Arbeiten, durch Krankfeiern oder durch Aufsässigkeit im Betrieb
gegenüber dem Meister oder Betriebsobmann.[2])
Die Einstellung zur Lohnarbeit unterschied sich
also deutlich von dem Arbeitsbewußtsein des
traditionell mit der Arbeiterbewegung, insbesondere mit sozialdemokratischen Organisationen,
verbundenen Typs des qualifizierten Facharbeiters,
der Antifaschist war, aber trotzdem bis Kriegsbeginn in den Rüstungsbetrieben gewissenhaft
seiner Arbeit nachging.[3]) Der Berufsstolz des

---

1) Flugblatt der Oberhausener Kittelbachpiraten
   (HStA-Dü-G 9213, Bl. 21), zit. nach Zimmermann,
   Widerstand in Oberhausen, S. 233.
2) Vgl. Peukert, Ausmerze, S. 204.
3) Vgl. Peukert/Winter, S. 264.

Facharbeiters, der die sogenannte "deutsche Wertarbeit" erstellte, ließ ihn, polemisch ausgedrückt, Waffen genauso akkurat und präzise erstellen, wie vor der Umstellung auf die Rüstungswirtschaft, Gebrauchsgüter.[1]

Bei den Cliquenmitgliedern war von dieser Art von Berufsethos nichts zu spüren. Ihre Geringschätzung des Lohnarbeitsverhältnisses manifestierte sich nicht nur in ihrem non-konformen Verhalten am Arbeitsplatz, sondern auch in ihren Liedern. Eines davon, das schon vor 1933 zum traditionellen Liedgut der Cliquen zählte, lautete wie folgt:

"Meister gib uns die Papiere,
 Meister gib uns unser Geld,
 denn die Frauen sind uns lieber,
 als die Schufterei auf dieser Welt."[2]

Nicht Stolz auf ihre Leistungen im Betrieb und der Wunsch nach kontinuierlicher Arbeitstätigkeit waren Werthaltungen, die sie aus der Erfahrung von Arbeit gewannen, sondern Auflehnung und Aufsässigkeit gegenüber den Zwängen kapitalistischer Lohnarbeit. In ihrer Geringschätzung kapitalistischer Lohnarbeit äußerte sich eine grundlegende Kritik der Cliquenmitglieder an der kapitalistischen Produktionsweise, deren Gesetzmäßigkeiten und Arbeitsnormen sie sich nicht passiv unterordneten und anpaßten, sondern denen sie sich zu entziehen versuchten.

---

1) Vgl. Peukert, KPD, S. 390f.
2) Bericht des Reichssicherheitshauptamts, 1943, zit. nach Peukert, Edelweißpiraten, S. 75.

Dabei entwickelten sie Widerstandsformen, die von der organisierten deutschen Arbeiterschaft aufgrund ihrer traditionellen Fixiertheit auf die Durchsetzung ihrer Interessen und Rechte durch eine zentralistisch organisierte Gewerkschaft verdrängt und teilweise sogar bekämpft worden war. Eine Konsequenz der Orientierung auf eine zentralistische Interessensvertretung war beispielsweise die hilflose Reaktion der Arbeiterschaft auf die faschistische Machtergreifung 1933, als die Arbeiter auf Handlungsdirektiven aus den Gewerkschaftszentralen warteten, diese sich aber unfähig zeigten, die politische Lage richtig zu analysieren und entsprechende Maßnahmen zu ergreifen. Aus dieser jahrzehntelangen Fixierung resultierte die relative Unfähigkeit, ohne Klassenorganisation an jedem einzelnen Arbeitsplatz praktischen Widerstand zu leisten.

Die Arbeiterjugendlichen aber, die sich in den Betrieben der bürgerlichen Leistungsethik widersetzten, waren zu jung gewesen, um über praktische Erfahrungen mit den ab 1933 zerschlagenen Gewerkschaften zu verfügen. So war es gerade ihnen möglich, die wohl auch einzig möglichen, nicht leicht faßbaren Widerstandsformen direkt am Arbeitsplatz zu entwickeln und auszuüben. Ihnen standen keine etablierten, arbeitsfähigen Organisationen zur Verfügung, wie es die deutschen Gewerkschaften von der Kaiserzeit bis zum Faschismus waren.

Mit der individuellen Verweigerung der innerbetrieblichen Arbeitsdisziplin durch 'Krankfeiern', 'Blaumachen' und 'Arbeitsbummelei' versuchten die Cliquenjugendlichen, ihre materielle und soziale Situation zu verbessern. Die Aufsässigkeit der Jugendlichen im Betrieb hatte wiederum Lernprozesse zur Folge, die die Cliquenjugendlichen enger aneinander schmiedeten. Zwar gab es auch Auseinandersetzungen über die Einstellung der Jugendlichen zur Lohnarbeit innerhalb der Betriebe, hauptsächlich mit den älteren Arbeitern, doch deckten diese selbstverständlich verhaftete Jugendliche bei Vernehmungen in den Betrieben. Die Solidarstrukturen unter den Arbeitern im Betrieb blieben trotz der Traditionsbrüche der Jugendlichen aufgrund der wesentlicheren gemeinsamen Klassenerfahrung bestehen.

6.4.1 Verhalten am Arbeitsplatz

Die Cliquenjugendlichen können sicherlich nicht als an die Normen des kapitalistischen Arbeitslebens angepaßte proletarische Jugendliche angesehen werden. Sie versuchten, sich den Zwängen kapitalistischer Lohnarbeit mit verschiedenen Tricks und disziplinloser Aufsässigkeit zu entziehen. Rigiden innerbetrieblichen Reglementierungen durch Vorgesetzte widersetzten sie sich notfalls auch mit Gewalt. Gerade im Verhalten der Arbeiterjugendlichen am Arbeitsplatz manifestierte sich Klassenerfahrung. Die nationalsozialistische Volksgemeinschaftsideologie überzeugte nicht die proletarischen Jugendlichen; sie wiesen sie aufgrund ihrer Erfahrungen im Arbeitsleben klar und deutlich zurück.[1]

Mit Einsetzen der Notdienstverordnungen 1938/39, mit der jugendliche Lehrlinge und Gesellen von den Arbeitsämtern an unbeliebte Arbeitsstätten zwangsweise vermittelt werden konnten, und Erhöhung der durchschnittlichen Wochenarbeitszeit auf   , die schon bis dato ca. 54 Stunden betrug, ging die verstärkte Arbeitsunwilligkeit der Jugendlichen einher, eine Entwicklung, die von den Nationalszialisten reichsweit konstatiert werden mußte.[2]

Inwieweit die Jugendlichen sich individuell dem Arbeitsprozeß verweigerten oder in welchem

---

[1] Vgl. Peukert, Protest und Widerstand von Jugendlichen, S. 181f.
[2] Vgl. Klönne, 1982, S. 233.

Ausmaß es sich um kollektive Widerstandsformen gleichaltriger Jugendlicher aus demselben Betrieb handelte, die der gleichen Clique oder verschiedenen Cliquen angehörten, geht nicht explizit aus den Quellen hervor. Meines Erachtens belegen jedoch viele Hinweise, daß Widersetzlichkeiten gegenüber den Anforderungen des Arbeitsalltags aus der Solidargemeinschaft von Jugendlichen heraus begangen wurden, die sich auf diese Weise, aufgrund gemeinsamer Erfahrungshintergründe, kollektiv gegen die rigiden Anforderungen einer auf Hochrüstung orientierten Wirtschaft zur Wehr setzten. In den Denkschriften und im internen Schriftverkehr der nationalsozialistischen Behörden wird zumeist von Arbeitsvertragsbrüchen mehrerer Jugendlicher in einem Betrieb berichtet oder explizit darauf hingewiesen, daß gerade die Mitglieder von Arbeiterjugendcliquen vorsätzlich Arbeitsvertragsbrüche begingen. Non-konformes Verhalten von Arbeiterjugendlichen im Betrieb war charakteristisch für das Aufbegehren von Cliquenmitgliedern gegen die Zwänge des Arbeitslebens. So errechnete die Betriebsleitung des Oberhausener Zinkwerks 'Altenberg A.G.' einen Produktionsausfall von ca. 500 000 kg Zinkblech als Folge von bewußtem und vorsätzlichem Fernbleiben vom Arbeitsplatz von 15 Kittelbachpiraten. Diese hatten im Zeitraum von sieben Monaten insgesamt 1400 Arbeitsstunden 'blau gemacht'.[1)]

---

1) Vgl. Schreiben der Altenberg A.G. vom 10. Juli 1941 an die Gestapo Oberhausen (HStA-Dü-G 9213, Bl. 33ff.), in: Peukert, Edelweißpiraten, S. 91f. (zit.: Schreiben der Altenberg A.G., 1941, in: Peukert, Edelweißpiraten).

Daß gerade die Cliquenmitglieder und deren
Sympathisanten den Großteil der Arbeitsvertragsbrüche unter den Jugendlichen im Betrieb
verantworteten, aber auch bei sonstigen Delikten
die Mehrzahl der Angeklagten bildeten, berichtet
ein Kölner Jugendrichter 1943 in bezug auf die
Edelweißpiraten:

"Abgesehen von einer persönlichen Beteiligung
an allen bisherigen wichtigen Maßnahmen bot
die Tätigkeit als Jugendrichter /.../ reichlich
Gelegenheit zu Beobachtungen über das Er-
scheinungsbild /der Edelweißpiraten/ wie keine
andere Dienststellung. In der letzten Zeit,
vor allem nach den Terrorangriffen, war zu
beobachten, daß die Mehrzahl aller anfallenden
Jugendlichen den Edelweißpiraten zuzuzählen
war. /.../ In zahlreichen Arbeitsvertragsbruch-
fällen klagten die Eltern oder Meister, daß die
Jungens versagten, seitdem sie mit 'diesen
Jungens' zusammengekommen seien. Es wurde festgestellt, daß notorische Bummelanten und Schwer-
kriminelle, die zu höheren Gefängnisstrafen oder
zu Gefängnis von unbestimmter Dauer verurteilt
wurden, betonte Edelweißpiraten waren. Hierbei
wurde auch bestätigt gefunden, daß sich das
Schwergewicht der Erscheinung auf die oppositionelle Seite verlagert hat. In einem Falle
wurden in einem großen Werk hetzerische Reden
nach Anziehung einer roten Armbinde gehalten
/.../."[1]

Zum Ausmaß und der Steigerungsrate der Arbeitsvertragsbrüche durch Bummelantentum etc. bei
Arbeiterjugendlichen im folgenden zwei Zahlen-
beispiele aus Essen und Dortmund, zwei Haupt-
zentren der Arbeiterjugendcliquen im "Dritten
Reich".

---

[1] Bericht des Kölner Jugendrichters, 1943, S. 45f,
 zit. nach Peukert, Edelweißpiraten.

Tabelle 13

Verurteilte Jugendliche in Dortmund

	1934	1940	Zunahme in %
Insgesamt	166	292	75,9 %
Davon Arbeitsvertragsbrüche	33	189	572,7 %
=	19,8 %	64,7 %	1)

Verurteilte Jugendliche in Essen

	1. Vtj. 1941	1. Vtj. 1942	Zunahme
Insgesamt	149	298	200 %
Arbeitsverweigerungen	28	174	621,4 %
=	18,8 %	58,4 %	2)

Sowohl in Dortmund als auch in Essen waren über die Hälfte aller verurteilten Jugendlichen wegen Vergehen gegen die Arbeitsdisziplin verurteilt worden. Die Zunahme der wegen Arbeitsverweigerungen verurteilten Jugendlichen betrug im Laufe eines Jahres sogar über 600 % gegenüber dem Vorjahr.

Im Wirtschaftsgebiet Westfalen wurden allein 1941 1771 Anträge auf Schutzhaft und 1693 Anträge auf Überweisung in ein Erziehungslager für diejenigen Jugendlichen gestellt, die gegen die Arbeitspflicht verstoßen hatten.[3] Das tatsächliche Ausmaß der Arbeitsverweigerungen muß um ein Vielfaches über der Zahl der vor Gericht behandelten

---

1) Hans Müller, Jugendopposition, No Future mit Krieg und Hitler, in: päd. extra sozialarbeit 10, 1982, S. 29-35, hier S. 32 (zit.: Müller).
2) Ebd.
3) Vgl. Auszug aus dem monatlichen Lagebericht des Düsseldorfer Oberlandesgerichtspräsidenten an das Reichsjustizministerium vom 3. März 1942 (BA, R 22/3363, Bl. 203f.) in: Peukert, Edelweißpiraten, S. 93f.

Fälle gelegen haben, denn zu Anzeigen kam
es meist erst dann, wenn betriebliche Verwarnungen und Maßnahmen der Arbeitsämter nicht
die entsprechende Einsicht bei den betreffenden
Jugendlichen erzielten.[1] Die massenhaft
vollzogenen Arbeitsvertragsbrüche bzw. Arbeitsverweigerungen verdeutlichen die Unzufriedenheit der Jugendlichen mit ihrer beruflichen Situation.

Neben dem bewußten Fernbleiben vom Arbeitsplatz entwickelten die Cliquenjugendlichen
weitere Strategien, mit denen sie sich den
Zwängen kapitalistischer Lohnarbeit widersetzten. So konstatierte 1941 das Wehrmachtskommando Würzburg, daß sich in Schweinfurter
Rüstungsbetrieben die dort beschäftigten Jugendlichen durch freiwilligen Eintritt in die
Wehrmacht dem Arbeitseinsatz in den Rüstungsbetrieben entzogen.[2] Ebenso verhielten sich
einige Angehörige der Edelweißpiratengruppen
aus Velbert und Hattingen:

"Viele von uns haben sich danach freiwillig
zur Wehrmacht gemeldet, um dem Arbeitsdruck
zu entgehen. 70 Stunden in der Woche oder
280 bis 300 Stunden im Monat zu malochen,
und dann im Akkord, das war schon was, das
ist kaum vorstellbar."[3]

---
1) Vgl. Aussage des Generalstaatsanwalts Hamm
   vom Januar 1943 (BA R 22/221165, Bl. 36)
   nach Müller, S. 32.
2) Vgl. Klönne, Bayern in der NS-Zeit, S. 593.
3) Interview Siepermann.

Des weiteren entzogen sich die Cliquenmitglieder durch bewußtes "Krankfeiern" dem täglichen Einsatz in den Rüstungsbetrieben. Um einen offiziellen Krankenschein zu erlangen, war ihnen anscheinend jegliches Mittel recht, auch wenn es eine Gefahr für die eigene Gesundheit darstellte. Beispielsweise erwähnt ein Schreiben der Höheren SS- und Polizeiführung in München vom Dezember 1940, daß sich Mitglieder Münchener Blasen

"/.../ chemische Einspritzungen machen ließen, um sich vor Wehr- oder Arbeitsdienst oder Arbeit zu drücken."1)

Andere Cliquenmitglieder wiederum verschafften sich einen Krankenschein durch Irreführung des untersuchenden Arztes, wie Kurt Piehl, ehemaliger Edelweißpirat aus Dortmund.

"Ich selber habe einmal nach dem Rezept eines englischen Fluglbatts eine Zigarette in Essig getunkt, trocknen lassen. Bin zum Arzt gegangen - da mußte man immer furchtbar lange warten /.../ Kurz bevor ich dran war, ging ich auf die Toilette, hab die Zigarette geraucht. Und dann gab es ein furchtbares Herzklopfen. Man flatterte am ganzen Körper. Und ich wurde sofort drei Tage krankgeschrieben. Und drei Tage auf Anhieb, das war schon etwas."2)

Neben dem unerlaubten Fernbleiben vom Arbeitsplatz durch Bummeln oder Krankfeiern verschafften sich die Jugendlichen durch bewußte oder spontane Langsamarbeit eine wirksame Gegenwehr gegen die Steigerung der Arbeitszeit.3) Sie arbeiteten nur so viel, wie es ihnen paßte.

----

1) Lagebericht der Reichsjugendführung bis zum 1.Januar 1941, in: Klönne, S. 126.
2) Interview von Hans Müller mit Kurt Piehl, Dortmund, 4.3.1980 (zit.: Interview Piehl).
3) Vgl. Peukert, Protest und Widerstand von Jugendlichen, S. 181.

Dazu Walter Reiling aus Dortmund:

"Da wurden die Kokereien überdacht wegen Fliegeralarm. Da haben sie uns angespitzt, und da kriegten wir auch Prämien usw. Aber das, was sie haben wollten, das ist nie 100 % gemacht worden – Was soll ich da sagen /.../ Auf jeden Fall, wir haben das so gemacht, wie wir das wollten. Ich glaub schon, daß wir das richtig gemacht haben."1)

Diese Form der Verweigerung gegenüber den Anforderungen der Rüstungswirtschaft übten die Cliquenmitglieder mit dem überwiegenden Teil der jüngeren Arbeiter gemeinsam aus. Nach Müller vollbrachten gerade die Jungarbeiter im Alter von 20 bis 35 Jahren in einigen kriegswichtigen Betrieben nur 50 % der normalen Leistung.2)

Charakteristisch für das Verhalten der Cliquenmitglieder im Produktionsbetrieb war auch deren häufiger Arbeitsplatzwechsel. Eine große Anzahl von ihnen war nicht bereit, niedrige Entlohnung verbunden mit schlechter Behandlung im Betrieb hinzunehmen. Durch den Arbeitsplatzwechsel versuchten sie, ihre materielle und soziale Lage zu verbessern. Die Möglichkeiten dazu gab ihnen der Arbeitskräftemangel zur Zeit der Rüstungshochkonjunktur.3)

----

1) Interview Reiling.
2) Vgl. Müller, S. 31.
3) Siehe Kapitel 5.1.

Auffällig ist, daß die Hilfsarbeiter unter den Cliquenmitgliedern besonders häufig den Arbeitsplatz wechselten. Von den von Peukert/ Winter untersuchten Duisburger Edelweißpiraten hatten 19 von 70 Jugendlichen mindestens einmal den Arbeitsplatz gewechselt, wobei von letzteren 13 zur Zeit ihrer Vernehmungen eine Hilfsarbeitertätigkeit ausübten und vorher schon andere Hilfsarbeitertätigkeiten ausgeübt hatten.[1]

Ein weiteres Charakteristikum für das Verhalten der Cliquenmitglieder am Arbeitsplatz war neben Krankfeiern, Bummeln und Arbeitsstättenwechsel, ihre Einstellung gegenüber den Vorgesetzten im Betrieb. Ihre Aufsässigkeit und Widersetzlichkeit führte zwangsläufig zu Konflikten mit den nationalsozialistischen Vorgesetzten. So versuchte z.B. ein Kittelbachpirat aus Oberhausen, andere Jungbergleute durch eine Rede von der Aufnahme der Grubenarbeit abzuhalten und schlug den Vorarbeiter in der Ausbildungsstätte zusammen.[2]

Andere Cliquenmitglieder konterten zusammen mit älteren Arbeitskollegen das ständige Antreiben durch Meister und Vorarbeiter mit phantasievollen Aktionen, die nicht frei von jeglicher Komik waren.

---

1) Vgl. Peukert/Winter
2) Vgl. Zimmermann, Widerstand in Oberhausen, S. 232.

"Ich war danach bei Klönne gewesen. Da waren wir in Essen-Kray, dann in Essen auf den Krupp-Werken gewesen, da haben wir so Gasometer gebaut, und da hatten wir so einen alten Richtmeister gehabt, das war auch son Schwein. Der war nur am Treiben. Ich war damals noch jung, ich war der Jüngste. Da stand der unten. Dann hörte der nichts, daß der Niethammer nicht arbeitete, und dann war der am Schreien: 'Musik'. 'Musik'. Und da hatte ich so einen alten Nieter gehabt,/.../ da hatten wir immer son Pott Mennig da stehen gehabt. Ungefähr 50 Liter dadrin. Und da sagt der: wenn der jetzt unten steht, und der schreit wieder, den Pott, den stellst du ganz an den Rand so, so halb drüber, und dann springst du auf die Bohle drauf, sagt er, und genau so hab ich das auch gemacht, /.../ Und der Alte, der hat ja nicht den ganzen Pott abgekriegt, auf jeden Fall der war rot. Ja nun, und was war das Ende vom Lied? Wir mußten alle antanzen im Büro, und dann kamen /.../ wir nach Linz in die Nazi-Kolonne."1)

Die Konflikte endeten nicht grundsätzlich mit Sanktionen für die Jugendlichen. Besonders in den großen Rüstungsbetrieben versuchte man häufig, eine Eskalation zwischen den Jugendlichen und ihren Vorgesetzten dadurch zu vermeiden, daß man die Vorgesetzten austauschte. Der Druck, die Rüstungspläne zu realisieren, war für die Betriebsleitungen weit wichtiger, als die rigide Sanktionierung und totale Unterdrückung jeglicher Oppositionsregungen im Betrieb.

----
1) Interview Reiling.

"Die Struktur von Schule und Betrieb und die
Mentalität der E.P. führten zu ständigen
Zusammenstößen. In den Betrieben blieben im
Krieg vertrauenswürdige NSDAP-Leute in UK-
Stellungen zurück, ähnlich in der Schule.
Ich habe einen Fall miterlebt in der Handels-
schule, daß die Leute sofort wußten, wenn
ihnen jemand von uns entgegentrat: aha, das
sind diese Burschen, die müssen wir zur Räson
bringen! Sie versuchten schon im voraus, von
sich aus, etwas gegen uns durchzudrücken. Sie
waren besonders scharf und riefen so die
Reibereien eigentlich erst hervor, so weit
ich weiß, hat es überall Reibereien gegeben.
In den großen Betrieben wurde das dann zuge-
deckt, dadurch daß man die Scharfmacher ver-
setzte, andere Meister heranholte usw., da
war es alos etwas verdeckter. In den Klein-
und Mittelbetrieben und den Schulen war das
anders, da gab es dauernd Zusammenstöße."1)

Duisburger Gestapoakten ist zu entnehmen,
daß ein Rüstungsbetrieb die Entlassung von
drei festgenommenen Edelweißpiraten bei der
Gestapo verlangte, da das Fehlen der Jugendlichen im Betrieb zu Unterbrechungen in der
Produktion führen würde:

"Die in meinem Rüstungsbetrieb beschäftigten
Jugendlichen /.../ sind von einer polizeilichen Vorladung zum vergangenen Samstag bis
heute noch nicht zurückgekehrt; /.../ Da ein
innerbetrieblicher Ausgleich für die - als
Zuschläger, Hammerführer bzw. Formschmiedelehr-
ling beschäftigen Jungen - wegen Mangel an
Arbeitskräften nicht durchführbar ist, und
auch das Arbeitsamt keinen geeigneten Ersatz
vermitteln kann, bitte ich Sie, mich von dem
Stande der Verfahren tunlichst bald zu unter-
richten, weil ich angewiesen bin, Unterbrechungen an kriegswichtigen Fertigungen von dringen-
dem Marinebedarf dem Rüstungskommando zu melden."2)
----
1) Interview Günther O., in: Peukert, Edelweißpiraten, S. 24f.
2) Schreiben der Duisburger Firma H.'d'Hone an
   die Gestapo Duisburg vom 5.10.1943 (HStA-Dü,
   RW 58, Band 64740, Robert H.), abgedruckt
   in: Peukert/Winter, S. 248.

Die Cliquenmitglieder befanden sich im Spannungsfeld von Ansprüchen unterschiedlicher nationalsozialistischer Behörden und staatlicher Stellen. Die Forderung des NS-Staates nach reibungsloser Rüstungsproduktion kollidierte mit dem Verlangen der örtlichen NSDAP-Organisationen, jeglichen Ansatz jugendlicher Non-Konformität im nationalsozialistischen Alltag zu unterbinden.

Gerade der Arbeitskräftemangel infolge der Rüstungskonjunktur behinderte die Sanktionierung jugendlicher Disziplinlosigkeit am Arbeitsplatz wie auch die alternativen Formen des Jugendlebens in der Freizeit.

6.4.1.1. Sabotage am Arbeitsplatz

Es stellt sich als schwierig dar, zu beurteilen, wann Disziplinlosigkeit und Widersetzlichkeit im Betrieb der Verbesserung der individuellen Arbeitssituation diente und wann solches Verhalten als Sabotage zu bezeichnen war. Längeres simuliertes Krankfeiern und Formen systematischer Arbeitsverzögerung durch vorsätzliches Fernbleiben vom Arbeitsplatz können bzw. sind bereits Sabotageaktionen gegen die Kriegswirtschaft. Die oben erwähnten systematischen Bummeleien von 15 Kittelbachpiraten beim Oberhausener Zinkwerk Altenberg A.G. sind ein Beispiel dafür. Den Produktionsausfall, den der Betrieb durch das bewußte Fernbleiben der Jugendlichen vom Arbeitsplatz zu verzeichnen hatte, war nicht unerheblich, wie die akribische Aufrechnung der nicht geleisteten Arbeitsstunden durch die Werksleitung beweist.

"Allein die 1400 Stunden der 15 Jugendlichen
ergeben theoretisch errechnet einen Produktionsausfall von ca. 400 000 kg Zinkblech, doch
dürfte sich diese Zahl verdoppeln, da die Walz-
kolonnen eine geschlossene Einheit bilden.
Fehlt nämlich innerhalb der Kolonne ein Glied
und ist kein Ersatz da, so fällt jedesmal für
die gesamte Schicht die Kolonne aus, d.h. die
übrigen Leute müssen unproduktive Arbeit leisten."1)

Berücksichtigt man die Feststellung, daß

"so etwas wie bei Altenberg /.../ eine Selbst-
verständlichkeit /war/"2),

dann sabotierte diese Form von Bummelei die
Rüstungsproduktion in erheblichem Maße. Andere
Cliquenmitglieder entwendeten wichtige, nicht
ohne weiteres ersetzbare Maschinenbauteile, und
brachten auf diese Art und Weise die Produktion
ins Stocken.3)

Daß die Jugendlichen nicht einfallslos in ihren
Sabotageaktionen waren, beweist auch die Beschreibung einer Sabotageaktion bei den Kölner
Ford-Werken, an der sich Fritz Theilen be-
teiligte.

"Ja, Sabotage hat es gegeben, ich hab es ja
selber gemacht. Ich hatte nen Kollegen und wir
hatten die Maultiere /spezielle LKWs/ alle so
schön in Reih und Glied gesetzt. Da haben wir
Milchflaschen ganz einfach den Kopf abgeschlagen.

---

1) Schreiben der Altenberg A.G., 1941, in: Peukert, Edelweißpiraten, S. 92.
2) Interview Günther O., in: Peukert, Edelweiß-piraten, S. 25.
3) Vgl.Theilen, in: Kordon, S. 92.

Vorne hatten die LKWs ja 2 Räder und hinten waren die Raupen, da haben wir die immer vor die Räder gesetzt. Und da bin ich bei erwischt worden."1)

Die Beispiele von Sabotageaktionen der Cliquenmitglieder in ihren Betrieben verweisen darauf, daß es einem Teil der Jugendlichen nicht nur darum ging, durch Arbeitsverweigerungen etc. die eigene Situation im Arbeitsleben erträglicher zu gestalten, sondern daß von ihnen auch gezielt Aktionen unternommen wurden, die auf Beendigung des Krieges hinzielten.

6.5. Das Verhältnis Cliquen - HJ

Das Bedürfnis der Arbeiterjugendlichen, ein selbstbestimmtes, ungezwungenes Jugendleben ohne Drill und Reglementierung zu führen, implizierte unweigerlich Konflikte mit der nationalsozialistischen Staatsjugendorganisation und ihrem alleinigen Erziehungsanspruch. Die Klassenstruktur innerhalb der HJ, die Jugendlichen aus der Mittel- und Oberschicht die führenden Positionen sicherten, verringerte für Arbeiterjugendliche den Reiz der Freizeitangebote durch die Staatsjugend. Nach einem zehn- bis zwölfstündigen Arbeitstag hatte, insbesondere unter den Kriegsbedingungen, der HJ-Dienst Arbeiterjugendlichen nichts mehr zu bieten. Selbst nationalsozialistische Funktionäre mußten diese Tatsache konstatieren:

"Die HJ-Führer und die jugendpädagogischen Kräfte können im Kriegsablauf nur geringen Einfluß auf die Jugendlichen ausüben. Auch der Dienst in der HJ selbst, der vor dem Kriege den jugendlichen Neigungen durch Fahrten und Zeltlager gerecht wurde, unterliegt den Kriegsbedingungen. Den HJ-Angehörigen ist das 'auf-Fahrt-gehen' mit Rücksicht auf die Anspannung der Verkehrsverhältnisse verboten. Die Jugendherbergen wurden an die Wehrmacht abgegeben, so daß keine Übernachtungsmöglichkeiten für Jugendliche bestehen. Übernachtungen in Zelten oder Scheunen sind mit Rücksicht auf die Gefährdung der Jugendlichen bei feindlichen Fliegerangriffen nicht durchführbar. An Stelle des betonten Jugendlebens nach seiner eigenen Art, ist der HJ-Dienst getreten, der die Jugendlichen in vielerlei Weise, z.B. im Luftschutz, Altmaterialsammeln usw. zwangsläufig und kriegsbedingt zur Mitarbeit heranziehen muß."[1]

---
[1] Lagebericht der Stapo Düsseldorf, 1943, in: Peukert, Edelweißpiraten, S. 33. Vgl. auch Bericht des Kölner Jugendrichters, 1943, in: Peukert, Edelweißpiraten, S. 44f.

Die Erfahrung der Klassenzugehörigkeit am
Arbeitsplatz und im Alltag des HJ-Dienstes
führten zur bewußten Abgrenzung der Cliquen
gegenüber den Identifikationsangeboten des
Nationalsozialismus. Die Jugendlichen
suchten nicht nur die Orientierungsangebote
in der Solidargemeinschaft Gleichaltriger,
um dem als Zwang empfundenen HJ-Dienst
zeitweilig zu entfliehen, sondern es gab auch
den bewußten Austritt aus der HJ. In Vernehmungen bekannten sich z.B. Duisburger Cliquenangehörige ausdrücklich zu ihrem Austritt aus
der HJ, da sie das Gemeinschaftsleben in der
Clique attraktiver fänden. Andere begründeten
ihren Austritt aus derHJ kategorisch und selbstbewußt damit, daß sie keine Lust hätten, in
der nationalsozialistischen Zwangsorganisation
mitzuwirken.[1]

Der Großteil der Duisburger Cliquenangehörigen
– vermutlich auch der Großteil in anderen
Städten – gehörte keiner nationalsozialistischen
Jugendorganisation an. Die Jugendlichen entzogen sich der Erfassung durch nationalsozialistische Zwangsverbände bzw. riefen durch ihr
non-konformes Verhalten in diesen Organisationen
ihren Ausschluß selbst herbei.

In Duisburg gehörten von 70 Duisburger Cliquenmitgliedern, die von der Gestapo vernommen wurden,
lediglich 20 nationalsozialistischen Organisationen an. Nur einer von diesen gehörte der
HJ an und 11 der Deutschen Arbeitsfront (DAF),

---

1) Vgl. Peukert/Winter, S. 266.

obwohl die Jugendlichen aufgrund ihrer
Arbeitstätigkeit gerade diesem Zwangsverband
hätten angehören sollen.

Tabelle 14

Mitgliedschaft in NS-Verbänden

Gruppe	DJ	HJ	DAF	total	Anzahl der Gruppenmitglieder
Altstadt	1	1	5	7	24
Hochfeld	4	-	6	10	13
Marxloh	-	-	-	-	11
Stadtpark	2	-	-	2	8
Burgplatz	1	-	-	1	14

1)

Die nationalsozialistischen Behörden reagierten
auf die Abneigung der Jugendlichen, der Staatsjugendorganisation beizutreten, mit polizeilichen Vorladungen. So sollte die Zwangsmitgliedschaft tatsächlich durchgeführt werden. In Dortmund wurden 1941 600 Jugendliche per polizeilicher Vorladung auf einen Schulhof versammelt,
um die Zwangsaufnahme der Jugendlichen in die
HJ sicherzustellen. Wie die Jugendlichen, deren
größter Teil Cliquen angehörte, auf diese
Grußaktion reagierte, schildert ein Edelweißpirat aus Dortmund:

"Da haben sie uns denn alle zusammengetrieben
/.../ Wir mußten Sonntagmorgen um 7 Uhr dasein.
Ich weiß es noch, das werde ich nie vergessen.
Der ganze Schulhof, der war voll Menschen gewesen. /.../ Und so, wie wir da reinkamen, wurden
unsere Personalien festgestellt /.../ Und dann
immer alles hinten auf den Schulhof rauf. Immer
rauf, immer rauf. Das wurde immer voller /.../
Bis dann auf einmal so ein Murren durch die ganze
Menge kam, und auf einmal ging's dann wie so ein
Bienenschwarm. Alle über die Mauer drüber weg.
----
1) Peukert/Winter, S. 274.

Da war so eine hohe Mauer. Alles drüber weg.
Alles drüber weg."1)

6.5.1. Cliquenmitglieder in der HJ

Die Cliquenangehörigen, die trotzdem weiterhin
der HJ angehörten, hatten dafür verschiedene
Beweggründe. Gerade die HJ-Mitgliedschaft der
jüngeren Cliquenangehörigen verweist darauf,
daß diese den verschiedenen Formen des Drucks
und der Schikanen, denen sie bei der Dienst-
verweigerung ausgesetzt waren, nicht wider-
standen. Doch auch sie versuchten, sich innerhalb der HJ Freiräume zu erhalten. Sie ließen
sich in HJ-Sondereinheiten eingliedern, z.B.
Flieger-HJ oder Nachrichten-HJ. Dort erschienen
sie im Zeitraum eines halben Jahres vielleicht
zweimal, um dann gar nicht mehr am Dienst
teilzunehmen.2) Andere leisteten ihren HJ-Dienst
ab, da er die Voraussetzung für den Erhalt
einer Lehrstelle darstellte. Auch diese
Jugendlichen hielt ihre HJ-Mitgliedschaft
nicht davon ab, an den Wochenendfahrten
ihrer Cliquenfreunde teilzunehmen.3)

Neben persönlichen Motivationen führten auch
für Cliquen wichtige taktische Beweggründe
zu bewußten und freiwilligen Eintritten in
die Staatsjugendorganisation, z.B. in die

---

1) Interview Grützner.
2) Vgl. Interview Günther O., in: Peukert,
   Edelweißpiraten, S. 17.
3) Vgl. Interview mit Fritz Theilen von Katharina Schubert im Film "Nachforschungen über
   die Edelweißpiraten", 1980 (zit.: Gesprächsmanuskript Theilen/Schubert).

Nachrichten-HJ, um an Informationen über eventuelle Verfolgungsmaßnahmen der Staatsorgane zu gelangen.

"Wir haben versucht, bei denen reinzukommen und mitzumachen und die /Gestapo und HJ/ haben versucht, bei uns reinzukommen /.../ Da hab ich mich ja auch bei gemeldet. Es war ne Gelegenheit reinzukommen. Und dadurch haben wir viele Sachen gewußt, wo denen ihre Streifen ins Leere gingen."1)

Darüberhinaus bildeten sich selbst innerhalb der HJ-Einheiten Jugendbanden bzw. -cliquen, besonders bei den Luftwaffenhelfern und Feuerwehrscharen.2)

Die Unterwanderung mancher HJ-Einheiten und gerade der sogenannten Feuerwehrscharen gelang den Cliquenangehörigen aufgrund ihrer besonderen Voraussetzungen. Denn in diese Einheiten wurden vorzugsweise manuell begabte Jugendliche eingegliedert, und entsprechend hoch war der Anteil der Arbeiterjugendlichen. Die bürgerlichen Jugendlichen wichen dagegen in die als "feiner" geltenden HJ-Einheiten wie Radfahrfähnlein etc. aus. Außerdem schien es den bürgerlichen Jugendlichen an Courage und Mut zu fehlen, bei den nächtlichen Bombenangriffen durch Feuerwehreinsätze ihr Leben zu riskieren. Dazu der Edelweißpirat Fritz Theilen aus Köln:

----
1) Gesprächsmanuskript Theilen/Schubert.
2) Vgl. Koch, S. 332.

"Wenn wir am Löschen waren, haben wir immer gefragt, wo sind denn die Hitlerjungen. Ich hätte noch nen Verwundetenabzeichen kriegen können, ich hatte Bombensplitter /.../. Die HJ war aus Angst in der Nacht nicht da. Dann waren wir die einzigsten, die noch auf der Straße waren. Wir waren ja meistens schon am helfen, wenn alles noch im Bunker war."[1]

In Frankfurt stellten ausschließlich Edelweißpiraten die Mitglieder einer Wandergruppe der KdF-(Kraft durch Freude)Organisation. Die Tarnung dieser Gruppe hielt lange stand, da der Wanderführer Mitglied der NSDAP war. Bei Kontrollen durch Gestapo und HJ reichte das Vorzeigen des offiziellen Ausweises ihres Führers aus, um die Jugendlichen vor weiteren Überprüfungen zu bewahren.[2]

---

1) Interview Theilen/Kuchta.
2) Vgl. Neuland, S. 306f.

6.5.2. Auseinandersetzungen mit der HJ

Da die Arbeiterjugendlichen sich den Zwängen der nationalsozialistischen Gesellschaft zu entziehen und in den Solidargemeinschaften Gleichaltriger ihre Lebenssituation zu verarbeiten suchten, mußte ihre spezifische Form des Gemeinschaftslebens den Interessen der nationalsozialistischen Erziehungsinstanzen konträr gegenüber stehen. Da die Hitlerjugend die Existenz alternativer Jugendgruppen aufgrund ihres Anspruchs auf das Erziehungsmonopol nicht hinnehmen konnte, reagierte sie mit verschiedenen Maßregelungen und Sanktionen auf die Cliquenangehörigen, die jedoch nicht den von der HJ gewünschten Erfolg zeitigten.

Im Gegenteil - die massiven Reaktionen von der HJ und Gestapo gegenüber der Äußerung von jugendlichem Eigenleben führten erst recht zu einer Verschärfung der Opposition auf Seiten der Jugendlichen, die sich energisch und selbstbewußt gegen Eingriffe der nationalsozialistischen Jugendorganisation in ihre Lebenssphäre, ihr Cliquenleben, zur Wehr setzten. In den Auseinandersetzungen mit der HJ verblieben die Cliquen aber nur kurzfristig in einer defensiven Abwehrhaltung. Vielmehr provozierten die Disziplinierungsversuche der HJ eine Eskalation der Gegenreaktion unter den Cliquenmitgliedern, die in der Losung "Ewiger Krieg der HJ"[1] zum Ausdruck kam.

---
1) Vgl. Peukert, Freizeit, S. 309.

In zahlreichen traditionellen Arbeitervierteln
und Arbeitersiedlungen bestimmten die Cliquen
das Gemeinschaftsleben der Jugendlichen. Die
HJ sah sich außerstande, ihren Erziehungsauftrag unter den Jugendlichen durchzusetzen,
da allein ihr Auftreten in der Öffentlichkeit
mancher Arbeiterbezirke zu offensiven Gegenmaßnahmen der Cliquenmitglieder führte. Beispielsweise meldete die HJ-Gefolgschaft 25/39
aus Düsseldorf im April 1942, daß keiner ihrer
Gefolgschaftsführer mehr bestimmte Straßen begehen könne, ohne von den Arbeiterjugendcliquenmitgliedern, die von ihnen als Mitglieder der
Bündischen Jugend bezeichnet wurden, angepöbelt
zu werden.[1] Aus Oberhausen meldete 1941 ein
SS-Sturmbannführer Esser, daß die Aktivitäten
der Kittelbachpiraten gegen die HJ mittlerweile
ein Stadium erreicht hätten, daß die Eltern
ihre Jungen nicht mehr zum HJ-Dienst schicken
würden, aus Angst, daß ihre Kinder aufgrund
der HJ-Mitgliedschaft von den Kittelbachpiraten
überfallen würden.[2] Derselbe SS-Mann wird
auch nicht wenig sprachlos gewesen sein, als
ihm Kittelbachpiraten auf ihre Art und Weise
ihre Wertschätzung seines NSDAP-Rangs entgegenbrachten. Sie bezeichneten ihn nämlich am frühen
Vormittag mitten in der Innenstadt von Oberhausen in aller Öffentlichkeit als 'Arbeiterverräter' und 'Bluthund' und riefen ihm nach:

---

1) Vgl. Schreiben der H.J. Düsseldorf an die Gestapo vom 16. April 1942 (HStA-Dü-G 23599, Bl. 24), in: Peukert, Edelweißpiraten, S. 95f.
2) Vgl. Brief des SS-Sturmbannführers Esser an den HJ-Bann 60, Oberhausen, vom 11.6.1941 (HStA-Dü-G 9213, Bl. 16) nach Zimmermann, Widerstand in Oberhausen, S. 233 (zit.: Brief des SS-Sturmbannführers Esser, 1941).

"Wir schlagen dir den Schädel ein! Wir stechen dich über den Haufen wie einen tollen Hund! Du wirst unser Stilett noch kennenlernen!"1)

Nicht nur Oberhausen war eine Domäne der Cliquen. In Leipzig hatten die Meuten schon 1937/38 unter der Parole 'Schlagt die HJ, wo ihr sie trefft!' die Hitlerjugendgefolgschaften aus einzelnen Vierteln herausgedrängt.2) Zum Eklat kam es in Leipzig auch während einer NSDAP-Großveranstaltung Ostern 1938, als die Leipziger Meuten provokativ dem HJ-Fahnenzug geschlossen den Fahnengruß verweigerten.3)

Für den Bereich der Städte Düsseldorf, Köln, Bonn mußte der Oberstaatsanwalt beim Kölner Oberlandesgericht 1944 generell feststellen

"/.../, daß es für HJ-Angehörige eine Zeitlang unmöglich gewesen sei, während der Dunkelheit in Uniform über die Straße zu gehen, ohne befürchten zu müssen, von 'Edelweißpiraten' angerempelt oder gar überfallen zu werden."4)

Daß die Cliquen sich der Eingriffe der HJ in ihre Lebenssphäre gerade auch mit den Mitteln körperlicher Gewalt erwehrten, wird daraus ersichtlich, daß der Großteil der durch die nationalsozialistischen Verfolger geahndeten Straftagen Schlägereien mit Hitlerjugendangehörigen betrafen.5)

---

1) Brief des SS-Sturmbannführers Esser, 1941, nach ebd., S. 234.
2) Vgl. Cliquen- und Bandenbildung, Reichsjugendführung 1942, in: Peukert, Edelweißpiraten, S.190.
3) Vgl. Gruchmann, S. 106.
4) Vgl. Bericht des Oberstaatsanwalts beim Kölner Oberlandesgericht an das Reichsjustizministerium, 1944, in: Peukert, Edelweißpiraten, S. 34.
5) Vgl. Peukert/Winter, Tabelle 9, S. 275.

Dabei blieb es nicht nur bei spontan entstandenen Schlägereien mit dem HJ-Streifendienst im Falle seines Erscheinens in der Öffentlichkeit, sondern es gab auch bewußt organisierte Überfälle auf HJ-Heime, die von den Cliquen höhnisch als 'Entrümpelungsaktionen' bezeichnet wurden, und ebenfalls auf NS-Funktionäre.[1] Dazu Fritz Theilen:

"Wir haben auch Führungsabende überfallen am Sandweg. Wo sich die HJ-Führer trafen. Die haben wir zusammengeschlagen nach Strich und Faden. Alles da demoliert und wieder weg. Und einzelne Goldfasane, die haben wir beim Fliegeralarm erwischt und da wurden sie zusammengeschlagen."[2]

Der Haß von Cliquenjugendlichen infolge der ständigen Überwachung und Denunzierung durch die HJ ging sogar so weit, Sprengstoffattentate zu planen. Eine Gruppe von Edelweißpiraten aus dem Kreis Geilenkirchen hatte ein leichtes Maschinengewehr und genügend Munition aus einem abgestürzten amerikanischen Bomber erbeutet und plante, eine HJ-Baracke während einer Veranstaltung mit diesem und noch anderem Sprengstoff zu sprengen. Die Aktion scheiterte jedoch an der fehlenden und nicht organisierbaren Zündschnur.[3]

So entwickelte sich aus den Erfahrungen mit der zunehmenden faschistischen Repression, in der Hauptsache ausgelöst durch die HJ, in verschiedenen Cliquen ein immer entschlossenerer Widerstand gegen die "Konkurrenz" HJ.

----
1) Vgl. Werner, S. 43.
2) Interview Theilen/Kuchta.
3) Vgl. Bericht des Oberstaatsanwalts beim Kölner Oberlandesgericht an das Reichsjustizministerium, 1944, in: Peukert, Edelweißpiraten, S. 52.

6.6. Cliquen und Widerstand gegen den Krieg

Die Arbeiterjugendlichen beschränkten ihre oppositionellen Aktivitäten nicht nur auf rein körperliche Auseinandersetzungen mit den nationalsozialistischen Organisationen. Gerade unter den Bedingungen des Krieges auf der einen Seite und der verschärften Repression durch NS-Verfolgungsorgane auf der anderen Seite entwickelte sich eine zunehmende Politisierung der oppositionellen Jugendcliquen. Zwar geschah dies nicht im Sinne der Entwicklung großartiger eigener politischer Programme, aber im Sinne eines schärferen und eindeutigeren, über die Verteidigung des Cliquenlebens hinausgehenden, Widerstands gegen das nationalsozialistische System. Jugendliche Non-Konformität in der faschistischen Gesellschaft äußerte sich besonders in den Kriegsjahren nicht mehr nur durch Bekämpfung der HJ und Disziplinlosigkeit am Arbeitsplatz, sondern jetzt z.B. auch durch Aktivitäten, die gegen die Fortsetzung des Krieges gerichtet waren. So war z.B. 1942 in einem Flugblatt der Wuppertaler Edelweißpiraten mit dem Titel 'An die geknechtete deutsche Jugend' zu lesen:

"Das heutige Nazi-Deutschland will euch in die 'Hitler-Jugend' stecken. Wo ihr Militärisch und Fachlich ausgebildet werdet im marschieren, Schießen, Karten- und Geländekunde u.s.w. Das Ziel worauf dies alles zurück geht ist: <u>Kanonenfutter für Hitlers unersättliche Machtgier!</u> Deutsche Jugend erhebe dich zum Kampf für die Freiheit und Rechte eurer Kinder und Kindeskinder, denn wenn Hitler den Krieg gewinnt ist Europa ein Chaos, die Welt wird geknechtet sein bis zum jüngsten Tage. Bereitet der Knechtschaft ein Ende ehe es zu spät ist."[1]

---
[1] Flugblatt (HStA-Dü-G 3693) nach Peukert, Edelweißpiraten, S. 81.

In diesem Flugblatt fehlt die ansonsten übliche
Provokation und Verächtlichmachung der HJ und
ihrer Streifendienste. Stattdessen richtet sich
das Flugblatt an alle Jugendlichen mit der
Intention, sie von der Mitgliedschaft in der HJ
abzuhalten. Dabei schätzten die jugendlichen
Verfasser Sinn und Zweck des militärischen
Drills in der HJ folgerichtig ein. Der Flugblatttext
verweist auf eine kritische Auseinandersetzung
mit dem faschistischen System, die weit
über bloße Selbstbehauptungsaktionen gegenüber
der HJ hinausgeht. In Wuppertal wurden von den
Cliquen auch systematisch NS-Plakate von den
Hauswänden gerissen, Schaukästen der NSDAP
zertrümmert und Cliquenzeichen wie B.J. (Bündische
Jugend), E.P. (Edelweißpiraten), das
Zeichen der Totenkopfbande, aber auch Hammer
und Sichel und die drei Pfeile der früheren 'Eisernen
Front' selbst in den Häusern der NSDAP-Ortsgruppen
angebracht.[1]

In Köln verteilten Arbeiterjugendcliquen ebenfalls
Flugblätter und malten antifaschistische
Losungen an die Wände. Die Gruppe der Kölner
Navajos verteilte 1942 über 2000 Flugblätter
mit dem Aufruf 'Leistungswoche der bündischen
Jugend Bezirk 3 - Kommt zurück - Jugend erwache?'[2]
Edelweißpiratencliquen in Düsseldorf-Gerresheim
blockierten abends und nachts die
Straße für NSDAP-Mitglieder und beschrieben
Wände der Eisenbahnunterführung mit Parolen

---

1) Vgl. Werner, S. 43f.
2) Reichssicherheitshauptamt, Amt IV, Meldung
wichtiger staatspolitischer Ereignisse, Nr. 3
vom 16. April 1943, Wilfried Viebahn und
Walter Kuchta, Widerstand gegen die Nazidiktatur
in Köln, in: Das andere Köln, Demokratische
Traditionen seit der Französischen
Revolution, hrsg. von Reinhold Billstein,
Köln 1979, S. 283-361, hier S. 338 (zit.:
Viebahn/Kuchta).

wie 'Nieder mit Hitler', 'Das OKW lügt', 'Orden und Ehrenzeichen für die größten Morde', und 'Nieder mit den Nazi-Banditen'.[1]

In Dortmund malten Edelweißpiraten antifaschistische Parolen an Eisenbahnbrücken und selbst an Gestapogebäude. So geschehen 1943 an der Fassade eines Gestapogebäudes in Dortmund-Hörde, an die die Jugendlichen mit Leuchtfarbe die Buchstaben 'GPU' anbrachten. Damit sollte der brutale Verfolgungsterror der Gestapo verdeutlicht werden, denn 'GPU' war eine antikommunistische Propagandaformel der Nationalsozialisten gewesen, die die Praktiken der sowjetischen Geheimpolizei beschrieb.[2]

Die Aktivitäten der Köln-Ehrenfelder Edelweißpiraten reichten von Überfällen auf die HJ bis hin zu politisch bewußter Untergrundarbeit gegen das faschistische System. Mit ihren Flugblättern trugen sie zur Aufklärung der Bevölkerung über die Kriegssituation bei und forderten die Beendigung des Krieges.

"Im März/April 1944 haben wir jede Nacht den englischen Sender abgehört und kriegten so immer die neuesten Informationen. Und dann machten wir Flugblätter auf Schuhkartons. Anfangs haben wir die mit der Hand geschrieben, dann aber haben wir den Westdeutschen Beobachter gekauft, die Buchstaben ausgeschnitten und mit Gummilösung aufgeklebt. Die Texte waren ganz unterschiedlich: Die Amerikaner stehen an den Reichsgrenzen. Macht Schluß mit dem Scheiß-Krieg oder wir haben andere Flugblätter verteilt. Ich entsinne mich an eines, da war Stalingrad gefallen, da steht Hitler zwischen Leichen und ist am Lachen, darunter stand: Ich fühle mich so frisch, es naht der Frühling."[3]

---
1) Vgl. Peukert, KPD, S. 392.

2) Vgl. Widerstand und Verfolgung in Dortmund, S. 206.

3) Theilen zit. nach Hellfeld, S. 57.

Spruchbandparolen der Nationalsozialisten wie
'Räder müssen rollen nach dem Sieg' verlängerten sie, wie die Cliquen in Dortmund um den
Zusatz 'Nazi-Köpfe rollen nach dem Krieg'.[1]

Über Flugblattaktionen hinaus versorgten die
Ehrenfelder Edelweißpiraten Zwangsarbeiter,
KZ-Häftlinge und Deserteure durch Einbrüche
in Lebensmittelgeschäfte mit den dringend
benötigten Lebensmitteln. Am 20.4.44 machten
sie, wie die Jugendlichen es nannten, dem
Führer ihr eigenes Geburtstagsgeschenk, indem
sie einen Nachschubzug der Wehrmacht zum
Entgleisen brachten, um den Nachschub an die
Front zu verzögern.[2]

Weitere Aktionen, die von ihnen geplant wurden,
aber wegen der Zerschlagung der Gruppe durch die
Gestapo nicht mehr durchgeführt werden konnten,
waren unter anderem die Sprengung kriegswichtiger
Betriebe und ein Anschlag auf das Gestapo-Hauptquartier in Köln.[3] Da sie aufgrund ihrer Widerstandsaktionen in die Illegalität getrieben wurden, bewaffneten sich die Jugendlichen dieser
Clique und benutzten die Waffen auch, um den
Verfolgungsmaßnahmen der Gestapo zu entgehen.

"Wir selbst haben mit dem Soentgen /NSDAP-Ortsgruppenleiter/ im August 44 eine Schießerei gehabt, da hat einer von uns auf den geschossen.
Die habensich von den Rädern geworfen, hatten
wohl Angst gekriegt. Als die in Deckung waren,
sind wir weg. Das war unsere Rettung, wir wußten
gar nicht, daß unser Kollege die Pistole bei
sich hatte."[4]

---
1) Vgl. Theilen in Kordon, S. 93 und Interview Grützner.
2) Vgl. Theilen in Kordon, S. 93f.
3) Vgl. Hellfeld, S. 56-58.
4) Theilen, zit. nach Hellfeld, S. 55.

6.7. Solidarität mit Fremdarbeitern

Über das Verhalten der Cliquenangehörigen gegenüber den Fremdarbeitern sind den Akten und den Interviews nur wenig Informationen zu entnehmen. Es ist aber zu vermuten, daß die Jugendlichen sich ihnen im Betrieb ausgesprochen solidarisch gegenüber verhalten haben. So unterstützten Kölner Edelweißpiraten ausländische Zwangsarbeiter mit Nahrungsmitteln, obwohl das rigide Strafmaßnahmen nach sich ziehen konnte.

"Wir wußten ja, daß die nicht viel zu essen hatten und die haben auch um zu essen gefragt. Und das war verboten. Man durfte ihnen nichts geben. Aber wir haben trotzdem immer Butterbrote mitgebracht, die wir denen dann gegeben haben. Da durfte man sich aber schon dabei nicht erwischen lassen."[1]

Hattinger Cliquenmitglieder unterstützten die Flucht französischer Zwangsarbeiter, indem sie ihnen ihre Zwangsuniform blau einfärbten, um sie so unverdächtiger in Richtung Aachen absetzen zu können.[2] In Oberhausen versteckte ein Kittelbachpirat bewußt Zigeuner und in Einzelfällen auch Ukrainer und andere ausländische Zwangsarbeiter.[3] Die Köln-Ehrenfelder Edelweißpiraten raubten bewußt Lebensmittelgeschäfte aus, um die Situation der russischen Kriegsgefangenen zu verbessern.[4]

---

1) Gesprächsmanuskript Theilen/Schubert.
2) Vgl. Interview Siepermann.
3) Vgl. Interview Günther O., in: Peukert, Edelweißpiraten, S. 19.
4) Vgl. Theilen in Kordon, S. 94.

Neben der materiellen Unterstützung von Fremdarbeitern gab es auch vereinzelte Zusammenarbeit zwischen Cliquen und Zwangsarbeitern gegen NS-Institutionen.

Beispielsweise unternahm eine Clique in Nürnberg zusammen mit Fremdarbeitern den Versuch, ein HJ-Heim zu stürmen[1], und die oben erwähnten Köln-Ehrenfelder Edelweißpiraten führten mit ausländischen Zwangsarbeitern gemeinsam Sabotageaktionen aus.[2]

---

1) Vgl. Schirmer, in: Klönne, Bayern in der NS-Zeit, S. 609.
2) Vgl. Vierbahn/Kuchta, S. 340.

6.8. Kontakte zum organisierten politischen
     Widerstand

Während es zwischen den Köln-Ehrenfelder Edelweißpiraten und dem dortigen organisierten politischen Widerstand, insbesonders dem dortigen Nationalkomitee Freies Deutschland (NKFD) eindeutige Verbindungen gab, fehlen ansonsten bis auf einige wenige Ausnahmen Hinweise für die Zusammenarbeit von oppositionellen Jugendcliquen und illegal organisierter Arbeiterbewegung im Widerstand gegen den Faschismus.

In Bonn führten Edelweißpiraten anscheinend zusammen mit der KPD militante Aktionen durch, in deren Verlauf im Jahr 1941 unter anderem ein SA-Sturmbannführer erschossen wurde.[1] In Düsseldorf traten 1942 Edelweißpiratencliquen in Kontakt mit der illegalen KPD. Nach einem Treffen mit deren Instrukteur Kaps beteiligten sie sich an Flugblatt- und Plakataktionen und beschlossen darüber hinaus, nach einem Treffen mit dem Reichsleiter der KPD, Wilhelm Knöchel, eine langfristige Kooperation zwischen ihnen und den kommunistischen Widerstandskräften.[2] Werner Heydn erinnert sich:

---
1) Vgl. die Erinnerungen des ehemaligen Edelweißpiraten Heinz Broich, in: "De Schnüss", Stadtzeitung in Bonn, 9, Dezember 1978, S. 11.
2) Vgl. Peukert, KPD, S. 392.

"Von Kaps bekam ich dann Flugblätter und
Klebezettel. Sie waren oft schwer an den Mann
zu bringen, besonders die Flugblätter. Mit
den Klebezetteln war das einfach, die klebten
wir bevorzugt in Telefonzellen. Sogar Handschuhe trugen wir dabei, um keine Fingerabdrücke zu hinterlassen. Abends steckte ich
dann z.B. die Flugblätter /.../ in Briefkästen und unter Wohnungstüren, obwohl das
gefährlich war, denn überall lauerten fanatische Nazis. Wir dachten damals aber, irgendwann müssen wir doch die 'Siegheil'-Front
der Nazis durchbrechen. Im Betrieb bei Losenhausen haftete ich solche Zettel während der
Nachtschicht an das schwarze Brett. Das gab
immer eine große Aufregung."1)

"Wir suchten praktisch die Zusammenarbeit
mit allen Gegnern des Nazikrieges und allen,
die die Schnauze voll hatten. So nahmen wir
Kontakt auf zu Gruppen in anderen Stadtteilen
und in anderen Städten des Rheinlandes, die
wir von unseren Wanderungen her kannten. Wir
alle hatten das Gefühl, etwas gegen den Krieg
tun zu müssen."2)

Nach den mehrmaligen Treffen mit den KPD-Funktionären riefen der illegale Friedenskämpfer und das illegale 'Ruhrecho' Oktober
1942 die Jugendlichen der Staatsorganisationen
dazu auf, die Edelweißpiraten aktiv zu unterstützen.3)

Die enge Kooperation zwischen Arbeiterjugendlichen und organisierten politischen Widerstandsgruppen im Raum Düsseldorf bildete die Ausnahme
in der Zusammenarbeit zwischen illegaler KPD
und den oppositionellen Jugendgruppen.

---

1) Heydn, S. 176.
2) Ebd., S. 193.
3) Vgl. Peukert, Ruhrarbeiter, S. 293.

Den Quellen und vorhandenen Interviews sind keine weiteren Belege für eine systematische Zusammenarbeit zwischen KPD und Cliquen in anderen Reichsgebieten zu entnehmen. Dies lag zum einen daran, daß enorme Altersunterschiede zwischen den Mitgliedern der Cliquen und den Angehörigen der organisierten Widerstandsgruppierungen bestanden. So waren die jüngsten KJVD-Mitglieder von 1932 zur Zeit des Krieges schon um 10 Jahre älter als der Durchschnitt der Cliquenjugendlichen. Außerdem waren die Verluste der organisierten Widerstandsbewegung gerade unter ihren jüngeren Mitgliedern zur Zeit der stärksten Verbreitung der Arbeiterjugendcliquen schon so hoch, daß sich nur noch wenige personelle Anknüpfungspunkte für die Kontaktaufnahme mit den Cliquen ergaben.[1]

Andererseits lag der Mangel an Zusammenarbeit im unterschiedlichen Verständnis von politischem Handeln unter den Bedingungen des Faschismus begründet. Gerade den älteren Kommunisten und Sozialisten erschienen die Aktionen der Arbeiterjugendcliquen als zu abenteuerlich und unüberlegt und - was noch schlimmer war - als anarchistisch. Sie, die 1933-35 aufgrund eigener allzu waghalsiger Aktionen mit Gestapo und KZ in Berührung gekommen waren, wollten sich nicht von den jugendlichen 'Wirrköpfen' noch einmal der Gefahr eines Gestapozugriffs aussetzen.[2] Die illegale KPD vertat somit die Chance, mit den Jugendcliquen neue Formen des Widerstands

---

1) Vgl. Peukert, KPD, S. 393 und Klönne, Bayern in der NS-Zeit, S. 556.
2) Vgl. Peukert, KPD, S. 393.

zu entwickeln und die Jugendlichen in die Widerstandsbewegung einzubinden.

"Der kommunistische Widerstand blieb den Innenbeziehungen des eigenen Lagers zu sehr verhaftet, als daß er sich - von Ausnahmen abgesehen - den spontanen antifaschistischen Jugendprotesten hätte öffnen können."[1]

---

1) Vgl. Peukert, KPD, S. 393.

6.9. Verfolgungsmethoden und Sanktionen gegen die Cliquenjugendlichen

Der Anspruch des nationalsozialistischen Systems nach Durchsetzung seiner Gesellschaftsdoktrin in allen Lebensbereichen bedingte eine rigide Verfolgung und Bestrafung derjenigen, die sich dem totalitären Machtanspruch widersetzten und sich der Integration in die nationalsozialistische Gesellschaft verweigerten. Das non-konforme Verhalten der Cliquenmitglieder im nationalsozialistischen Alltag und ihre Ablehnung der nationalsozialistischen Erziehungskonzepte führte zwingend zu Auseinandersetzungen mit verschiedenen NS-Staatsorganen. Den nicht integrationswilligen Arbeiterjugendlichen in den Cliquen versuchte man, mit einem umfangreichen Arenal von Kontrollmaßnahmen und Sanktionen Herr zu werden.[1]

Auf der untersten Ebene kontrollierte die Staatsjugendorganisation mit dem von ihr eingesetzten Streifendienst die Cliquen. Dabei sollte nach Möglichkeit jede Freizeitgestaltung der Jugendlichen in ihren Cliquen überwacht werden. Besondere Beachtung fanden ihre Wochenendfahrten, da sie sich mit diesen Fahrten dem direkten Kontrollbereich nationalsozialistischer Erziehungsinstanzen entzogen. Hauptaufgaben der Streifendienste waren dementsprechend:

---

1) Vgl. Peukert, Edelweißpiraten, S. 156f.

"a) Überwachung der Jugendherbergen
   (Säuberung von unerwünschten Elementen),
 b) Überwachung der wilden Übernachtungsstätten,
 c) Bahnhofsüberwachung,
 d) Bekämpfung des Trampens, Bettelns, Landstreichens, Umhertreibens usw.,
 e) Bekämpfung des Gemischtwanderns."[1)]

Während des Krieges führte die HJ zusätzlich Razzien und Überprüfungsmaßnahmen in den Kinderlandverschickungslagern im Süden des Reichsgebietes durch, um zu verhindern, daß sich durch die Vielzahl der Jugendlichen aus den Industrieregionen das Cliquenwesen auch noch in den ländlichen Regionen verbreitete.[2)]

Da sich die HJ aber schon recht frühzeitig mit der Durchführung einer konsequenten Überwachung der Cliquenbewegung überfordert sah bzw. sich in einigen Regionen nicht gegen die Cliquen durchzusetzen vermochte, sondern eher ihnen gegenüber ins Hintertreffen geriet, wurden zusätzlich Gestapo und Schutzpolizei zur Bekämpfung der Cliquen eingesetzt; bisweilen auch spezielle Verfolgungsorgane geschaffen. Von einer solchen speziellen Einheit zur Bekämpfung der Cliquen berichtet ein ehemaliger Edelweißpirat aus Oberhausen:

---

1) Lagebericht der Reichsjugendführung bis zum 1. Januar 1941, in: Klönne, S. 172.
2) Vgl. Klönne, Bayern in der NS-Zeit, S. 610.

"Nun hatte die Oberhausener NSDAP eine merkwürdige Organisation eingerichtet, eine SA-Abteilung, auf deren Armbinden waren die Buchstaben 'z.b.V.' aufgezogen, 'zur besonderen Verwendung'. Das war eine gemischte Truppe, an sich sollte sie wohl eine Organisation der besonders radikalen und militanten Elemente sein /.../ Für uns war nur interessant, daß dies Kommanda 'z.b.V.' offenbar den Auftrag hatte, uns zur Räson zu bringen. Das versuchten sie vereinzelt oder in Gruppen bis zu zehn Mann, manchmal mit Unterstützung von vier/fünf SS-Leuten."[1]

In Düsseldorf richtete die Reichsjugendführung sogar von 1937 bis 1939 eine sogenannte "Zentralstelle West" ein, deren besondere Aufgabe unter anderem darin bestand, die Bekämpfung der Cliquen im Rhein-Ruhrgebiet zu koordinieren und wirksam durchzuführen.[2]

Um die Jugendlichen zu konformen Verhalten im nationalsozialistischen Alltag zu zwingen, entwickelten die verschiedenen nationalsozialistischen Verfolgungsorgane eine Vielzahl von Maßnahmen, die faktisch jegliche Form des Gemeinschaftslebens und des Verhaltensstils sanktionierbar machten. Schon das Tragen der Kluft und der Abzeichen sowie das Singen ihrer Lieder führte zu Bestrafungen der Jugendlichen, da sie mit den Normen der faschistischen Gesellschaft nicht vereinbar waren.

---

1) Interview Günther O., in: Peukert, Edelweißpiraten, S. 18.
2) Vgl. Arno Klönne, Zur 'bündischen Opposition' im Dritten Reich, in: Jahrbuch des Archivs der deutschen Jugendbewegung, Bd. 12, 1980, hrsg. von der Stiftung Jugendburg Ludwigstein und dem Archiv der deutschen Jugendbewegung, Burg Ludwigstein, S. 123-128, hier S. 128.

Der frühzeitige Eingriff des Staates in die Lebenssphäre proletarischer Jugendlicher in Form der Sanktionierung ihres alltäglichen Gemeinschaftslebens bedingte eine Verschärfung der Opposition unter den Jugendlichen und damit wiederum eine weitere Stigmatisierung der Cliquen. Die häufigen Schlägereien mit der HJ, die Arbeitsbummelei im Betrieb und die ständige Aufsässigkeit gegenüber nationalsozialistischen Parteiangehörigen machte für die örtlichen nationalsozialistischen Behörden eine harte Bestrafung der Cliquenmitglieder zwingend notwendig, wollten sie nicht weiteren Autoritätsverlust in der Jugend riskieren, wie sie sich z.B. in Oberhausen 1941 schon in Gesprächen von Schülern manifestierte.

"Die K.P. /Kittelbachpiraten/ kennt doch jedes Kind, die gibts doch überall. Da sind mehr drin als in der HJ. Die kennen sich alle untereinander, die halten schwer zusammen. /.../ Die verhauen die Streifen, weil sie soviele sind, sie lassen sich nichts gefallen. /.../ Die haben vor keinem Angst."[1]

Entsprechend der gängigen Verfolgungspraxis, die man bei der Zerschlagung politischer Organisationen anwandte, versuchten die Verfolgungsorgane, zwischen 'Mitläufern', 'Aktiven Teilnehmern' und 'Rädelsführern' zu differenzieren, was sich aber aufgrund der nicht hierarchischen informell ausgerichteten Cliquenstruktur als schwierig erwies.[2]

---

1) Bericht des Berggewerbeoberlehrers Kramer an die Gestapo vom Januar 1941 (HStA-Dü-G 9213, Bl. 32), nach Zimmermann, Widerstand in Oberhausen, S. 230.
2) Vgl. Peukert, Edelweißpiraten, S. 154.

Die Unterscheidung zwischen Mitläufern und
angeblichen Rädelsführern ist erklärbar aus
den Anforderungen des faschistischen Systems,
das die jugendlichen Arbeiter zur Aufrechterhaltung der Kriegsproduktion und zum Einsatz
in der Wehrmacht benötigte.

Eine konsequente rigide Bestrafung aller Cliquenmitglieder hätte bei dem vorhandenen Ausmaß der Cliquenbewegung eine reibungslose Aufrechterhaltung der Kriegsproduktion und den
Ersatz der Menschenverluste der Wehrmacht
nicht gewährleistet.[1] So forderte z.B. ein
Kriminal-Obersekretär der Gestapo Düsseldorf
schon im September 1941 die untergeordneten
Stellen dazu auf, Aufsässigkeit und non-konforme Verhaltensstile von Cliquenjugendlichen
nur noch zu bearbeiten,

"/.../ wenn es sich um sog. Rädelsführer,
also um Personen handelt, die bereits wiederholt in Erscheinung getreten und wiederholt
gewarnt worden sind."[2]

Während die sogenannten Mitläufer allenfalls
mit Verwarnungen und symbolischen Bestrafungen,
wie Wochenendarrest oder dem Abschneiden der
Haare, zu rechnen hatten, wurden die sogenannten
Rädelsführer und aktiven Teilnehmer mit
Jugendgefängnis oder Einweisung in die Fürsorge-
erziehung bestraft.[3]

---
1) Vgl. Peukert/Winter, S. 256.
2) RW 58, Band 30999, Karl A., zit. ebd.
3) Vgl. Bericht des Kölner Jugendrichters, 1943,
   in: Peukert, Edelweißpiraten, S. 53. Vgl.
   ebd., S. 157.

Daß die Bestrafung der sogenannten Mitläufer
diese nicht sonderlich beeindruckte und nicht
von weiteren Cliquenaktivitäten abhielt,
mußten die nationalsozialistischen Behörden
schon frühzeitig feststellen. So meldete der
Oberlandesgerichtspräsident in Düsseldorf im
März 1942

"/.../ daß der Wochenendarrest durchweg eine
nachhaltige Wirkung auf die Betroffenen vermissen lasse. Mehrfach wurde sogar berichtet,
der Wochenendkarzer sei eine Maßnahme, deren
Erleben von vielen Jugendlichen als 'Ehrensache'
oder als eine 'romantische Angelegenheit' bezeichnet wurde; es seien Äußerungen gefallen
wie die: 'Jeder ordentliche deutsche Junge
müsse auch einmal im Jugendarrest gewesen sein.'"1)

Die Verurteilung von Cliquenjugendlichen
zu Dauerarresten von einer Woche, zeigte bei
den Verurteilten erst recht nicht die Wirkungen,
die sich die nationalsozialistischen Justizbehörden erhofften. Der Generalstaatsanwalt
in Nürnberg konstierte im Mai 1941 sehr gefaßt,

"/.../ daß augenscheinlich der Dauerarrest von
1 Woche weniger wirkt als Wochenendkarzer von
nur 2 Wochenenden. Bei der teils schweren
Berufsarbeit, die die Jugendlichen zu leisten
haben, empfinden sie es zum Teil als Ausgleich
für den Freiheitsentzug, wenn sie eine Woche
lang von ihrer schweren Arbeit befreit sind."2)

Die Beispiele zeigen, daß gerade die Sanktionsmaßnahmen für die sogenannten Mitläufer nur

---

1) Lagebericht des Düsseldorfer Oberlandesgerichtspräsidenten an das Reichsjustizministerium,
1942, in: Peukert, Edelweißpiraten, S. 93.
2) Bericht des Generalstaatsanwalts in Nürnberg
von Mai 1941 (BA, R 22/3381) nach Klönne,
Bayern in der NS-Zeit, S. 596.

geringe oder überhaupt keine Wirkung bei
den betreffenden Jugendlichen hinterließen.
Zur Praxis der nationalsozialistischen
Behörden zählte es auch, die Jugendlichen
nach der Haftstrafe zur Wehrmacht einzuziehen, wo sie mit dem Vermerk 'politisch
Unzuverlässig' in der Akte, meist bewußt
zu solchen Einheiten eingesetzt wurden, bei
denen die Überlebenschance äußerst gering
war.[1] Nach Auskunft eines ehemaligen Edelweißpiraten aus Köln, desertierten eine große
Anzahl von vormaligen Cliquenmitgliedern
schon nach kurzer Zeit wieder, was die
kontinuierliche Widersetzlichkeit der Cliquenjugendlichen gegenüber den Normen und
Anforderungen des faschistischen Systems
unterstreicht.[2]

Zum Ende des faschistischen Regimes, insbesondere in den letzten drei Kriegsjahren,
wurden die Maßnahmen zur Bestraftung der
Cliquenmitglieder noch drastischer verschärft,
da die Cliquen zum einen unter dem Kriegsalltag
eine noch größere Verbreitung fanden, andererseits aber auch zunehmend bewußt politischen
Widerstand leisteten, insbesondere Aktionen zur
Beendigung des Krieges durchführten. Die Überwachung und Bekämpfung der Cliquen war für
die nationalsozialistischen Verfolgungsorgane

---

1) Vgl. Interview Seidel und Interview Roeseler.
2) Vgl. Interview von Wolfgang Schwarz mit
   Schubert, Köln, ohne Jahrgang.

- wie sie es nannten - 'kriegswichtig' geworden.[1] Sogenannte Rädelsführer wurden unter den verschärften Bedingungen des Krieges mit Einweisung ins Arbeitslager oder Jugend-KZ bestraft bzw. wurden exekutiert, wie einige der Köln-Ehrenfelder Edelweißpiraten, die zusammen mit anderen Oppositionellen bewußten politischen Widerstand leisteten.[2]

6.9.1. Reaktionen auf die Verfolgungsmaßnahmen in Arbeitervierteln

Die Verfolgungsmaßnahmen von Polizei, HJ und Gestapo gestalteten sich deshalb schwierig, weil es sich bei den Cliquen um keinen organisierten Verband handelte, sondern um im Arbeitermilieu gewachsene kleine Solidargemeinschaften Gleichaltriger, die sich bei Konflikten immer wieder in das Solidarfeld des Alltagslebens zurückzogen.

Dies beweist, daß es den Nationalsozialisten trotz des allgegenwärtigen faschistischen Terrors und der von ihm praktizierten Politisierung des Alltags nicht gelang, neben den politischen, formell organisatorischen Elementen der Arbeiteralltagskultur gänzlich

---

1) Vgl. "Bekämpfung jugendlicher Cliquen", Erlaß des Reichsführers SS vom 25. Oktober 1944, in: Peukert, Edelweißpiraten, S. 127.
2) Vgl. Peukert, Freizeit, S. 315.

"/.../ auch die politisch schlecht faßbaren, informellen im alltäglichen Sozialverhalten vorhandenen Elemente"[1]

zu zerschlagen.

Die Grunderfahrung der faschistischen Gesellschaft als einer Klassengesellschaft und die damit verbundene Ablehnung der Volksgemeinschaftsideologie konservierte Formen alltäglicher Solidarität, die gerade auch den jugendlichen Oppositionellen Rückzugsraum und bisweilen Schutz vor den Verfolgern der Regierung bot.

"Aber die Treffpunkte in der Stadt, die wir hatten, wo auch Leute gucken und hinhören konnte, da haben wir auch von der Bevölkerung Unterstützung gehabt. Wenn jetzt die Gestapo auftauchte, dann ist es immer wieder gelungen, durch die Mithilfe der Bevölkerung, daß die welche in die Häuser reingeholt haben, ganz besonders dann auch Mädchen, als es später schlimmer wurde, dann sorgten die immer, daß die Mädchen wegkamen, weil die immer Angst hatten, den Mädchen passiert was. Wir hätten uns ja gegen die überhaupt nicht wehren können. Aber auch Jungens, daß die dann ihre Türen aufgemacht haben und einen ganzen Schwung, daß die wegkamen, oder über die Hinterhöfe wegkamen, für die Leute war das ja auch gefährlich. Entweder haben wir da in die Keller gesessen und haben dann gewartet, bis der Sturm sich da gelegt hatte, oder daß man dann über die Hinterhöfe, daß die Gelegenheit hatten, einen hinten durch wegzulassen. Also, das ist wohl schon sehr oft vorgekommen. Und das ist nicht nur hier in Köln in der Stadt gewesen, das hat sich auch auf unsere ganzen Fahrtrouten bis nach Rösrath hin erstreckt."[2]

---
[1] Peukert, Ausmerze, S. 126.
[2] Interview Roeseler.

Die Solidarität mit den verfolgten Cliquenangehörigen existierte im proletarischen Sozialmilieu trotz des allgegenwärtigen faschistischen Repressionsapparates, auch wenn diese sich in ihrem Freizeitleben und in ihrem Verhalten am Arbeitsplatz nicht den Werthaltungen der älteren Arbeitergeneration entsprechend verhielten. Indem Cliquenmitglieder vor der Gestapo gewarnt oder selbst im Betrieb vor den Zugriffen der Staatsorgane geschützt wurden[1], stieß die Verfolgungspraxis des nationalsozialistischen Staates zwar nicht an ihre Grenzen, doch ward sie zumindest durch die antifaschistische Atmosphäre in den Arbeitervierteln behindert.

Ältere Arbeiter empfanden Angriffe auf die Cliquenjugendlichen des öfteren auch als Eingriff in die eigene Lebenssphäre, dem man sich sogar mit körperlicher Gewalt entgegensetzte, wie ein Beispiel von einem Edelweißpiraten aus Dortmund beweist.

"Da sind wir ins Haus gelaufen in der Alsenstraße, Nr. 8. Haben wir uns da versteckt. Da ist die ganze Horde /von Hitlerjugendlichen/ hinterher, alle ins Haus rein. Und oben im Haus, da wohnte Familie Randorf. Der Alte, das war ein Sozialdemokrat. Ja, und der hat die dann die Treppen runtergeschmissen, einer nach dem andern. Und den haben sie dann nachher verhaftet."[2]

---

[1] Der Edelweißpirat Kaczmarcek wurde von seinen Kollegen im Heizungskeller des Betriebes versteckt und dadurch dem Zugriff der Gestapo entzogen. Vgl. Interview Kaczmarcek.
[2] Interview Grützner.

Das proletarische Milieu und die dort erfahrene Solidarität schützte also zum einen die Cliquenmitglieder vor der Verfolgung durch die Nationalsozialisten und erschwerte die Zerschlagung der Cliquen. Zum anderen bewirkte diese Unterstützung von außen immer wieder eine Stärkung des Cliquenwesens und förderte neue Aktionen.

6.10. Zusammenfassung

Arbeiterjugendcliquen im "Dritten Reich" hatten ihre soziale Basis in den jugendlichen Bewohnern der traditionellen Arbeitersiedlungen und Arbeitervierteln der Großstädte, in denen vor 1933 die Arbeiterbewegung mit ihren politischen Organisationen wie auch mit ihren Freizeitvereinen stark verankert war. Zusätzlich gibt es Hinweise auf eine längere Tradition selbstorganisierter Arbeiterjugendgruppen in den Hauptverbreitungsgebieten der Cliquen im "Dritten Reich".

Unter den Cliquenmitgliedern dominierten die Altersgruppen der 15 bis 19 jährigen, was auf die Anforderungen des faschistischen Systems an die Jugendlichen zurückzuführen ist. In den vier Jahren zwischen Schulentlassung und Einziehung zum Reichsarbeitsdienst, bzw. zur Wehrmacht verfügten die Jugendlichen über einen größeren Freiraum, in dem sie einerseits durch die Schulentlassung dem Einflußbereich des Elternhauses entzogen waren, andererseits aber auch nicht mehr der direkten Kontrolle der HJ unterstanden. Aufgrund ihrer Berufstätigkeit – die Mehrzahl der Cliquenangehörigen übten wie ihre Väter eine Hilfsarbeitertätigkeit aus – war ihnen gemeinsam die Erfahrung des Klassencharakters der faschistischen Gesellschaft. Im Alltag kapitalistischer Lohnarbeit erkannten die Cliquenjugendlichen ihre soziale Lage als abhängig Arbeitende und erlebten sie das kapitalistische Lohnarbeitsverhältnis als den weiteren Rhytmus ihres Lebens bestimmende Erfahrung. Aufgrund dieser Erfahrungswerte offenbarte sich für die Arbeiterjugendlichen die faschistische Volksgemeinschaftsideologie als bloße Phrase. Diese konnte um so mehr nicht greifen, da sich

den Arbeiterjugendlichen aufgrund der Dominanz
von Jugendlichen aus der Mittel- und Oberschicht
in den Führungspositionen der HJ der Klassencharakter
der Staatsjugendorganisation ebenfalls
offenbarte. Der straffen Hierarchie und dem
stumpfen Drill des HJ-Dienstes setzten die
Arbeiterjugendlichen das selbstbestimmte Gemeinschaftsleben
ihrer Clique gegenüber. Diese
im proletarischen Milieu gewachsene Solidargemeinschaft
Gleichaltriger bot den Arbeiterjugendlichen
Orientierungshilfen zur Bewältigung ihrer
konkreten Lebenssituation. In ihnen entwickelten
die Arbeiterjugendlichen einen eigenen kulturellen
Stil, der sich in ihrer Kleidung, ihren
Liedern und ihrer Art der Freizeitgestaltung
manifestierte. Da das faschistische System aufgrund
seines totalitären Machtanspruchs kein
abweichendes Verhalten dulden konnte, waren damit
die Konflikte zwischen nationalsozialistischen
Staatsorganen und Cliquen vorgegeben. Die HJ
sah sich außerstande den Alleinerziehungsanspruch
des faschistischen Systems gegenüber den
selbstbewußten jugendlichen Arbeitern durchzusetzen,
was schon bald zur Einschaltung der
Gestapo und damit verbundenen schärferen Verfolgungspraktiken
der Cliquen führte. Die Sanktionierungsmaßnahmen
der Staatsorgane konnten sehr
oft nicht greifen, da die Cliquen keine straff
strukturierte Organisation darstellten, die man
zerschlagen konnte, sondern einen hierarchielosen
Zusammenschluß befreundeter Jugendlicher,
die sich oftmals Verfolgungsmaßnahmen durch
Rückzug in die Solidarstrukturen ihres Sozialmilieus
entzogen. Zu dem offenbarte die Verfolgungspraxis
Widersprüche im faschistischen
System selbst. Während die örtlichen NSDAP-Gruppen
eine rigide Unterdrückung der non-konformen
Cliquenmitglieder forderten, da sie ihre Autorität
durch die Aufsässigkeit der Cliquenjugendlichen
gefährdet sahen, lag dem nationalsozia-

listischen Staatsapparat an einem reibungslosen
Ablauf der Kriegsproduktion und der Rekrutierung
für die Wehrmacht. Diese Maxime wäre gefährdet
gewesen, hätte man die Masse der Cliquenmitglieder mit rigiden Sanktionen belegt. Die strafrechtliche Unterteilung der Cliquenjugendlichen
in Rädelsführer und Mitläufer nahm Rücksicht
auf die Anforderungen des Staatsapparates.

Die Erfahrung der Repressionen durch die faschistischen Verfolger führte letztlich eine ganze
Anzahl von Cliquenjugendlichen zu einem bewußten politischen Widerstand gegen das Regime.
Für viele von ihnen endete er mit der Einweisung ins KZ bzw. bezahlten sie es mit ihrem
Leben.

Die Verbreitung der Arbeiterjugendcliquen im
"Dritten Reich" belegt das Scheitern zweier
wesentlicher Zielsetzungen des deutschen Faschismus schon Jahre vor seiner militärischen Niederlage: es gelang ihm weder die Jugend ideologisch
und organisatorisch total zu erfassen noch die
Arbeiter in die Volksgemeinschaftsideologie einzubinden. Wenn auch die Verweigerung der Arbeiterschaft nicht die Ausbreitung des Faschismus
verhindern konnte, so ist diese Tatsache doch
von großer Bedeutung für die Analyse der deutschen, faschistischen Vergangenheit und daraus
resultierender Handlungskonsequenzen.

7. Qualitäten von Arbeiterjugendcliquen in der Weimarer Republik und im Faschismus

Zu Beginn der Arbeit wurde bereits darauf verwiesen, daß Arbeiterjugendcliquen keine spezifische Selbstorganisationsform proletarischer Jugendlicher für die Zeit des "Dritten Reichs" darstellen, sondern eine grundsätzliche Organisationsform der Lebensbewältigung proletarischer Jugendlicher. Im faschistischen Staat ist die besonders große Verbreitung der Cliquen erklärbar aus den mangelnden Möglichkeiten der Organisierung von Jugendlichen in alternativen Jugendorganisationen. Hatten die Arbeiterjugendlichen in der Weimarer Republik noch die Möglichkeit, sich den Jugendorganisationen der Arbeiterbewegung anzuschließen, so waren die Arbeiterjugendlichen im "Dritten Reich" zur Mitgliedschaft in den Staatsjugendorganisationen verpflichtet. Da die HJ den Arbeiterjugendlichen keine Orientierungshilfe zur Identitätsfindung bieten konnte, blieb den proletarischen Jugendlichen nur die Clique zur Verarbeitung der konkreten Lebenssituation. Die massive Verteidigung des Cliquenlebens gegen Eingriffe des faschistischen Staates mag zusätzlich noch dadurch bedingt sein, daß die Clique für die proletarischen Jugendlichen die einzige Chance zur Selbstverwirklichung und Selbstfindung im totalitären Staat bot.

Die Solidarstrukturen innerhalb der Cliquen im "Dritten Reich" halfen aber nicht nur bei der Verarbeitung der für proletarische Jugendliche bedrückenden Realität des faschistischen Alltags, sondern war oft auch Keimzelle jugendlicher Widerstandsaktionen gegen das faschistische System,

wobei die nicht hierarchischen Strukturen und
die Milieugebundenheit der Cliquen den Zugriff
nationalsozialistischer Verfolger erschwerte.

"Die organisatorisch eher lockere, in ihrer
Sozialisations- und Integrationskraft aber besonders
intensive Form jugendlichen Kleingruppen-
Zusammenhalts erwies sich vielfach als eine den
Großorganisationen der Parteien und Konfessionen
überlegene soziologische und kommunikative
Voraussetzung für illegale Widerstandstätigkeit."[1]

Die Cliquen grenzten sich aber nicht nur von
anderen Jugendorganisationen durch die Ablehnung
autoritärer Gruppenstrukturen ab, sondern entwickelten
auch einen eigenen kulturellen Stil.
Dazu gehörte nicht nur das Tragen selbstzusammengestellter,
in Einzelstücken nicht unüblicher,
doch in ihrer Zusammenstellung, besonders in
einer Zeit der Gleichförmigkeit und der Gleichschaltung
auch im kulturellen Bereich auffallender
Kleidung, sondern insbesondere das Auf-die-
Fahrt-gehen in einer wohlgeordneten, nicht-hierarchischen
Gruppe Gleichgesinnter. Man 'latschte'
lieber als zu marschieren. Das dort praktizierte,
freizügige Leben, die Überwindung des bürgerlichen
Moralkodex' (der auch in den Köpfen ihrer
Eltern steckte) und die Eroberung eigener Lebenslust
gehört hier genauso hin, wie das Verändern
und die Neudichtung von Liedern. Diese Kultur
konnte sich deshalb im Alltagsmilieu der Arbeitersiedlungen
entwickeln, weil dort seit jeher
die sozialen Überwachungsstrukturen zugunsten
der Solidarstrukturen unterentwickelt waren.

---
1) Klönne, Bayern in der NS-Zeit, S. 529

So waren die Voraussetzungen für ein größeres
Widerstandspotential wohl gerade bei Arbeiterjugendlichen gegeben, die durch die Zwänge der
Klassengesellschaft tagtäglich erfahren, und
die dadurch hervorgerufene Ablehnung, aufge-
wachsen in einem traditionellen Arbeitermilieu
eben ihre Subkultur entwickeln konnten, die den
Nazis so gefährlich geworden ist, aber auch
schon in der Weimarer Republik die Repression
des Staates und der herrschenden Klasse auf sich
gezogen hatte und auch heute in den verschiedenen Formen der Arbeiterjugendsubkulturen auf
die Ablehnung der Staatsorgane stößt.

Zum wirklichen Verständnis der
Entstehung, Ausbreitung und Bedeutung der
Cliquensubkultur, zur Würdigung all ihrer posi-
tiven Ansätze aber, fehlt bisher die erforderliche Grundlage an Detailstudien. In Zukunft
müssten eine Vielzahl von lokalen und regionalen
Studien über die Lebensverhältnisse proletarischer
Jugendlicher, über ihre Lebensformen und ihre
Lebenslust erarbeitet werden. Auf deren Grundlage erst wäre ein wahres Bild über die Komplexität der, zwar mit Widersprüchen behafteten,
doch wohl konsequent gesuchten und bestimmt in
manchen Fällen auch gefundenen, historisch gewachsenen Erlebniswelt der Arbeiterjugendlichen
zu erstellen.

Die Suche nach der historischen Identität einer
bisher abgedrängten, aber immer schon selbstbewußten Subkultur hat erst begonnen.

8. Das 'Vermächtnis' der Arbeiterjugendcliquen

Es ist zu befürchten, daß der Widerstand von Arbeiterjugendlichen gegen den Faschismus in Deutschland 1933-1945 trotz oder auch gerade wegen der neueren aufschlußreichen Forschungsergebnisse nicht in das Bewußtsein der Öffentlichkeit gerückt werden wird. Es paßt nicht in das Bild, das in der Öffentlichkeit bisher von den Jugendlichen im "Dritten Reich" gezeichnet wurde - von Jugendlichen, die sich begeistert den Angeboten der Hitlerjugend zuwandten. Aber aus einer solchen Darstellung der Jugend spricht Tradition und Vorsatz, denn sie

"/.../ fügte sich nahtlos in jene Version ein, die den Faschismus als Produkt Hitler'scher Verführungskünste erklären wollte. Und wenn es hier und dort Widerstand gegeben hatte, so konnte dieser nur als Privileg von Eliten gelten, - der Widerstand von unten, die Volksopposition paßte nicht ins Bild, sie wurde nicht zur Kenntnis genommen oder als eher ungehörig betrachtet."[1]

Drastisch verdeutlicht die Wiedergutmachungspraxis der BRD, wie die Verweigerung und der Widerstand von Arbeiterjugendcliquen während des Faschismus noch heute zu Diffamierungen führt. Der Versuch der Nationalsozialisten, die Arbeiterjugendcliquen als kriminelle, asoziale Vereinigungen zu diffamieren, um ihren Einfluß zu unterbinden und sie strafrechtlich verfolgbar zu machen zeigt auch in der BRD noch seine gewünschte Wirkung. In Köln dokumentierte 1962 der damalige Regierungspräsident, wie bereitwillig bundesdeutsche Behörden nationalsozialistische Einschätzungen übernehmen.

---

1) Klönne, Arno, Edelweißpiraten, Widerstand von unten, in: päd.extra, 7/8 1980, S. 38-41, hier S. 39

Zehn Jahre lang hatte der Fall des Bartholomäus Schink, hingerichteter Edelweißpirat aus Köln-Ehrenfeld, die Kölner Bürokratie beschäftigt, da dessen Mutter Wiedergutmachung und Hinterbliebenenrente beantragt hatte.[1] Dieser Antrag wurde 1962 vom Regierungspräsidenten mit der Begründung abgelehnt,

"/...7 daß der Erblasser / Barthel Schink _7 mit ziemlicher Sicherheit als Mitglied einer Verbrecherbande erkannt und verhaftet wurde."[2]

Die Kölner Behörden stützten sich bei ihrem Ablehnungsbescheid auf Aussagen von Angehörigen der Gestapo, die damals die Verhaftung und Folterung der Widerständler vorgenommen hatten.[3] Hier handelt es sich um ein makabres Paradoxon: diejenigen Gestapo-und SS-Leute, die wegen Verbrechen gegen die Menschlichkeit, Aussage-Erpressung, Körperverletzung und Tötung Haftstrafen hinter sich hatten[4], waren 1956 und 1957 schon so weit rehabilitiert, daß sie als Zeugen in Wiedergutmachungsprozessen von Opfern des Nationalsozialismus auftreten durften. Und ihnen glaubte man, nicht aber den überlebenden Edelweißpiraten, die sich gegen das nationalsozialistische Regime aufgelehnt und die Repression der SS und der Gestapo erlebt hatten.

---

1) Vgl. Alexander Goeb, Er war sechszehn, als man ihn hängte, Reinbek 1981, S. 139-146
2) Vergangenheitsbewältigung im Amt, v.i.S.d.P. Reinhard Hocker, Köln, o.J., S. 4
3) Vgl. Jost Nolte, Kein Recht für diese'Piraten', in: Zeitmagazin, Hamburg, Nr. 32, 31.7.81, S. 14-19, hier: S. 14. Vgl. auch Meuten und Piraten, o.V., Spiegel 33.Jhg., Nr. 50, 10.12.1979, S. 53-60.
4) Ebd.

Während in der Bundesrepublik noch 38 Jahre nach
Beendigung des Zweiten Weltkrieges Cliquenmitglieder als Kriminelle gelten und ihnen politische Widerstandshandlungen gegen den Faschismus abgesprochen werden, erkannten die Alliierten
schon vor Beendigung des Krieges die Bedeutung
des Widerstandes proletarischer Jugendcliquen.
So berichtete der britische Sender BBC schon im
Januar 1945:

"Es erreichen uns viele Nachrichten vom Geist
einer Revolte gegen die Nazis bei Burschen und
Mädels Deutschlands. Die Zahl dieser jungen
Menschen, über ganz Deutschland verstreut, ist
offenbar groß genug, um Himmler große Schwierigkeiten in einem kritischen Augenblick zu verursachen. Die deutsche Jugend /.../ tut viel, die
Älteren aufzuwecken und ihnen die Möglichkeiten
einer Behinderung der Gestapo zu zeigen. In
mehreren Städten sind diese antifaschistischen
Burschen und Mädchen in enger Fühlung mit ausländischen Arbeitern. Französische Künstler,
Zwangsarbeiter in Deutschland, haben ihnen geholfen, Anti-Nazi-Flugblätter herzustellen. /.../
Eine wachsende Anzahl junger Deutscher wünscht
lebhaft das Ende des Dritten Reiches. Viele
darunter wagen Leben und Freiheit, um gegen die
Untaten der Nazis anzugehen. Manchmal kann man
die Angehörigen der Jugendopposition an bestimmten Zeichen erkennen. Das verbreitetste Zeichen ist das Edelweiß unterm Rockaufschlag."[1]

Diese Erkenntnis der Alliierten hätte auch in
der BRD durch das Studium der Gestapo-Personalakten bestätigt werden können. Stattdessen
kritisiert man, wenn die Cliquen Erwähnung finden,
im günstigsten Fall das Fehlen eines politischen
Konzepts und scheint zu vergessen, daß man von
Jugendlichen im Alter von 14 bis 18 Jahren spricht,
von denen wohl kaum ein ausgearbeitetes poli-

---
1) BBC - Sendung vom Januar 1945, zit. nach
   Klönne, Gegen den Strom, S. 108

tisches Konzept erwartet werden kann. Selbst
andere, organisierte Widerstandskämpfer weigern
sich, die Aktionen der autonomen, Selbstorganisierten Cliquen gegen den Faschismus als Widerstand anzuerkennen.[1] Aus der hierarchielosen
Struktur der Gruppen und ihren mehr spontanen
als richtlinienorientierten Handlungsweisen die
Konsequenz zu ziehen, hier handele es sich
nicht um Widerstand, heißt entgegen besserer
Kenntnis urteilen. Denn gerade das Bedürfnis
der Jugendlichen nach Selbstbestimmung führte
zum Aufbegehren gegen das totalitäre System
des Faschismus. Die Nationalsozialisten wußten
damals sehr wohl die Gefahr einzuschätzen, die
von diesem unorganisierten Widerstand ausging,
doch die Demokraten von heute wollen offensichtlich lieber verschweigen, wie und warum junge
Menschen sich dem Nationalsozialismus widersetzten.
Und das nicht ohne Grund, denn

"Wenn man Günter S., wenn man den kleinen
Barthel zum Helden macht, dann muß man akzeptieren, daß die Menschen, die versucht haben
Widerstand zu leisten, nebenan gewohnt haben.
Man muß akzeptieren, daß sie keine Intellektuel-
len, keine hohen Tiere, keine mit besonderer
Macht und Information ausgestattete Menschen
waren. Und was um Gottes Willen, würde das über
einen selbst aussagen? Dann soll der Held schon
lieber Stauffenberg heißen. Und damit hat es sich."[2]

----

1) Vgl. Ernst-Michael Jovy, Deutsche Jugendbewegung im Nationalsozialismus, Unveröffentlichte Dissertation, Köln 1952, S. 332f.

2) Peter Finkelgruen, Freunde von gestern - und
Feinde von heute (oder was mich ein jüdischer
Edelweißpirat lehrte), in: Fremd im eigenen
Land, Juden in der Bundesrepublik, hrsg. von
Hendryk M. Broder und Michael R. Lang, Frank-
furt 1980^2, S. 129

LITERATURVERZEICHNIS
====================

1. Quellen

1.1. Ungedruckte Quellen

    1.1.1. Archive

- Gauleitung Westfalen-Nord, Gauamt für Volkswohlfahrt, Jugendgefährdung im Kriege, Lageberichte der Kreisämter für Volkswohlfahrt 1943-44, Staatsarchiv Münster, Nr. 408.

- Schreiben der Hitler-Jugend Gefolgschaft 13/217 Köln-Klettenberg (HSTA-Dü, Zweigarchiv Kalkam, Rep. 17/393, AZ 19, Js 108/37)

1.1.2. Interviews

Interview von DIETER HEHR und WOLFGANG HIPPE mit JEAN JÜLICH. Köln 14.11.1978.

Interview von DIETER HEHR und WOLFGANG HIPPE mit SOPHIE ROESELER, Köln 13.12.1978.

Interview von ALFONS KENKMANN und GERRIT HELMERS mit ROLF SIEPERMANN, Hattingen 16.3.1983

Interview von WALTER KUCHTA und DIETRICH SCHUBERT mit FRITZ THEILEN, Köln 23.12.1978.

Interview von HANS MÜLLER mit WILLI DROSTE, Dortmund 25.2.1981.

Interview von HANS MÜLLER mit RUDI GRÜTZNER, Dortmund 25.2.1980.

Interview von HANS MÜLLER mit KACZMARCEK, Dortmund 17.3.1981.

Interview von HANS MÜLLER mit KURT PIEHL, Dortmund 4.3.1980.

Interview von HANS MÜLLER mit SEIDEL, Dortmund 15.4.1981.

Interview von HANS MÜLLER mit WALTER REILING, Dortmund 20.2.1980.

Interview von DIETRICH SCHUBERT mit WOLFGANG SCHWARZ, Köln (ohne Datumsangabe).

Interview von KATHARINA SCHUBERT mit FRITZ THEILEN im Film "Nachforschungen über die Edelweißpiraten" 1980.

1.2. Veröffentlichte Quellen

Erinnerungen des ehemaligen Edelweißpiraten HEINZ BROICH. In: "De Schnus" Stadtzeitung in Bonn, 9, Dezember 1978.

GLASER, GEORG, 'Schluckebier', hrsg. von Walter Fähnders und Helga Karrenbrock, Berlin 1979.

MÜNZENBERG, WILLI, Die dritte Front, Aufzeichnungen aus 15 Jahren proletarischer Jugendbewegung, Berlin 1930.

SCHENZINGER, KARL ALOIS, Hitlerjunge Quex, Roman, Berlin 1932.

SCHÖNSTEDT, WALTER, Kämpfende Jugend, Roman der arbeitenden Jugend, Berlin 1932.

STUEBS, ALBIN, Romantisches Vorspiel, Roman, Lauf bei Nürnberg 1946.

2. Sekundärliteratur

BARTZ, JOACHIM und MOR, DAGMAR, Der Weg in die Jugendzwangsarbeit, Maßnahmen gegen die Jugendarbeitslosigkeit zwischen 1925 und 1935, in: Der hilflose Sozialstaat, Jugendarbeitslosigkeit und Politik, hrsg. von Gero Lenhardt, Frankfurt/M. 1979, S. 28-94.

BETTELHEIM, CHARLES, Die deutsche Wirtschaft unter dem Nationalsozialismus, München 1974.

BILLSTEIN, AUREL, Der eine fällt, Die anderen rücken nach, Dokumentation des Widerstands und der Verfolgung in Krefeld 1933-1945, Frankfurt 1973.

BLOCH, ERNST, Erbschaft dieser Zeit (1935), Frankfurt 1979 10+11.

DERSELBE, Zur Methodenlehre der Nazis, November 1936. In: Ders., Vom Hasard zur Katastrophe. Frankfurt 1972.

BLUDAU, KUNO, Widerstand und Verfolgung in Duisburg 1933-1945, Duisburger Forschungen, Schriftenreihe für Geschichte und Heimatkunde Duisburgs, hrsg. vom Stadtarchiv Duisburgs in Verbindung mit der Mercator-Gesellschaft. Bd. 16. Duisburg 1973.

BOBERACH, HEINZ, Widerstand im Rheinland, Unbekanntes aus dem Dritten Reich, Manuskript zur Sendung des Westdeutschen Rundfunks vom 27.1.1968.

BRANDECKER, FERDINAND, Notizen zur Sozialisation des Arbeiterkindes in der Weimarer Republik. In: Sozialisation und Bildungswesen in der Weimarer Republik. Stuttgart 1976, S. 39-56.

BRANDENBURG, HANS-CHRISTIAN, Die Geschichte der HJ, Wege und Irrwege einer Generation, Köln (zweite durchges. Auflage) 1982.

BRANDT, PETER, Anti-Faschismus und Arbeiterbewegung, Aufbau-Ausprägung-Politik in Bremen 1945/46 (Hamburger Beiträge zur Sozial- und Zeitgeschichte Band XI), Hamburg 1976.

BRECKHEIMER, WOLFGANG, Die "Edelweißpiraten", in: Arbeiterjugendbewegung in Frankfurt 1904-1945, Material zu einer verschütteten Kulturgeschichte, hrsg. vom Verein zur Erforschung der Geschichte der sozialistischen Jugendbewegung in Frankfurt a.M. e.V., Frankfurt 1978, S. 193-196.

CZICHON, EBERHARD, Der Primat der Industrie im
Kartell der nationalsozialistischen Macht,
in: Das Argument, 47, April 1971, S. 169-192.

DERSELBE, Wer verhalf Hitler zur Macht?
Zum Anteil der deutschen Industrie an der
Zerstörung der Weimarer Republik, Köln 1967.

DIE GESELLSCHAFTLICHE WIRKLICHKEIT DES KINDES
IN DER BILDENDEN KUNST. Berlin 1980.

DIMITROFF, GEORGI, Arbeiterklasse gegen den
Faschismus (1935), in: Texte zur Faschismusdiskussion, 1. Positionen und Kontroversen,
hrsg. von Reinhard Kühnl, Reinbek 1979.

'EDELWEISSPIRATEN SIND TREU'. Ein Theaterstück
der Bühnen der Stadt Köln, Unter Mitwirkung
von Heiner Müller, Wissenschaftliche Beratung
von Mathias von Hellfeld, Tonbandmitschnitt
der Sendung des Westdeutschen Rundfunks vom
30.1.83.

ENGELMANN, BERND, Einig gegen Recht und Freiheit,
Deutsches Anti-Geschichtsbuch, 2. Teil, Frankfurt a.M. 1977.

ES GAB NICHT NUR DEN 20. JULI ... Dokumente
aus einer Sendereihe im Westdeutschen Fern-
sehen, u.a. Heinz Kühn zum Widerstand im
Dritten Reich, hrsg. von der Pressestelle des
Westdeutschen Rundfunks, Wuppertal 1980.

FASCHISMUS, RENZO VESPIGNANI, Hrsg. von der
Neuen Gesellschaft für Bildende Kunst und dem
Kunstamt Kreuzberg, Berlin 1976.

FASCHISMUSTHEORIEN. Texte zur Faschismusdiskussion 2, Ein Leitfaden, hrsg. von Reinhard
Kühnl, Reinbek 1979.

FÄHNDERS, WALTER und KARRENBROCK, HELGA,
Zweierlei Denken, in: Nachwort, Georg Glaser,
Schluckebier, hrsg. von dens., Berlin 1979.

FISCHER, WOLFRAM, Deutsche Wirtschaftspolitik
von 1918 bis 1945, Köln/Opladen 1968.

FLECHTHEIM, OSSIP K., Totalitarismus = Faschis-
mus + Kommunismus? Haben Hitlerdeutschland und
Stalinrußland ideologisch etwas miteinander
zu tun? In: Hitlerwelle und historische Fakten,
Historie heute, Bd. 1, hrsg. von Anneliese
Mannzmann, Königsstein 1979, S. 60-70.

FINKELGRUEN, PETER, Freunde von gestern - und
Feinde von heute (oder was mich ein jüdischer
Edelweißpirat lehrte), in: Fremd im eigenen Land,
Juden in der Bundesrepublik, hrsg. von Hendryk
M. Broder und Michael R. Lang, Frankfurt 1980[2],
S. 116-131

FOURNIER, CHRISTINE, Ringvereine der Jugend. In: Die Weltbühne, 27. Jg., 1. Halbjahr 1931, H 3, S. 89-95 (Vollständiger Nachdruck der Jahrgänge 1918-1933, Königsstein/Ts. 1978.

GESCHICHTE UND IDEOLOGIE, Kritische Analyse bundesdeutscher Geschichtsbücher, hrsg. von Reinhard Kühnl, Reinbek 1978².

GILLIS, JOHN R., Geschichte der Jugend, Tradition und Wandel im Verhältnis der Altersgruppen und Generationen, Weinheim/Basel 1980.

GOEB, ALEXANDER, Er war sechzehn, als man ihn hängte, Das kurze Leben des Widerstandskämpfers Bartholomäus Schnik, Reinbek 1981.

GÖTZ, VON OLENHUSEN, IRMTRAUD, Die Krise der jungen Generation und der Aufstieg des Nationalsozialismus. In: Jahrbuch des Archivs der deutschen Jugendbewegung, 12.1980, S. 53-82.

GOTTSCHALCH, WINFRIED, NEUMANN-SCHÖNWETTER, MARINA und SOUKUP, GUNTHER, Sozialisationsforschung, Materialien, Probleme, Kritik, Frankfurt/M. 1971 (Texte zur politischen Theorie und Praxis).

GRUCHMANN, LOTHAR, Jugendopposition und Justiz im Dritten Reich, Die Probleme bei der Verfolgung der "Leipziger Meuten" durch die Gerichte, in: Miscellanea. Festschrift für Helmut Krausnick zum 75. Geburtstag, hrsg. von Wolfgang Benz, Stuttgart 1980.

HEHR, DIETER und HIPPE, WOLFGANG, Navajos und Edelweißpiraten, Zum Jugendwiderstand im 3. Reich, in: päd.extra Sozialarbeit 2, 1978, S. 42-44.

HELLFELD, MATHIAS, VON, Edelweißpiraten in Köln, Jugendrebellion gegen das 3. Reich, Das Beispiel Köln-Ehrenfeld, Köln 1981.

HENNING, EIKE, Bürgerliche Gesellschaft und Faschismus in Deutschland, Ein Forschungsbericht, Frankfurt 1977.

DERSELBE, Thesen zur deutschen Sozial- und Wirtschaftsgeschichte 1933 bis 1938, Frankfurt 1973.

HEYDN, WERNER, Edelweißpiraten gegen den Hitlerkrieg. In: Karl Schabrock, Widerstand gegen Flick und Florian, Düsseldorfer Antifaschisten über ihren Widerstand 1933-1945, Frankfurt 1978, S. 174-194.

HORN, DANIEL, Youth Resistance in the Third Reich, A Social Portrait, in: Journal of Social History, 7, 1973, S. 26-50.

KLÖNNE, ARNO, Erziehung im Faschismus/Hitlerjugend, Die HJ-Erziehung neutralisierte große Teile der Jugend, Aber sie weckte auch Widerstand. - Gegen die Verklärung des organisierten Jugendlebens im Faschismus, in: päd.extra sozialarbeit, 6, 1979, S. 43-46.

DERSELBE, Gegen den Strom, Ein Bericht über die Jugendopposition im Dritten Reich, Hannover-Frankfurt/M. 1958.

DERSELBE, Hitlerjugend und Jugendopposition im Dritten Reich, in: Aus Politik und Zeitgeschichte, Beilage zur Wochenzeitung, "Das Parlament" B 4-5/83, 29. Januar 1983, S. 17-25.

DERSELBE, Jugend im Dritten Reich, Die Hitlerjugend und ihre Gegner, Dokumente und Analysen, Köln 1982.

DERSELBE, Jugend im Dritten Reich, Jugendbewegung, Hitlerjugend, Jugendopposition, in: Journal für Geschichte 2, 1980, Heft 3, S. 14-18.

DERSELBE, Jugendprotest und Jugendopposition, Von der HJ-Erziehung zum Cliquenwesen der Kriegszeit, in: Bayern in der NS-Zeit, Bd. IV, Herrschaft und Gesellschaft im Konflikt, Teil C, hrsg. von Martin Broszat u.a., München/Wien 1981, S. 527-620.

DERSELBE, Zur 'bündischen Opposition' im Dritten Reich, in: Jahrbuch des Archivs der deutschen Jugendbewegung, Bd. 12, 1980. Hrsg. von der Stiftung der deutschen Jugendbewegung, Burg Ludwigsstein, S. 123-128.

KLOSE, WERNER, Generationen im Gleichschritt, Oldenburg 1982.

KOCKA, JÜRGEN, Ursachen des Nationalsozialismus, in: Politik und Zeitgeschichte, Beilage zur Wochenzeitung 'Das Parlament', 25, 1980, S. 3-15.

KOCH, HANSJOACHIM W., Hitlerjugend, München 1981.

KOCH, PETER, Der Fund, in: Stern-Magazin, 36. Jg., Heft 18, 1983, S. 4-5.

KLÖNNE, ARNO, Edelweißpiraten, Widerstand von unten, in: päd.extra, 7/8 1980, S. 38-41

KRIMINALITÄT UND GEFÄHRDUNG DER JUGEND, Lagebericht der Reichsjugendführung bis zum Stande vom 1. Januar 1941, in: Jugendkriminalität und Jugendopposition im NS-Staat, Ein sozialgeschichtliches Dokument, hrsg. und eingeleitet von Arno Klönne /Nachdruck der Ausgabe 1941/, Münster 1981.

KROLZIG, GÜNTER, Der Jugendliche in der Großstadtfamilie, Auf Grund von Niederschriften Berliner Berufsschüler und -schülerinnen, Berlin 1930. (Deutsche Akademie für soziale und pädagogische Frauenarbeit. Forschungen über "Bestand und Erschütterung der Familie in der Gegenwart". Bd. 4)

KUCZYNSKI, JÜRGEN, Darstellung der Lage der Arbeiter in Deutschland von 1917/18 bis 1932/33, Berlin 1966 (Die Geschichte der Lage der Arbeiter unter dem Kapitalismus. Bd. 5).

DERSELBE, Geschichte des Alltags des deutschen Volkes, Studien 5, 1918-1945, Köln 1982.

DERSELBE, Studien zur Geschichte der Lage des arbeitenden Kindes in Deutschland von 1700 bis zur Gegenwart, Berlin 1968 (Die Geschichte der Lage der Arbeiter unter dem Kapitalismus. Bd. 19 und Bd. 20).

KUTZ, WILLY, Jugendliche trotzen dem Terror, in: Karl Schabrod, Widerstand gegen Flick und Florian, Düsseldorfer Antifaschisten über ihren Widerstand, Frankfurt 1978, S. 57-75.

LEBEN IM DRITTEN REICH. Hrsg. von Bundeszentrale für Politische Bildung. Bonn 1981.

LESSING, HELMUT und LIEBEL, MANFRED, Jugend in der Klassengesellschaft, Marxistische Jugendforschung und antikapitalistische Jugendarbeit, München 1975^2.

DIESELBEN, Jungen vor dem Faschismus, Proletarische Jugendcliquen und Arbeitsdienst am Ende der Weimarer Republik, in: Terror und Hoffnung in Deutschland 1933-1945, Leben und Faschismus, hrsg. von Johannes Beck u.a., Reinbek 1980, S. 391-420.

DIESELBEN, Wilde Cliquen, Szenen einer anderen Arbeiterjugendbewegung, Bensheim 1981.

MASON, TIMOTHY, Arbeiteropposition im Nationalsozialistischen Deutschland, in: Die Reihen fest geschlossen. Beiträge zur Geschichte des Alltags unterm Nationalsozialismus, hrsg. von Detlev Peukert und Jürgen Reulecke unter Mitarbeit von Adelheid Gräfin zu Castell Rudenhausen, Wuppertal 1981.

DERSELBE, Der Primat der Politik - Politik und Wirtschaft im Nationalsozialismus, in: Das Argument, 41, November 1970, S. 473-494.

DERSELBE, Sozialpolitik im Dritten Reich, Arbeiterklasse und Volksgemeinschaft, Opladen 1977.

MEUTEN UND PIRATEN (ohne Verf.), in: 'Spiegel', 33. Jg., Nr. 50, 10.12.1979, hrsg. von Rudolf Augstein, Hamburg, S. 53-60.

MEWES, B., Die erwerbstätige Jugend, Eine statistische Untersuchung, Schriften der Jugendbande (Reichsausschuß der deutschen Jugendverbände), Berlin und Leipzig 1929

MÜLLER, HANS, Jugendopposition, No Future mit Krieg und Hitler, in: päd.extra Sozialarbeit, 10, 1982, S. 29-35.

NEULAND, FRANZ, Spontanverweigerung als Massenphänomen, Die Jugendopposition der 'Edelweißpiraten', in: Die junge Garde, Arbeiterjugendbewegung in Frankfurt a.M., 1904-1945, hrsg. und bearbeitet von Franz Neuland und Albrecht Werner-Cordt, Gießen 1980, S. 303-310.

NOLTE, JOST, Kein Recht für diese 'Piraten', in: Zeit-Magazin, 32, 31.7.1981, Hamburg, S. 14-19.

PEUKERT, DETLEF und WINTER, MICHAEL, "Edelweißpiraten" in Duisburg, Eine Fallstudie zum subkulturellen Verhalten von Arbeiterjugendlichen unter dem Nationalsozialismus, in: Duisburger Forschungen, Schriftenreihe für Geschichte und Heimatkunde Duisburgs, hrsg. Stadtarchiv Duisburg in Verbindung mit der Mercator-Gesellschaft, Bd. 31, Duisburg 1982, S. 247-275.

PEUKERT, DETLEV, Edelweißpiraten, Meuten, Swing, Jugendsubkulturen im Dritten Reich, in: Sozialgeschichte der Freizeit, Untersuchungen zum Wandel der Alltagskultur in Deutschland, hrsg. von Gerhard Huck, Wuppertal 1980.

DERSELBE, Die Edelweißpiraten, Protestbewegungen jugendlicher Arbeiter im Dritten Reich, Eine Dokumentation, Köln 1980.

DERSELBE, Die KPD im Widerstand, Verfolgung und Untergrundarbeit an Rhein und Ruhr, 1933-1945, Düsseldorfer Schriften zur neueren Landesgeschichte und zur Geschichte Nordrhein-Westfalens, Bd. 2, Wuppertal 1980.

DERSELBE, Heinrich Himmler und der Swing. In: Journal für Geschichte 2, 1980, Heft 6, S. 53-56.

DERSELBE, Protest und Widerstand von Jugendlichen im Dritten Reich, in: Widerstand und Verweigerung in Deutschland 1933-1945. Hrsg. von Richard Löwenthal und Patrick von zur Mühlen, Bonn 1982, S. 177-201.

DERSELBE, Ruhrarbeiter gegen den Faschismus, Dokumentation über den Widerstand im Ruhrgebiet 1933-1945, Frankfurt 1976.

DERSELBE, Volksgenossen und Gemeinschaftsfremde. Anpassung. Ausmerze und Aufbegehren unter dem Nationalsozialismus. Köln 1982.

PETRICK, FRITZ, Zur sozialen Lage der Arbeiterjugend in Deutschland 1933 bis 1939, Berlin 1974.

RASPE, JAN, Zur Sozialisation proletarischer Kinder, Frankfurt/M. 1972.

REICH, WILHELM, Massenpsychologie des Faschismus (1933), Frankfurt 1977^2.

RÜHLE, OTTO, Illustrierte Kultur- und Sittengeschichte des Proletariats, Berlin 1930, Autorisierter Neudruck, Genf 1970.

SAAGE, RICHARD, Faschismustheorien, Eine Einführung, Zweite durchges. Auflage, München 1977.

STAEWEN-ORDEMANN, GERTRUD, Menschen der Unordnung, Die proletarische Wirklichkeit im Arbeitsschicksal der ungelernten Großstadtjugend, Berlin 1933.

SIEMERING, HERTHA, Deutschlands Jugend in Bevölkerung und Wirtschaft, Eine statistische Untersuchung, Berlin 1937.

SCHÖN, HELMUT und VOß, OTTO, Die Cliquen jugendlicher Verwahrloster als sozialpädagogisches Problem, in: Erfahrungen der Jungen, Mit einer Einleitung von Carl Mennicke, Sozialpädagogische Schriftenreihe, Bd. I, Beiträge zur sozialen Frontarbeit, hrsg. von Carl Mennicke, Potsdam 1930.

SONDERINFORMATIONEN DEUTSCHER JUGEND. 7.Mai 1938, in: Jugend contra Nationalsozialismus, 'Rundbriefe' und 'Sonderinformationen deutscher Jugend', Zusammengestellt von Hans Ebeling und Dieter Hespes, Freden 1968², S. 135-149.

SCHRAMM, THORSTEN-DIETRICH, Der deutsche Widerstand gegen den Nationalsozialismus, Seine Bedeutung für die Bundesrepublik Deutschland in der Wirkung auf Institutionen und Schulbücher, Berlin 1980.

THALHEIMER, AUGUST, Über den Faschismus (1930), in: Gruppe Arbeiterpolitik, Der Faschismus in Deutschland, Analysen der KPD-Opposition aus den Jahren 1928-1933, Frankfurt 1973.

THEILEN, FRITZ, Ein Kölner Edelweißpirat erzählt, in: Elisabeth Pieper, Opposition und Widerstand von Jugendlichen im Deutschen Faschismus, Vorschläge für einen historisch-sozialwissenschaftlichen Unterricht, Unveröffentlichte schriftliche Arbeit zur Ersten Philologischen Staatsprüfung, Münster 1980.

DERSELBE, Wir taten was dagegen, in: Klaus Kordan, Diktatur, Wie war es, als ... Was wäre, wenn ... Ravensburg 1983, S. 84-97.

VERGANGENHEITSBEWÄLTIGUNG IM AMT (V.i.s.d.P.) Reinhard Hocker, Köln (ohne Jahresangabe).

VIEBAHN, WILFRIED und KUCHTA, WALTER, Widerstand gegen die Nazidiktatur in Köln, in: Das andere Köln. Demokratische Traditionen seit der Französischen Revolution. Hrsg. von Reinhold Billstein, Köln 1979.

WACKER, ALI, Arbeitslosigkeit als Sozialisationserfahrung, in: Produktion, Arbeit, Sozialisation, hrsg. von T. Leithäuser und W.R. Heinz, Frankfurt/M. 1976.

WERNER, GERHARD, Aufmachen! Gestapo! Über den Widerstand in Wuppertal 1933-1945, Mit Beiträgen von Karl Ibach u.a., Wuppertal 1974.

WIDERSTAND UND VERFOLGUNG IN DORTMUND, Hrsg. vom Rat der Stadt Dortmund, Dortmund 1981.

JOVY, ERNST-MICHAEL, Deutsche Jugendbewegung im Nationalsozialismus, Unveröffentlichte Dissertation, Köln 1952.

ZIMMERMANN, MICHAEL, "Ein schwer zu bearbeitendes Pflaster", Der Bergarbeiterort Hochlarmark unter dem Nationalsozialismus, in: Die Reihen fest geschlossen, Beiträge zur Geschichte des Alltags unterm Nationalsozialismus, hrsg. von Detlev Peukert und Jürgen Reulecke unter Mitarbeit von Adelheid Gräfin zu Castell Rudenhausen, Wuppertal 1981, S. 65-83.

ZIMMERMANN, WOLFGANG, Opposition und Widerstand gegen den Nationalsozialismus in Oberhausen, unveröffentlichte Examensarbeit, Bochum 1977.

ZUR PÄDAGOGIK UND SCHULPOLITIK DER KPD IN DER WEIMARER REPUBLIK, Eine Auswahl aus der Zeitung "Der Klassenkampf", Berlin 1961 (Erziehung und Gesellschaft, Materialien zur Geschichte der Erziehung).

Zu den Autoren:

Gerrit Helmers, geb. 1956, studierte an der Universität Münster Geschichte und Deutsch; ist z. Zt. arbeitslos.

Alfons Kenkmann, geb. 1957, studierte an der Universität Münster Geschichte und Deutsch; ist z. Zt. Zivildienstleistender.

Wir haben weiterhin überaus großes Interesse an Dokumenten über die Arbeiterjugendbanden und an Kontakten mit ehemaligen Cliquenangehörigen, um unsere Arbeiten zum Thema dieses Buches fortsetzen zu können.

Damit das Wissen über den Widerstand von Arbeiterjugendlichen über den rein wissenschaftlichen Bereich herausgelangt, stehen wir Jugendzentren, Bildungseinrichtungen, etc. zu Informations- und Diskussionsveranstaltungen gerne zur Verfügung.

Kontaktadresse: Alfons Kenkmann / Gerrit Helmers
                Am Berg Fidel 138
                4400 Münster

                Telefon: 0251/787994
                         0251/47816